고려대학교 민족문화연구원 만주학 총서 7

ᠮᠠᠨᠵᡠ ᠨᡳᡴᠠᠨ ᡥᡝᡵᡤᡝᠨ ᡴᠠᠮᠴᡳᠮᡝ ᠠᡵᠠᡥᠠ
ᠰᡳ ᠰᡳᠶᠠᠩ ᡠᠴᡠᠨ ᡳ ᠪᡳᡨᡥᡝ

만한합벽 서상기

滿漢合璧 西廂記

manju nikan hergen kamcime araha
si siyangi ucun i bithe

상권

최동권, 김유범, 최혜빈, 고경재

박문사

〈고려대학교 민족문화연구원 만주학총서〉 발간사

만주는 오랜 역사 속에서 늘 우리 한반도 곁에 있어 왔지만, 한동안은 관심에서 멀어져 있기도 했다. 청나라와 함께 만주족의 국가가 사라지면서 잊혀졌고, 남북분단이 만든 지리적 격절이 그 망각을 더 깊게 하였다. 그러나 만주와 만주족은 여전히 한반도 이웃에 존재한다. 한 민족의 국가가 사라졌다 해서 그 역사와 문화가 모두 사라지는 것은 아니다. 만주족은 동북아 지역의 역사를 이끌어 온 주역 중 하나였고, 유구한 역사 속에서 부침하며 남긴 언어와 문화의 자취는 지금도 면면히 전해지고 있다. 학자들의 노력을 통해 다시 조명되고 있고, 사람들의 관심 속에 되살아나고 있다. 일본과 서구에서 만주학에 대한 관심이 끊이지 않고 이어져 왔을 뿐 아니라, 근래에는 중국에서도 만주학 관련 자료 정리와 연구가 본격적으로 진행되고 있다.

청나라를 세웠던 만주족은 거대 제국을 통치하며 그들의 언어로 많은 자료를 남겼고, 그것은 중국과 한국 및 동아시아 지역을 이해하는 데 소홀히 할 수 없는 귀중한 자산이다. 역사적으로나 지역적으로, 그리고 언어학적으로도 밀접한 관계에 있는 한국은 만주족의 문화를 이해하는 데 좋은 조건을 가지고 있다. 만주를 넘나들며 살아온 한반도 거주민들은 만주족과 역사를 공유하는 부분도 적지 않고 언어학상으로도 유사성을 가지고 있다.

고려대학교 민족문화연구원은 만주학센터를 세워 만주학 관련 자료를 수집 정리하고 간행해 왔으며, 만주어 강좌를 통해 만주학에 대한 관심을 확산시키고, 국내외 전문가들을 초청하여 학술을 교류하며 연구성과를 공유해 왔다. 2012년부터 발간하고 있는 〈만주학총서〉는 그 과정에서 축적되고 있는 학계의 소중한 성과이다.

총서에는 조선후기 사역원에서 사용하던 만주어 학습서('역주 청어노걸대 신석')를 비롯하여, 청나라 팔기군 장병의 전쟁 기록을 담은 일기('만주 팔기 증수 일기'), 인도에서 비롯되어 티벳족과 몽골족의 민간고사까지 포괄해 재편성된 이야기집('언두리가 들려주는 끝나지 않는 이야기') 등 매우 다양한 성격의 자료가 포함되어 있다. 만주학의 연구 성과를 묶은 연구서('청대 만주어 문헌 연구')뿐 아니라, 전 12권으로 발간되는 만주어 사전('교감역주 어제청문감')과 문법 관련서 등 만주학 연구의 기반이 되는 자료들도 적지 않다.

만주학 관련 언어, 문화, 역사 등 각 방면에 걸친 이 자료와 연구성과들은 만주학 발전에 적잖은 도움이 될 것이다. 이 총서의 발간으로 한국에서의 만주학 연구 수준을 한 층 높이고, 한민족과 교류한 다양한 문화에 사람들의 관심을 기울이도록 하는 데 기여할 수 있으리라 기대한다.

2018년 8월

민족문화연구원 원장 김형찬

『만한서상기(滿漢西廂記)』 서문

만주학총서는 고려대학교 민족문화연구원 만주학센터의 만주학 연구 성과를 결집해 놓은 보고(寶庫)이다. 더불어 우리나라에서 만주학이 시작된 역사와 흔적을 담고 있다는 점에서도 귀중한 사료적 가치를 지닌다. 만주어와 그것으로 이루어진 다양한 언어, 문학, 역사, 문화 관련 자료들에 대한 연구는 동북아시아를 재조명하고 그로부터 미래적 가치를 발견하는 새로운 도전이라고 할 수 있다. '중화(中華)'로부터 '이적(夷狄)'으로 패러다임의 새로운 변화에서 만주학이 그 중심에 서 있다.

이번 총서인 만한합벽 『만한서상기(滿漢西廂記)』는 청대 강희제의 명으로 중국인들에게 인기가 높았던 잡극 『서상기(西廂記)』를 만주어로 번역하여 만주인들이 편하게 읽을 수 있도록 한 작품이다. 당나라 시인 원진의 전기소설 『앵앵전(鶯鶯傳)』을 소재로 한 『서상기』는 원래 하층민들이 즐기던 공연이었으나 인기가 많아지며 청대에 와서는 고급 문인들이 즐기는 작품으로 성장하게 되었다. 『서상기』는 청대 비평가 김성탄에 의해 『삼국지』, 『수호전』에 버금가는 작품으로 인정받게 되었다.

『서상기』는 남녀의 만남과 사랑, 사랑의 기쁨과 슬픔, 이별의 아픔을 다룬 전형적인 연애 이야기이다. 특히 앵앵과 장생의 사랑 이야기를 중심으로 남녀의 사랑을 아름다운 문장으로 그려낸 이 작품은 많은 사람들을 감동시키며 연애 이야기의 정수로 자리 잡았다. 만한합벽 『서상기』는 이 이야기를 만주어로 옮겨 놓은 것으로 중국어로뿐만 아니라 만주어로도 사랑의 감동을 선사하고 있다. 명문으로 평가받은 문장들이 『만한서상기』에서 어떻게 옮겨져 있는지를 살펴보는 일은 흥미롭다.

이번 총서 역시 국내 만주학 연구의 산실인 고려대학교 민족문화연구원 만주학센터의 뜨겁고 진지한 만주학 연구의 결실을 보여 주는 또 하나의 역사로 자리할 것이다. 총서의 기획 및 그에

따른 연구 진행, 그리고 원고의 정리 및 출판 관련 업무에 수고해 주신 모든 분들께 심심한 감사의 인사를 전한다. 이 총서가 국내외에서 만주학에 관심을 갖고 계신 모든 분들께 만주학의 세계로 나아가는 유익한 통로가 되어 주기를 바라 마지않는다.

2018년 무더운 여름,

만주학센터 센터장 김유범

『만한서상기(滿漢西廂記)』 해제

최 혜 빈 · 고 경 제

1. 『서상기(西廂記)』와 『만한서상기(滿漢西廂記)』에 관하여

『만한서상기(滿漢西廂記)』는 청대 1710년 경 만문을 널리 알리고 사용하게 하고자 한 강희제(康熙帝)의 명으로 『서상기(西廂記)』를 만주어로 번역하여 만주인들이 편히 읽을 수 있도록 한 작품이다. 만주어와 한문을 함께 쓴 만한합벽(滿漢合璧)으로 쓰여 있다.

지금까지도 널리 읽혀온 『서상기』는 중국 원대의 잡극(雜劇)으로, 왕실보(王實甫)의 대표작이다. 원 제목은 『최앵앵대월서상기(崔鶯鶯待月西廂記)』로 중국 최초로 많은 잡극을 하나의 이야기로 연결한 극본이다. 『서상기』는 당(唐)대의 시인 원진(778~831)의 전기소설(傳記小說) 『앵앵전(鶯鶯傳)』을 소재로 한 작품이다. 금나라의 동해원(董解元)이 『앵앵전』을 『서상기제궁조(西廂記諸宮調)』로 각색하였다가, 다시 원나라 시대 왕실보가 잡극인 『최앵앵시월서상기(崔鶯鶯待月西廂記)』로 개작하였다. 원대에 이를 총 5本 21折의 장편 잡극(雜劇)으로 각색하였으며, 원대 잡극의 대표작 중 하나이다. 서상기의 인기는 명대(明代)에서도 지속되어 많은 판본이 만들어졌으며, 청대(淸代)에 저명한 문학평론가인 김성탄(金聖嘆)이 비주(批注)한 『제육재자서서상기(第六才子書西廂記)』를 지었다. 김성탄본(金聖嘆本)이라 불리는 이 작품은 왕실보의 『서상기』를 개작하여 서문, 독법, 각 절 앞의 서문 및 비평을 더한 것이다. 김성탄본 『서상기』의 특징으로는 희곡이나 잡극의 형식으로 쓰지 않고, 작품을 20편으로 나눈 후 각 절마다 두 글자의 소제목을 지었다는 점이 있다.

조선시대에도 김성탄본을 바탕으로 쓰여진 『서상기』가 많이 들어왔으며 청나라에도 김성탄본이 주로 읽혔을 것이다. 『만한서상기』 서문에 '만주의 재자편(才子編)을 펴서 기쁘다'고 적혀있는데 여기에서 재자편(才子編)은 김성탄본의 육재자서(六才子書)를 의미하는 것임을 알 수 있다. 『만한서상기』를 서술할 때 김성탄본을 저본으로 하였겠지만 서상기의 다양한 판본들이 출판되었던 당시 상황을 보았을 때 김성탄본만을 보았으리라 생각할 수 없다. 김성탄본에서 나타나는 서문, 독법 및 비평이 『만한서상기』에는 존재하지 않기 때문에 김성탄본을 저본으로 하였지만 김성탄본을 그대로 옮긴 것이 아니라는 것을 알 수 있다. 김성탄본과 비교하였을 때 생략된 부분도 있고 오히려 서술이 풍부한 경우도 있는 것을 보아 서상기의 다양한 판본을 참고하였을 것으로 보인다.

『서상기』는 보통 4편씩 5본, 20편으로 이루어진다. 그러나 김성탄은 『서상기』 제5본을 후인의 속편으로 간주하였기 때문에 제4본까지를 본편으로 보고 제5본은 수록하지 않은 경우가 있었다. 조선시대에도 『서상기』의 4본까지만 번역, 수록한 독본도 완역본으로 간주하였고 실제로 『서상기』의 5본, 속편까지 수록한 경우가 드물었다. 『만한서상기』에서도 김성탄본의 영향을 받아 제5본을 수록하지 않은 것으로 보인다. 그러므로 『만한서상기』도 4본까지를 완역본으로 간주한다.

2. 만한서상기(滿漢西廂記)의 판본

현재 우리가 확인할 수 있는 『만한서상기』는 가토본(加藤本), 동양문고본(東洋文庫本), 북경도서관본, 서울대학교 도서관본, 성균관대학교 존경각본(尊經閣本), 요녕성(遼寧省)도서관본, 천리대본(天理大本), 초본(抄本), 하버드대본(Harvard大本)이 있다. 이들 판본을 비교해 보면 『만한서상기』는 최소 2가지 저본이 있는 것으로 확인되며 필사본도 존재한다.

(1) 가토본(加藤本), 서울대학교 도서관본, 천리대본(天理大本), 요녕성(遼寧省)도서관본
(2) 동양문고본(東洋文庫本), 북경보서관본, 성균대학교 존경각본(尊經閣本)
(3) 초본(抄本), 하버드대본(Harvard大本)

첫째, 이상 두 종류의 저본과 필사본을 비교해 보면 판본 간의 차이점이 나타난다.

조소령(調笑令)(서상기 1:26b)

가토본 : tiyoo siyoo ling
동양문고본 : tiyoo tiyoo ling
초본 : diyoo hiyoo ling

전전최(殿前催)(서상기 2:38b)

가토본, 동양문고본 : diyan ciyan tsui

초본 : diyan kiyan tsui

‘조소령(調笑令)이라는 한자를 가토본에서는 ‘tiyoo siyoo ling’, 동양문고본에서는 ‘tiyoo tiyoo ling’, 초본에서는 ‘diyoo hiyoo ling’으로 쓰여 만주어 표기가 세 판본에서 모두 다르게 쓰이고 있는 것을 알 수 있다. ‘전전최(殿前催)의 경우 가토본과 동양문고본에서는 ‘diyan ciyan tsui’로 일치하고 있지만 초본에서는 ‘diyan kiyan tsui’로 쓰이고 있다. 이와 같이 한자음의 표기가 각 판본마다 다르게 쓴 것을 볼 수 있는데 이는 한자음이 시간에 따라 변화한 것을 반영한 것으로 보인다.

둘째, 만한합벽(滿漢合璧)에서 대응되는 한문이 서로 상이한 경우가 있다.

gosihon be alime jancuhūn be marambi.(서상기 2:16b)
쓴 것 을 받고 단 것 을 멀리 한다.

예문에서 만주어 번역은 동일하게 되어 있지만 만한합벽의 한자를 가토본과 동양문고본에서는 ‘흘고불감(吃苦辭甘)’으로, 초본에서는 ‘끽고사감(喫苦辭甘)’으로 대응시키고 있는 것을 볼 수 있다.

셋째, 만주어가 추가되거나 생략된 경우가 있다.

ahūn non sere juwe hergen i uju be baime emgeri ungkehe.(서상기 2:40b)
오빠 누이 하는 두 字 의 머리 를 청하며 한번 덮어 씌었다.

예문에서 가토본과 동양문고본에서는 ‘emgeri ungkehe’라고 쓰였는데 초본에서는 ‘emgeri’가 쓰이지 않고 ‘ungkehe’만 쓰이고 있어 초본에서는 단어가 생략된 것을 볼 수 있다.

이처럼 판본 사이에 전사 상의 차이점, 만한합벽의 차이점, 내용의 추가와 생략과 관련하여 몇 가지 차이점이 존재하는 것을 보았다. 그러므로 최소 만주어 판본에는 세 종류 이상의 저본이 존재하고 있었다는 것을 알 수 있다.

3. 만한서상기(滿漢西廂記)의 내용과 구성

『만한서상기』는 한문본을 저본으로 하여 만주어로 번역한 것이기 때문에 『만한서상기』에서 쓰인 만주어는 한문의 영향을 많이 받고 있다고 할 수 있다. 그리고 한문을 차용하여 쓴 경우도 많다. 인명과 지명뿐만 아니라 만주에서는 찾아볼 수 없는 단어들이 많이 차용되어 쓰이고 있다.

(1) ㄱ. hesei weilebuhe gung erdemu okini sehe miyoo. (서상기 1:1b)
칙명으로 만들어진 功 德 되게 하자 한 廟이고

ㄴ. iletu gecuheri fadu saikan gisun i irkinju manggi. (서상기 2:3b)
분명 비단 주머니 좋은 말 로 꼬드긴 후

ㄷ. ere sarin yala gaha acaha adali. (서상기 2:35b)
이 잔치 정말 까마귀 만난 것 같다.

예문 (1ㄱ)에서 공덕(功德)의 경우 공(功)은 한자를 음차하고 덕(德)은 만주어로 직역하였다. 따라서 이들을 공(功)과 덕(德)이라는 두 단어로 각각의 의미를 표현한 것인지 공덕(功德)이라는 합성어로 표현한 것인지 판단하기 어렵다. 다만 이곳에서는 묘(廟)의 명칭인 공덕원(功德院)을 표현하는 것으로 이해할 수 있지만 만주어와 한자를 함께 섞어 쓰는 표현 방식은 일반적인 만주어 표기법에서도 매우 독특하다고 할 수 있다.

또한 (1ㄴ)에서 'gecuheri fadu saikan gisun(비단 주머니 좋은 말)'로 꼬드긴다고 하고 있으나 무슨 내용인지 바로 와 닿지 않는다. 이것은 한자성어인 금낭가구(錦囊佳句: 금자루같이 아름다운 시구절)를 만주어로 해석하여 풀어 쓴 것으로 만주어만 봤을 때는 의미를 바로 이해하기 어렵다. (1ㄷ)에서 'gaha acaha(까마귀 만난 것)'은 '오합(烏合)'의 의미로 오합지졸(烏合之卒)을 뜻하는 것이다. 한자성어를 이해해야만 만주어를 이해할 수 있다. 한문본을 만주어로 번역하면서 문맥상의 의미를 이해하기 쉽게 풀어 쓴 것이 아니라 한문을 직역하고 있음을 알 수 있다. 이러한 번역 양상은 한문본을 만주어로 번역할 때 원문에 충실하려고 노력했음을 보여준다. 그러나 원문에 충실한 번역은 만주어로 서상기를 읽는 독자에게는 내용을 이해하는데 큰 어려움으로 다가왔을 것이기 때문에 만한합벽(滿漢合璧)으로 보완하여 원문도 참고하고 내용도 이해하는데 도움이 되도록 하였다.

『서상기(西廂記)』는 전기소설 『앵앵전』을 다시 원나라 시대 왕실보가 잡극인 『최앵앵시월서상기(崔鶯鶯待月西廂記)』로 개작한 작품이다. 잡극은 12세기 말 중국 북방에서 형성된 가무(歌舞), 음곡(音曲), 연기(演技)가 함께 나타나는 종합예술로 원나라를 대표하는 대중적인 문학예술이다. 잡극은 노래인 창(唱), 배우들의 동작을 나타내는 과(科), 대사인 백(白)으로 이루어지며, 『앵앵전』을 잡극으로 각색한 왕실보의 『서상기』도 이와 같이 창(唱), 과(科), 백(白)으로 이루어져 있다. 가장 많은 비중을 차지하는 것은 노래인 창(唱)으로 극 중 인물 간의 대화를 나타내거나 인물의 심사를 표현하고 배경 묘사를 하는 역할을 한다. 왕실보의 『서상기』에서는 과(科)가 나타나 인물의 동작을 하나하나 지시하고 있는 반면 김성탄본 『서상기』에서는 과(科)의 비중이 크지 않으며 많이 드러나지 않는다. 이는 김성탄본을 저본으로 한 『만한서상』기도 마찬가지로, 배우의 동작과 관련한 내용은 무대에 올라오고 내려가는 것에 관한 내용 밖에 없다.

(2) ㄱ. fu žin, ing ing, hūng niyang, hūwan lang be gaifi wesifi (서상기 1:1a)
夫 人이 鶯 鶯, 紅 娘, 歡 郎 을 데리고 올라와서

ㄴ. fu žin, ing ing, hūwan lang, hūng niyang be gaifi mariha. (서상기 1:2b)
夫 人이 鶯 鶯, 歡 郎, 紅 娘 을 데리고 내려갔다.

예문 (2ㄱ)에서는 부인이 앵앵, 홍랑, 정항과 함께 무대 위로 올라오는 것을 보여주는 것이다. 그리고 (2ㄴ)은 부인의 대사가 끝난 후 내려가는 것을 보여주고 있다. 과(科)는 이와 같이 배우의 동작을 지시하며 무대에 누가 올라가 있는 지 보여준다.

대사인 백(白)은 노래와 번갈아가며 나오게 된다. 노래가 메꾸지 못한 부분을 채워주는 역할을 한다. 창(唱)과 과(科), 백(白)은 한 칸 들여쓰기와 내어쓰기로 구분이 되어 있으나 과(科)와 백(白)은 특별한 차이점을 두고 구분하고 있지는 않다.

(3) jang šeng kin tung be gaifi wesifi hendume, buya bithei niyalma hala jang,
張 生 琴 童 을 데리고 올라와 말하되, 小 書 生 姓 張,
gebu gung, tukiyehe gebu giyūn šui, fe susu wargi lo i niyalma. (서상기 1:2b:5)
이름 珙 字 君 瑞, 고향 西 洛 의 사람이다.

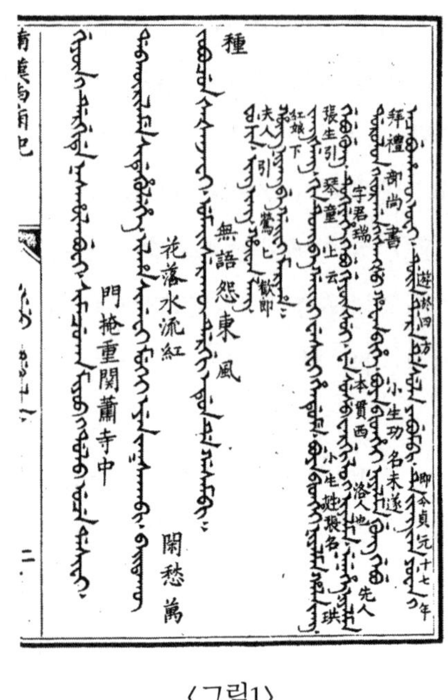

〈그림1〉

위의 예문을 보면 동작을 보여주는 과(科)와 배우의 대사인 백(白)이 함께 나타난다. '장생 금동을 데리고 올라와 말하되'까지는 과(科)이고 '소서생 성(姓) 장, 이름 공, 자(字) 군서, 고향 서락의 사람이다.'는 배우의 대사인 백(白)이다. 원문을 살펴보면 이 사이에 특별한 표시 없이 그대로 문장을 이어가고 있는 것을 확인할 수 있다. 내용상 과(科) 자체가 많지 않기 때문에 특별히 백(白)과 차이를 두지 않은 것으로 보인다.

창(唱)은 한 칸 들여쓰기를 하지 않고 바로 쓰고 있으며 크게 한 줄로 쓴 반면, 과와 백은 한 칸 들여쓰기를 하고 줄도 한 칸에 작은 글씨로 두 줄씩 쓰고 있다. 『서상기』에서 창(唱)의 비중이 높으며 중요하다는 것을 보여주는 것이다.

『서상기』는 원대에서 명대까지 중간 계층과 하층민이 주로 보는 희곡 공연이었다. 명대 중엽부터 인쇄술의 발달로 다양한 서상기의 판본이 간행되었고 청대에 이르러서는 독자들로부터 많은 사랑을 받았기 때문에 만주어로 번역하여 만한합벽 『서상기』를 출간하게 되었다. 본고에서는 『서상기의 문학적 우수성과 이를 저본으로 한 만한합벽 『서상기』의 연구를 위해 만문본 원본을 제시하고 묄렌도르프(Möelendorf) 방식에 따라 전사하여 한국어로 대역하고, 다시 현대 한국어로 옮기고 주석을 달았다.

▌목 차▌

만한합벽 서상기

상권

滿漢合璧 西廂記

爰遞遜於詞曲

迺漸及乎風謠 詩備晉唐

百年之勝事 文稱漢魏

鳥跡初分 翰墨繼

龍圖既啓 縹緗成千古之奇觀

西廂記序

〔序-1a〕

si siyang gi bithei sioi
西 廂 記 序

muduri nirugan[1] be fukjin neime bithe cagan minggan jalan i ferguwecuke
龍 圖 를 처음 열며 책 千 古 의 신기한

tuwakū ome banjinaha. gasha i songko be tuktan alhūdame hergen jijun[2]
일 되어 생겨났다. 鳥 跡 을 처음 흉내내어 字 畫

tanggū aniyai wesihun baita be siraha. wen jang de han gurun wei gurun be
백 년의 勝 事 를 이었다. 文 章 에 漢 나라 魏 나라 를

tukiyerengge. ulhiyen i irgebun yoro de haminaha turgun, ši oci jin gurun
칭송하는 것 점점 民 謠 에 거의 이른 때문이다. 詩 는 晋 나라

tang gurun de yongkiyafi tereci banjibume ucun mudan de hafumbuhabi. pan
唐 나라 에서 완성하고 그로부터 생겨나 詞 曲 에 통하였다. 潘

—— ◦ —— ◦ —— ◦ ——

서상기(西廂記) 서(序)

하도(河圖)를 처음 열며 책이 천고(千古)의 신기한 일이 되어 생겨났다. 조적(鳥跡)을 처음 흉내 내어 글을 짓거나 쓰는 것이 백 년의 승사(勝事)를 이었다. 문장에 한(漢)나라 위(魏)나라를 칭송하는 것은 점점 민요(民謠)에 이르렀기 때문이다. 시(詩)는 진(晋)나라 당(唐)나라에서 완성하고 그로부터 생겨나 사곡(詞曲)에 통하였다

1) 용도(龍圖) : 하도(河圖). 중국 복희씨(伏羲氏) 때에 황하(黃河)에서 용마(龍馬)가 지고 나왔다는 쉰다섯 점으로 된 그림.
2) 한묵(翰墨) : 문한(文翰)과 필묵(筆墨)이라는 뜻으로 글을 짓거나 쓰는 것을 이르는 말.

廟堂清奏 既出風而入雅

章 為抑為揚 鼓吹比

張之故事 或離或合 結構成左穀文

遂以兒女之微情 寫崔

宋艷 班香 事傳奇態

潘江 陸海 筆有餘妍

滿漢西廂記

〔序-1b〕

an be giyang ni adali. lu gi be mederei gese sehengge[3] fi de funcetele hojo ba
岳 을 강 의 처럼 陸 機 를 바다와 같다 한 것 筆 에 넘치도록 아름다운 바

bifi sung ioi be saikan ban gu be amtangga sehengge[4] ulaha baita ferguwecuke
있고 宋 玉 을 아름답고 班 固 를 멋있다 한 것 전수한 일 진기하고

arbungga turgun. tuttu hehe jusei ser sere gūnin be tucibume tsui jang[5] ni
훌륭한 때문이다. 그렇게 여자 아이들의 사사로운 생각 을 드러내어 崔 長 의

fe baita be arara de embici fakcabume embici acabume banjibume gamahangge
故 事 를 씀 에 혹 헤어지며 혹 만나며 結構하는 것

dzo ši gu liyang ni wen jang[6] ohobi. eici gidame eici tukiyeme, fulgiyeme
左 氏 穀 梁 의 文 章 됐다. 혹 누르며 혹 들며 불며

ficara be miyoo yamun i bolgo kumun de duibuleci ombi. guwe fung[7] be
연주함 을 廟 衙門 의 맑은 음악 에 비교할 수 있다. 國 風 을

—— ◦ —— ◦ —— ◦ ——

반악(潘岳)을 강과 같다고 하고 육기(陸機)를 바다와 같다고 한 것은 반악(潘岳)과 육기(陸機)의 재주가 넘치는 것을 나타낸 것이고, 송옥(宋玉)이 아름답고 반고(班固)가 멋있다고 한 것은 전수한 일이 진기하고 훌륭하기 때문이다. 그렇게 여자들의 사사로운 생각을 드러내어 최장(崔長)의 고사(故事)를 써서 헤어졌다 만났다 하며 결구(結構)하는 것은 좌씨곡량(左氏穀梁)의 문장이 되었다. 누르거나 들고 불거나 연주하는 것은 묘(廟) 아문(衙門)의 맑은 음악에 비교할 수 있다.

3) 육해반강(陸海潘江) : 진조(晉朝)의 문학가 반악(潘岳)과 육기(陸機)의 재주가 넘치는 것을 강과 바다에 비유한 것이다.
4) 반향(班香)과 송염(宋艶) : 반고(班固)의 향기로움과 송옥(宋玉)의 화려함이란 뜻이다. 반고와 송옥은 모두 사부(辭賦)에 뛰어났는데, 특히 문체가 풍부하고 화려하기로 유명했으므로 한 말이다.
5) 서상기가 최앵앵(崔鶯鶯)이란 미인(美人)과 장군서(張君瑞)라는 청년의 고사(故事)를 기록한 것임을 표현하고 있다.
6) 좌씨곡량(左氏穀梁) : 춘추(春秋)의 삼전(三傳)인 좌전(左傳), 공양전(公羊傳), 곡량전(穀梁傳) 중, 좌씨(左氏)와 곡량(穀梁)을 칭한다.
7) 국풍(國風) : 시경(詩經) 중에서 민요 부분을 통틀어 이르는 말.

謹将鄴架之悚編

謳歌之子

未覩清書

祇從漢本

流連學士之衆

而傳刻之文

珠璣錯落

錦繡横陳

膾炙騷人之口

亦領異而標新

dursuleme ya sung[8] be alhūdaha bime. geli aldungga be gaime ice be
본받고 雅 頌 을 본받았으며 또 기이함 을 가져 새것 을

temgetulehebi. gecuheri junggin be jalu saraha gese irgebure niyalmai[9]
증명했다. 蟒龍緞 을 가득 펼친 것 처럼 시 짓는 사람의

angga de amtangga oho.[10] nicuhe gu be giyahanjame yashalaha[11] adali.
입 에 맛있게 됐다. 珠 璣 를 뒤섞어 그물주머니에 담은 것 같다.

bithesi saisai gūnin hairame narašambi. tuttu seme šuwaselaha folohongge
筆帖式 선비의 생각 아끼며 그리워한다. 그리 하여 베끼고 새긴 것

damu nikan hergen teile dabala. gingsire uculere urse manju biteh be
다만 漢 字 만 뿐이다. 읊고 노래하는 사람 만주 글 을

bahafi sahakū. uttu ofi gingguleme bithei hiyadan i fe debtelin[12] be
능히 모른다. 이리 하여 존경하여 書 架 의 옛 책 을

—— ◦ —— ◦ —— ◦ ——

민요를 본받고 아송(雅頌)을 본받았으며 또 기이함을 가져 새 것을 증명했다. 망룡단(蟒龍緞)을 가득 펼친 것처럼 시 짓는 사람의 입에 오르내렸다. 온갖 구슬이 뒤섞여 그물주머니에 담은 것 같다.
필첩식(筆帖式) 선비의 생각을 아끼며 그리워한다. 그런데 베끼며 새긴 것이 다만 한자뿐이다. 읊고 노래하는 사람은 만주 글을 능히 모른다. 이리하여 삼가 서가의 옛 책을

---

8) 아송(雅頌) : 시경(詩經)에 들어 있는 아(雅)와 송(頌)을 아울러 이르는 말. 아(雅)는 조정의 조회나 연향 때 연주하는 노래이고 송(頌)은 종묘의 제사에 쓰는 노래이다.
9) 소인(騷人) : 시인과 문사(文士)를 통틀어 이르는 말. 중국 초나라의 굴원이 지은 <이소부(離騷賦)>에서 나온 말이다.
10) 회자(膾炙) : 회와 구운 고기라는 뜻으로, 널리 칭찬을 받으며 사람들의 입에 오르내림을 뜻하는 말.
11) 주기착낙(珠璣錯落) : '주'는 둥근 구슬, '기'는 둥글지 아니한 구슬이라는 뜻으로, 온갖 구슬을 다 이르는 말로 '온갖 구슬이 뒤섞였다는 뜻이다.
12) 옛날 서적으로 진편(陳編)을 의미한다.

走鴛鴦于筆底 付之剞劂以壽棗

虎于毫端 蜀紙麝煤

此曲誠可謂銀鉤鐵畫 見龍

蝌文鳥篆 詞顯而意揚

字工而意盡 變化乎

翻作熙朝之別本 根柢于八法六書

wesihun jalan[13] i gisun mudan i ubaliyambuha. jakūn kooli[14] ninggun durun[15] be
熙 朝 의 말 로 번역하였다. 八 法 六 書 를

fulehe da obure jakade jijun mangga bime gūnin be akūmbuha. koki hergen
根 柢 되게 할 적에 字畫 정교하고 뜻 을 다하였다. 蝌 文

gashai bithe[16] be kūbulibume ubaliyambure jakade gisun getuken bime baita
鳥 篆 을 변화시켜 번역할 적에 말 뚜렷하고 일

iletulehe. ere ucun be yala menggun i uncehen, selei jijun[17] de muduri
명백했다. 이 노래 를 진정 銀 의 鉤 鐵의 畫 에 龍

tasha be funiyehe dubede[18] tucibuhe. šu ba i hoošan, jarin i behe de
虎 를 毫端에 드러냈다. 蜀 땅 의 종이 麝香 의 墨 에

ijifun niyehe be fi i fejile yabubuha seci ombi. tuttu faksi de
鴛鴦 을 筆 의 아래 가게 했다 하면 된다. 그렇게 전문가 에게

—— ◦ —— ◦ —— ◦ ——

태평성대의 말로 번역하였다. 팔법(八法) 육서(六書)를 근본이 되게 할 적에 자화(字畫)가 정교하고 뜻을 다하였다. 과두문(蝌蚪文)과 조족문(鳥足文)을 변화시켜 번역할 적에 말이 뚜렷하고 일이 명백해졌다. 이 노래는 진정 철화은구(鐵畫銀鉤)의 용호(龍虎)를 붓끝에 드러냈다. 촉(蜀) 땅의 종이와 사향(麝香)의 묵(墨)에 원앙(鴛鴦)이 붓 아래 날아가게 한 것과 같다. 그렇게 전문가에게

---

13) 희조(熙朝) : 태평성대, 성세(盛世).

14) 팔법(八法) : 중국 주나라 때, 관부(官府)를 다스리던 여덟 가지의 법제(法制).

15) 육서(六書) : 한자(漢字)의 구조(構造) 및 사용(使用)에 관(關)한 여섯 가지의 구별(區別) 명칭(名稱). 곧 상형(象形)・지사(指事)・회의(會意)・형성(形聲)・전주(轉注)・가차(假借)

16) 과문조전(蝌文鳥篆) : 글자의 획 모양이 올챙이 모양과 같다고 하여 붙여진 과두문(蝌蚪文)과 새 발자국 모양을 본뜬 조족문(鳥足文)의 서체를 뜻한다.

17) 철화은구(鐵畫銀鉤) : 당나라 구양순(歐陽詢)의 용필론(用筆論)으로 「徘徊俯仰, 容輿風流, 剛則鐵畫, 媚若銀鉤。」 필획(筆畫)이 철 같이 강경(剛勁)하고 은 같이 유미(柔媚)하다고 형용하였다.

18) 毫端 : 붓끝(글을 써 내려가는 기세를 비유적으로 이르는 말).

康熙四十九年正月吉旦

既使三韓才子

展卷情怡

亦知海內名流

開函色喜云爾

梨

〔序-3a〕

afabufi undehen de folofi enteheme tutabuha. manju[19] i erdemungge
맡겨서 목판 에 새겨서 영원히 남겼다. 滿洲 의 才

niyalma afaha sarame gūnin selambi sere anggala mederi dorgi
子 編 펴서 생각 기쁘다 할 뿐 아니라 海 內

gebungge urse dobton be neime urgun i cira tuyembumbi dere.
유명한 사람들 卷 을 열며 기쁨 의 낯 드러내느니라.

elhe taifin i dehi uyuci aniya aniya biyai sain inenggi
康 熙 四十 九 年 正月 吉 旦

—— ◦ —— ◦ —— ◦ ——

맡겨 목판에 새겨서 영원히 남겼다. 만주(滿洲)의 재자편(才子編)을 펴서 기쁠 뿐만 아니라 나라 안의 유명한 사람들이 책을 열며 기쁨의 낯을 드러낼 것이다.

강희(康熙) 사십구년(四十九年) 정월(正月) 길단(吉旦).

19) manju를 만한합벽(滿漢合璧)에서는 삼한(三韓)으로 풀이하고 있다.

共十六出

滿漢西廂記 卷一

[1:目]

manju nikan hergen kamcime araha si siyang gi ucun i bithe..
滿 漢 字 합하여 쓴 西 廂 記 노래의 글
uju jai.
첫째 둘째

manju nikan si siyang gi bithe. ujui debtelin
滿 漢 西 廂 記 글 卷一

uheri juwan ninggun meyen
총 16 막

hojo de nioroko ujui fiyelen
아름다움 에 미혹된 첫째 장

tatara boo be baiha jai fiyelen
살 집 을 구한 둘째 장

mudan de acabuha ilaci fiyelen
韻 에 화답한 셋째 장

doocan be facuhūraha duici fiyelen
道場 을 혼란스럽게 한 넷째 장

—— ◦ —— ◦ —— ◦ ——

만주 문자와 한자를 합하여 쓴 서상기 노래와 글

만한 서상기 권1
총16막

아름다움에 미혹된 첫 번째 장
살 집을 구한 두 번째 장
운(韻)에 화답한 셋 번째 장
도량(道場)을 혼란스럽게 한 네 번째 장

滿漢西廂記

相公棄世 老身與女兒扶柩

是俺相公討来壓子息的

幼伏侍女兒的喚做紅娘 這小厮兒喚做歡郎

不曾成合 這小妮子 是自

因喪服未滿

曾許下老身侄兒鄭尚書長子鄭恒為妻

無有不能 相公在日

詞書算

年方一十九歲 針黹女工 詩

幸病薨 祇生這個女兒 小字鶯鶯

姓鄭夫主姓崔 官拜當朝相國 不

夫人引鶯鶯紅娘歡郎上云 老身

鶯艷第一章

hojo de nioroko ujui fiyelen
아름다움 에 미혹된 첫째 장

fu žin, ing ing, hūng niyang, hūwan lang be gaifi wesifi hendume sakda
夫人 鶯鶯 紅 娘 歡 郎 을 데리고 올라서 말하되 늙은

beye hala jeng, eigen i hala dzui, siyang guwe i tušan de isinafi[20] kesi
몸 姓 鄭 남편 의 姓 崔 相 國[21] 의 직위 에 도달하고, 운

akū nimeme akū oho[22]. ere sargan jui be teile ujihabi. ajige gebu
없이 아파서 없이 되었다. 이 딸 을 오로지 길렀다. 兒 名

ing ing teni juwan uyun se bicibe, ifire šeolere galai weile, ši,
鶯 鶯 지금 19 세 이지만 바느질하는 자수하는 손의 일 詩

tsa, bithe, bodon be baharakūngge akū. siyang gung ni bisire fonde
詞 書 算 을 이해하지 못하는 것 없다. 相 公 의 있을 때에

mini dancan jeng šangšu i ahūngga jui jeng heng de angga aljaha bihe[23].
나의 친정 鄭 尙書[24] 의 長 子 鄭 恒 에게 약혼하였다.

sinagan jalukakū ofi, holboro unde. ere ajige sargan jui ajigan ci
탈상하지 않아서 결혼하지 못했다. 이 어린 딸 어릴 때 부터

sargan jui be eršehengge gebu hūng niyang. ere haha jui be, hūwan
딸 을 시중든 이 이름 紅 娘이다. 이 남자 아이 를 歡

lang sembi. meni siyang gung juse hūwašarakū turgun de, gaifi
郞이라 한다. 우리의 相 公 아이들 장성하지 않은 까닭 에 데려와

ujihengge. siyang gung jalan ci aljafi sakda beye jusei emgi giran be
기른 것이다. 相 公 세상 에서 이별하고 늙은 몸 아이들과 함께 주검 을

—— ◦ —— ◦ —— ◦ ——

아름다움에 미혹된 첫 번째 장

부인(夫人)이 앵앵(鶯鶯), 홍랑(紅娘), 환랑(歡郞)을 데리고 올라가서 말하기를,

"노신(老身)의 성(姓)은 정(鄭)이고 남편의 성(姓)은 최(崔)입니다. 남편은 상국(相國)까지 벼슬을 하시고, 불행하게도 병이 들어 돌아가셨습니다. 그리고 외동딸 하나만 키웠는데 아명(兒名)은 앵앵으로, 지금 열아홉이고 바느질, 자수, 시(詩), 사(詞), 서(書), 산(算) 못하는 것이 없습니다. 상공(相公)이 살아 계실 적에 나의 친정, 정(鄭) 상서(尙書)의 장자(長子)인 정항(鄭恒)과 약혼하였습니다. 그러나 아직 상중이라 혼례를 올리지는 않았습니다. 어릴 때부터 앵앵의 시중을 든 아이의 이름은 홍랑입니다. 그리고 이 남자 아이는 환랑이라 합니다. 아이들이 아직 장성하지 않아서 우리 상공(相公)께서 데려와 길렀습니다. 상공(相公)께서 세상을 하직하시고, 저는 아이들과 함께 상공의 주검을

---

20) tušan de isinambi : 관용구로 '부임하다, 취임하다'는 뜻이다.
21) 상국(相國)은 영의정, 좌의정, 우의정을 통틀어 이르는 말이다.
22) akū oho : 관용구로 '죽었다'는 뜻이다.
23) angga aljambi : 관용구로 '허락하다, 승낙하다'이지만 여기서는 '약혼하다'는 의미로 쓰였다.
24) 상서(尙書)는 중국의 진나라 이래 천자와 신하 사이에 오가는 문서에 관한 일을 맡아보던 벼슬이다.

满漢西廂記

仙侶 賞花時 夫人唱

夫主京師祿命終

只這三四口兒 好生傷感人也呵

從者數百 今日至親

去 俺想 相公在日 食前方文

一壁寫書附京師喚鄭恒來 相扶回博陵

寺西邊一座另造宅子 足可安下

是俺相公剃度的和尚 因此上有這

勅賜蓋造的功德院 長老法本

昔救寺內 這寺乃是天冊金輪武則天娘匕

不能前進 來到河中府 將靈柩寄 在

往博陵安葬 因途路有阻

gamame bo ling ni bade isibufi burkiki seci, jugūn i andala hanggabufi,
가지고 博 陵[25] 의 땅에 보내서 안장하려 하였는데 길 의 중간 막혀서

julesi geneme muterakū. hojung fu de isinjifi giran be taka pu gio
앞으로 갈 수 없었다. 河中 府 에 이르러 주검 을 잠시 普 救

sy de sindaha. ere sy serengge tiyan ce gin luwen, u dze tiyan niyang
寺 에 두었다. 이 寺 하는 것 天 冊 金 輪 武 則 天[26] 娘

niyang ni hesei weilebuhe gung erdemu okini sehe miyoo, jang loo fa ben
娘 의 칙명으로 만들어진 功 德[27] 되게 하자 한 廟이고, 長 老 法 本

serengge meni siyang gung ni booci tucibuhe hūwašan. uttu ofi sy i
하는 이 우리의 相 公 의 집에서 보낸 和尙이다. 그래서 寺 의

šun tuhere ergide encu weilehe ere emu falga boo bi.[28] cihai teci baktambi.
해 지는 쪽에 따로 지은 이 한 채 집 있다. 바라는 대로 머물 수 있다.

emu derei ging hecen de, jeng heng be ganame jasifi, sasa karmame bo ling de
한 편으로 京 城 에 鄭 恒 을 데리러 편지해서 함께 보호하여 博 陵 에

mariki sembi. bi gūnici siyang gung bisire fonde jeci jalu tukiyeme,
돌아가고자 한다. 나 생각하니 相 公 있을 때에 먹으면 충분히 드려

dahaha urse ududu tanggū bihe. te hanci niyaman
따른 무리 여럿 백 있었다. 지금 가까운 친척

damu ere udu anggala teile absi usacuka.
다만 이 몇 뿐이니 얼마나 애통했겠는가?

[siyan lioi]【šang hūwa ši】〔fu žin i ucun〕 boigoji ejen, ging hecen de kesi
[仙 侶]【賞 花 時】〔夫 人 의 노래〕[29] 주인 京 城 에서 운

—— ◦ —— ◦ —— ◦ ——

모시고 박릉(博陵) 땅에 가서 안장하려 하였는데 길이 막혀서 앞으로 갈 수 없었습니다. 하중부(河中府)에 이르러 주검을 잠시 보구사(普救寺)에 두었습니다. 이 절은 천책금륜(天冊金輪) 무측천(武則天) 낭랑(娘娘)이 칙명으로 세운 공덕을 쌓기 위해 지은 절이고, 장로(長老) 법본(法本)은 우리 상공(相公)의 집에서 보낸 화상(和尙)입니다. 그래서 절의 서쪽에 따로 집을 한 채 지었습니다. 그곳에서 원하는 대로 머물 수 있습니다. 한편으로는 경성(京城)에 있는 정항에게 편지를 부쳐 함께 주검을 모시고 박릉(博陵)에 가자고 하였습니다. 생각하니 상공(相公)이 계실 때는 음식도 가득하였고 따르는 무리도 여럿 있었는데 지금은 가까운 친척이 다만 몇 명뿐이니, 얼마나 애통한가."

[선려(仙呂)]【상화시(賞花時)】〔부인창(夫人唱)〕
남편이 경성(京城)에서

25) bo ling : 초본(抄本)에서는 愽陵으로 쓰였다.
26) 측천무후(則天武后, 624~705)는 당(唐) 고종(高宗)의 황후였지만 690년 국호를 주(周)로 고치고 스스로 황제가 되어 15년 동안 중국을 통치하였다. 중국 역사에서 여성으로 유일하게 황제가 되었던 인물로 천책금륜 무측천(天冊金輪 武則天)이라 부르기도 한다.
27) 공덕(功德)이 만한합벽(滿漢合璧)의 한어(漢語)에서는 공덕원(功德院)으로 되어 있다.
28) 서상(西廂)을 가리킨다.
29) 이 부분은 '곡조(曲調), 곡명(曲名), 창자(唱者)'를 순서대로 밝히고 있는 부분이다. 선려는 곡조(曲調), 상화시는 곡명(曲名), '부인의 창'은 창자(唱者)를 나타낸다.

滿漢西廂記

後

鶯々唱

可正是人值殘春蒲郡東

紅娘云

曉得

邊庭院無人

合小姐閒散心立一回去

今日暮春天氣

好生困人

紅娘你看前

血淚灑杜鵑紅

在梵王宮

盼不到博陵舊塚

子母孤孀途路窮

旅櫬

[1:2a]

akū dubefi, eme jui anggasi umudu, jugūn i andala mohoho, giran be
없이 죽고, 어머니 자식 과부 고아 길 의 중간 지쳐서, 주검 을

miyoo i boode sindafi, bo ling ni eifu falan be erehe seme isinarakū.
廟 宇에 두고 博 陵 의 묘지 를 희망했다 해도 미치지 못했다.

fir seme senggi songgome, du giowan gasha i adali fularakabi.
줄줄 하며 피 눈물 흘리며 杜 鵑 새 와 같이 붉어졌다.

te dubei niyengniyeri erin ofi niyalma absi šadashūn. hūng niyang si
이제 늦은 봄 때 되어 사람 얼마나 나른한가. 紅 娘 너

tuwana. julerigi hūwa de niyalma akū oci, siyoo jiyei i emgi dartai
보러가라. 앞 뜰 에 사람 없으면 小 姐 와 함께 잠시

mujilen be tookabume saraŠame
마음 을 느긋하게 산책하며

ilicaki. hūng niyang jabume, je.
함께 머물자. 紅 娘 대답하되, 네.

【mudan i amargi】〔ing ing ni ucun〕 lak seme dubesilehe niyengniyeri be pu
【 曲 의 後】[30]〔鶯 鶯 의 노래〕 바로 늦은 봄 을 蒲

—— ◦ —— ◦ —— ◦ ——

불행히 죽고
어머니와 자식, 과부와 고아가 길을 가다 지쳐서
주검을 절에 두고 박릉(博陵)의 묘지에 가고자 하였으나 가지 못하였다.
줄줄 피눈물 흘려 두견새처럼 붉어졌다.

"이제 늦봄 되니 사람이 얼마나 나른한가?
홍랑아, 너 이리 오너라.
앞뜰에 사람이 없으면 소저와 함께 잠시 느긋하게 산책하며 머물고 오너라."
홍랑 대답하기를
"네"
하였다.

【후편(後編)】〔앵앵창(鶯鶯唱)〕
늦봄을

30) 앞의 상화시(賞花時)의 증구(增口)이므로 후편(後篇)이라 한 것이다. 희곡의 용어로 북곡(北曲)에서 동일한 곡조의 명칭을 연속적으로 사용할 때 뒤에 오는 곡(曲)의 곡조 명칭은 쓰지 않고 "요편(幺篇)" 또는 "요(幺)"라고 쓴다. 요(幺)가 후(後)의 간체자라는 주장도 있는데 그러면 요편(幺篇)은 후편(後篇)이 된다.

遊於四方 即今貞元十七年

拜禮部尚書 小生功名未遂

字君瑞 本貫西洛人也 先人

張生引琴童上云 小生姓張名珙

紅娘下

夫人引鶯鶯歡郎

種 無語怨東風

花落水流紅 閑愁萬

門掩重關蕭寺中

西廂記 二

giyūn i dergide nashūlabufi, simacuka miyoo i dolo uce dasifi,
郡 의 동쪽에서 만나게 되어, 고요한 廟 의 안쪽 문 닫고,

dabakūrilame sidehulehe. ilha sigafi mukei eyen jaksakabi, baitakū
이중으로 하여 빗장을 걸었다. 꽃 져서 물의 흐름 붉게 물들었다. 일없이

jobocun šašanjafi, umaiserakū[31] dergi edun de gasambi.
걱정에 빠져서, 결코 말없이 東 風 에 원망한다.

fu žin ing ing hūwan lang,
夫 人 鶯 鶯 歡 郎

hūng niyang be gaifi mariha.
紅 娘 을 데리고 돌아갔다.

jang šeng kin tung be gaifi wesifi hendume buya bithei niyalma hala jang,
張 生 琴 童 을 데리고 올라서 말하되 小 書 生 姓 張,

gebu gung, tukiyehe gebu giyūn šui, fe susu wargi lo i niyalma. nenehe niyalma
이름 珙, 字 君 瑞, 고향 西 洛 의 사람이다. 先 人

dorolon i jurgan i šangšu hafan bihe. buya bithei niyalma gung gebu
禮部尙書 관리 였다. 小 書 生 功 名

acabuhakū ofi, duin dere de sula yabumbi, te jing jen yuwan i
이루지 못해서, 사 방 에 한가히 다닌다. 지금 正히 貞 元[32] 의

—— ० —— ० —— ० ——

포군(蒲郡)의 동쪽에서 만나게 되어
고요한 절의 안쪽 문을 닫고
이중으로 빗장을 걸었네.
꽃잎이 떨어져 물은 붉게 흐르는데
일없이 근심만 쌓여서
아무 말 없이 동풍(東風)을 원망하네.

부인이 앵앵, 환랑, 홍랑을 데리고 내려갔다.

장생이 금동(琴童)을 데리고 올라가서 말하기를,

"소생의 성(姓)은 장(張)이고 이름은 공(珙)이며 자(字)는 군서(君瑞)이며 고향은 서락(西洛)입니다. 선친은 예부상서(禮部尙書)였습니다. 소생이 공명(功名)을 이루지 못해서, 한가히 돌아다니고 있습니다. 지금 정원(貞元)

31) umaiserakū : umai serakū가 연철된 것이다.
32) 당 덕종(唐德宗)의 세 번째 연호로 785년~805년이다. 정원(貞元) 17년은 서기 801년이다.

春愁壓繡鞍 滿馬
劍藏秋水 正是萬金寶
學成滿腹文章 未知何日得遂大志也呵 尚在湖海飄零
未遲 暗想小生螢牕雪案
小生就探望 哥哥遭 却往京師
統領十萬大軍 現今鎮守蒲關
遂得武舉狀元 官拜征西大元帥
八拜之交 後棄文就武
守君實 與小生同郡同學 曾為
路經河中府 有一故人 姓杜名確
二月上旬 欲往上朝取應

juwan nadaci aniya juwe biyai icereme oho. ging hecen de simneme genembi.
17 년 2 월의 상순 되었다. 京 城 에 시험 보러 간다.

jugūn i ildun ho jung fu de emu fe gucu bi. hala du, gebu kiyo
길 의 기회[33] 河 中 府 에 한 옛 친구 있다. 姓 杜 이름 確

tukiyeke gebu kiyūn ši, mini emu giyūn, emu tacikū de bihe. ahūn
字 君 實, 나의 한 郡, 한 학교 에 있었다. 兄

deo arame jurgan i falihabi. amala bithe be waliyafi cooha be tacifi,
弟 삼아 의 로 맺었다. 이후에 글 을 버리고 兵法 을 배워서

uthai coohai juwang yuwan baha. wargi be dailara amba yuwan šuwai obufi
곧 軍의 壯 元 받았다. 서쪽 을 정벌하는 大 元 帥[34] 되어서

juwan tumen i amba cooha be gaifi, ne pu guwan furdan de seremšeme
십 만 의 大 軍 을 거느리고, 이제 蒲 關 關所 에 함께

tuwakiyahabi. bi ahūn be baime tuwanafi, jai ging hecen de geneci
지켰다. 나 형 을 찾으러 보러 가서 다시 京 城 에 가도

inu goidarakū, bi gūnici juciba tuwa nimanggi elden de bithe tuwame
또한 늦지 않으니, 나 생각하니 螢 火 雪 光[35] 에 글 보며

hefeli jalu wen jang taciha bime kemuni bigan tala de gengge gangga
배 가득 文 章 배우고 있었으며, 항상 광야 에서 고독하게

yabumbikai. maka atanggi amba gūnin de acabure biheni. yala tumen yan i
돌아다니니라. 과연 언제 큰 생각 에 만나게 되어 있을까. 진정 만 량 의

boobai loho de bolori muke somibuhabi, morin niša
寶 劍 에 가을 물[36] 감추어져 있었고 말 가득한

niyengniyeri jobocun šeolehe enggemu be gidahabi.
봄 근심[37], 수놓은 말안장 을 눌렀다.[38]

—— ∘ —— ∘ —— ∘ ——

17년 2월 상순인데, 경성(京城)에 시험 보러 가는 중입니다. 상경하는 길에 하중부(河中府)를 지나는데 그곳에 옛 친구가 한 명 있습니다. 성(姓)은 두(杜)이고 이름은 확(確)이며 자(字)는 군실(君實)입니다. 소생과 같은 고향에서 함께 공부하였습니다. 그와 의형제를 맺었는데 그는 이후에 글 읽는 것을 그만두고 병법(兵法)을 배워서 장수가 되었습니다. 그리고 정서대원수(征西大元帥)가 되어서 십만 대군을 거느리고, 지금 포관(蒲關) 관소(關所)를 지키고 있습니다. 형을 만나고 경성(京城)에 가도 늦지 않을 것입니다. 생각하니 형화설광(螢火雪光)에 글을 보며 배 가득히 문장(文章)을 배웠으나, 항상 사방각지를 고독하게 돌아다니네. 과연 언제쯤 큰 뜻을 이루겠는가. '만량의 보검(寶劍)에 가을 물이 감추어져 있고, 말(馬)에 가득한 봄 근심이 수놓은 말안장을 누르는구나.'"

33) jugūn i ildun : 만한합벽(滿漢合璧)의 한어(漢語)에는 로경(路經)으로 대응시키고 있는데 '길을 지날 때'의 뜻이다.

34) wargi be dailara amba yuwan šuwai : 정서대원수(征西大元帥)를 가리킨다.

35) juciba tuwa nimanggi elden : 만한합벽(滿漢合璧)의 한어(漢語)에서는 형창설안(螢牕雪案)로 대응시키고 있는데 형설지공(螢雪之功)과 동일한 뜻이다.

36) bolori muke : 추수(秋水)로 '시퍼렇게 날이 선 칼'을 가리킨다.

37) niyengniyeri jobocun : 춘수(春愁)로 '봄에 공연히 마음이 설레거나 마음 둘 곳 없이 느껴지는 뒤숭숭한 시름'을 뜻한다.

38) morin niša niyengniyeri jobocun šeolehe enggemu be gidahabi : 만마춘수압수안(滿馬春愁壓繡鞍)으로 준마의 재능을 발휘할 수 없다. 곧 재능과 학문이 있으면서도 펼칠 기회를 만나지 못하다는 뜻이다.

仙侶 點絳唇 張生唱

遊藝中原

脚根無線如蓬轉

混江龍

望眼連天

日近長安遠

向詩書經傳

蠹魚似不出費鑽研

棘圍呵守煖

鐵硯呵磨穿

投至得雲路鵬程九萬里先

[siyan lioi]【diyan giyang cun】〔jang šeng ni ucun〕jung yuwan de erdemu tacinjifi
[仙 侶]【點 絳 脣】〔張 生 의 노래〕中 原 에 재능 배우러 와서

bethei guye siderebuhekū suku i fuhešere adali. hargašara yasa i abka be
발의 뒤꿈치 족쇄 채우지 않고 쑥 의 구르는 것 같다.[39] 우러러 보는 눈 으로 하늘 을

karaci, šun hanci cang an goro biheni. 【hūn giyang lung】ši šu ging juwan de
바라보니 해 가깝고 長 安 멀리 있구나.[40]【混 江 龍】時書 經 傳 에

forohoci, du ioi umiyaha gese tucirakū facihiyašame silhime šorgiha.
향하면, 蠹 魚 벌레[41] 같이 나오지 않고 전념하여 집중하고 집중하였다.

bula jafaha kūwaran de tehei dubike. selei yuwan be suihei fondojoho.
가시 두룬 울타리 에 머무르면서 익숙해졌다.[42] 쇠 벼루 를 먹을 갈아서 뚫어졌다.

tugi jugūn peng ni on uyun tumen bade isinanggala, neneme
구름 길 鵬 의 길 구 만 리에 도달하기 전에[43], 먼저

—— ◦ —— ◦ —— ◦ ——

선려(仙呂)]【점강순(點絳脣)】〔장생창(張生唱)〕
중원(中原)에 배우러 와서
발붙일 곳 없어 정처 없이 돌아다닌다.
우러러 보는 눈으로 하늘을 바라보니
해는 가깝고 장안(長安)은 멀리 있구나.

【혼강룡(混江龍)】
시서경전(詩書經傳)을 읽으면
두어(蠹魚) 벌레처럼 방 밖으로 나오지 않고 전념하여 집중하였다.
가시 두룬 정원에 머무르는 데 익숙해지고,
쇠 벼루가 먹을 갈아서 뚫어졌다.
구름길 붕새가 구만리에 도달하기 위해

---

39) '쑥이 구르다'는 각봉전(脚蓬轉)으로 '쑥이 뿌리째 뽑혀 나가 바람에 굴러다닌다'는 뜻으로 정처 없이 떠돌아다님을 비유적으로 이르는 말이다.

40) šun hanci cang an goro biheni : 일근장안원(日近長安遠)으로 '태양은 가깝고 장안은 멀구나'하는 뜻으로 진(晉) 명제(明帝)가 어린 시절에 부친이 태양과 장안 어디가 가까우냐고 묻자 명제(明帝)가 머리를 들면 태양은 보이나 장안은 보이지 않는다고 회답(回答)했던 고사에서 나온 표현으로 도성에 가는 길이 멀다는 비유로 쓰이며 입신양명(立身揚名)의 어려움을 가리킨다.

41) 두어(蠹魚)는 '좀 벌레'라는 뜻으로 책벌레를 가리킨다.

42) '가시 울타리'는 극위(棘圍)로 과거(科擧) 보는 장소(場所)에 일반(一般) 사람이 함부로 드나드는 것을 막기 위해 가시나무로 막아 놓은 울타리이다.

43) tugi jugūn peng ni on uyun tumen bade isinanggala는 운로붕정구만리(雲路鵬程九萬里)는 '붕새가 되어 구만리 상공을 노닐다'라는 뜻으로 붕정(鵬程)은 붕새가 날아가는 길로 먼 도정(道程)을 말한다. 붕새가 날아가는 길이 구만리로 트여 전도가 양양하니, 앞길이 매우 멀고 큼을 일컫는다.

油葫蘆

九曲風濤何處險 正是此地

這邊 你看好形勢也呵

行路之間 早到黃河

殘篇

怕你不雕蟲篆刻斷簡

機

時乖不遂男兒願

受了雪窓螢火十餘年

才高難入俗人

nimanggi fa juciba elden de juwan aniya funceme joboho, eldemu wesihun ofi
雪 窓 螢 光 에 십 년 넘어 고생했다. 재주 높이 되어서

albatu niyalmai gūnin de dosinarangge mangga, erin fudasi de haha niyalmai gūniha
속세 사람의 생각 에 들어가는 것 어렵고 때 어긋남 에 남자 사람의 생각한 것

de acaburakū. si eici lakcaha šusihe edelehe
에 맞지 않다. 너 혹 끊어진 木牌 부족한

fiyelen de gūnin be wacihiyame mujilen sithūrakūci ombio.
章[44] 에 생각 을 다하여 전념하지 않으면 되겠는가.

jing yabure dulimbade aifini hūwang ho birai
마침 가는 중에 벌써 黃 河 강의

ebele isinjiha. si tuwa absi gelecuke.
이쪽 이르렀다. 너 보아라. 얼마나 험준하냐?

【io hū lu】 uyun mudan i edun colkon ya ba haksan seci, lak seme uba
【油 葫 蘆】 아홉 굽이 의 바람 큰 파도 어느 곳 세차냐 하면, 正히 여기

—— ◦ —— ◦ —— ◦ ——

설창형광(雪窓螢光)에 십 년 넘게 고생했다.
재주가 뛰어나도 속세 사람의 생각에 어울리기 어렵고
때가 어긋나니 대장부의 뜻에 맞지 않는다.
단간잔편(斷簡殘篇)에 전념하지 않으면 되겠는가.

가다 보니 벌써 황하(黃河)에 이르렀다.
보아라.
얼마나 험준한가?

【유호로(油葫蘆)】
아홉 굽이의 바람과 큰 파도 어느 곳이 험준한가 하면
진정 여기가

44) lakcaha šusihe edelehe fiyelen은 단간잔편(斷簡殘編)으로 '끊어진 대쪽과 해진 책'으로 떨어지거나 빠져서 완전하지 못한 글이나 책 따위를 이르는 말이다.

歸舟緊不緊如何見 似弩箭離絃

西貫九州 南北串百川

水上蒼龍偃 東

秋雲捲 竹索纜浮橋

雪浪拍長空 天際

偏 帶齊梁 分秦晉 隘幽燕

gelecuke ni. ci liyang be hayame cin jin be hūwalame io yan be
험악하구나. 齊 梁 을 휘감고 秦 晉 을 나누고 幽 燕[45] 을

hahūrahabi. šanggiyan boljon hūwai sere untuhun de burašame abkai
지켰다. 흰 물결 드넓은 허공 에 휘날리며 하늘의

buten de bolori tugi hetembi. cuse moo i gūsu futai dekdeku
가 에 가을 구름 걷힌다. 대나무 의 닻줄로 배

kiyoo be kudehengge, mukei oilo niowaggiyan muduri deduhe adali. dergi
다리 를 묶은 것 물의 위에 靑 龍 누운 것 같다. 동

wargi uyun jeo be fondolome julergi amargi tanggū bira be hafumbumbi.
서 九 州 를 관통하고 남 북 百 江 을 통하게 한다.

marire cuwan i hahi, hahi akū be aide sambi seci. uthai nu sirdan
돌아오는 배 의 빠르고 빠르지 않음 을 어찌 아느냐 하면, 곧 弩 화살

—— ◦ —— ◦ —— ◦ ——

험준하구나.
제량(齊梁)을 휘감고
진진(秦晉)을 나누고
유연(幽燕)을 지켰다.
흰 물결이 드넓은 허공에 휘날리며
하늘가에 가을 구름 걷힌다.
대나무 닻줄로 배다리를 묶은 것이
물 위에 청룡(靑龍) 누운 것 같다.
동서(東西)로 아홉 주(州)를 관통하고
남북(南北)으로 백천(百川)을 통하게 한다.
돌아오는 배가 빠르고 빠르지 않음을 어찌 아느냐 하면
화살이

45) '제(齊)', '양(梁)', '진(秦)', '진(晉)'은 나라 이름이고, '유연(幽燕)'은 땅이름이다.

清漢西廂記 五

說話間早到城中 這里好一座店兒

琴童 接了馬者 店小二哥那里

便要浮槎到日月邊

潤梁園萬頃田 我

滋洛陽千種花

高源雲外懸 入東洋不離此逕穿

天下樂

疑是銀河落九天

〔1:5a〕

uli ci fithebuhe adali. 【tiyan hiya lo】 sunggari bira uyun abka ci
시위 에서 튕겨지는 것 같다. 【天 下 樂】 은하 九 天 에서

wasika aise. den sekiyen tugi cala lakiyabuhabi. dergi mederi de
내려왔으리라. 높은 源泉 구름 저편에 걸려 있다. 동쪽 바다 에

dosinarangge ere jugūn ci aljarakū isinambi. lo yang ni minggan hacin i
들어가는 것 이 길 에서 벗어나지 않고 도달한다. 洛 陽[46] 의 천 종류 의

ilha be fushubume liyang yuwan i tumen delhe usin be simebumbi. bi
꽃 을 피우고 梁 園[47] 의 만 이랑 밭 을 젖게 한다. 나

hono tuhan de tefi šun biyai hanci isinaki sembi.
여전히 뗏목 에 앉아서 해 달의 가까이 이르고자 한다.

gisurere sidende aifini hoton de dosika. ubade absi emu yebcungge
말하는 사이에 벌써 성 에 들어갔다. 여기에 몹시 한 빼어난

tatara boo bi. kin tung morin gaisu sefi diyan siyoo el g'u aba serede
머무르는 집[48] 있다. 金 童 말 받아라 하고 店 小 二 哥[49] 어디 있냐 함에

—— ∘ —— ∘ —— ∘ ——

시위에서 튕겨지는 것 같다.

【천하락(天下樂)】
은하수가 구천(九天)에서 쏟아지는가.
높은 원천(源泉) 구름 저편에 걸려 있다.
이 길에서 벗어나지 않고 동쪽 바다로 흘러간다.
낙양(洛陽)의 천 종류의 꽃을 피게 하고
양원(梁園)의 만 이랑 밭을 젖게 한다.
나 여전히 뗏목에 앉아서 해와 달 가까이 이르고자 한다.

말하는 사이에 벌써 성에 들어갔다.
"이 숙소가 매우 괜찮구나. 금동(金童)아! 말을 잡아라."
하고
"주막쟁이야! 여기가 어디냐?"

---

46) 낙양(洛陽)은 중국 하남성(河南省)에 있는 직할시로 화북평야(華北平野)와 위수(渭水) 강 분지를 잇는 요지이며 꽃으로 유명하다.
47) 양원(梁園)은 중국(中國) 양나라 효왕(孝王)이 세운 죽원(竹園)의 뜻으로 친왕(親王), 제왕가(諸王家)를 가리킨다.
48) tatara boo는 관용구로 숙소(宿所)의 의미로 쓰인다.
49) 점소이가(店小二哥), 점소이(店小二), 소이가(小二哥)는 모두 여관, 찻집, 주점의 주인이나 점원을 가리킨다. 중국어로 [gē]인데 g'u로 전사하였다.

長老的徒弟 今日師父赴齋去了 着我

法聰上云 小僧法聰 是這普救寺法本

遣 琴童云 理會得 俱下

撒和了馬 我到那里走一

可以遊玩 張生云 琴童安頓行李

往来過着 無不瞻仰 只此處

徳院 蓋造非常 南北

普救寺 是天冊金輪武則天娘ㄴ 勅建的功

閒散心處 小二云 俺這里有座

頭房住下 小二哥你来 這里有甚麽

官人要下呵 俺這里有乾净店房 張生云 便在

店小二云 自家是狀元坊店小二哥

[1:5b]

diyan siyoo el hendume juwang yuwan fang ni diyan siyoo el g'u serengge mini
店 小 二 말하되 壯 元 坊 의 店 小 二 哥 하는이 나

beye. guwan žin[50] tataki seci meni ubai boo bolgo. jang šeng hendume uthai
자신이다. 官 人 머물고자 하면 나의 여기의 집 깨끗하다. 張 生 말하되 곧

ere ujui diyan de tataki. siyoo el g'o si ebsi jio. ere hūsime aika
이 으뜸의 店 에 머물자. 小 二 哥 너 이리 오너라. 이 주위 혹시

sarašaci acara ba bio, diyan siyoo el hendume meni ubade emu pu gio sy
구경하면 적절한 곳 있느냐? 店 小 二 말하되 나의 여기에 한 普 救 寺

sere miyoo bi. tiyan ce gin luwan, u dze tiyan niyang niyang ni hesei ilibuha
하는 廟 있다. 天 冊 金 輪, 武 則 天 娘 娘[51] 의 칙명으로 세운

gung erdemu okini sehe miyoo, weilehe arahangge encu hacin. amasi
公 德 되게 하자 한 廟, 짓고 세운 것 특별한 종류이다. 뒤로

julesi duleme yabure urse, buyeme hargašarakūngge akū, damu tubade
앞으로 지나 다니는 사람들 좋아하여 쳐다보지 않는 이 없으니, 다만 그곳에

hono sarašaci ombi. jang šeng hendume kin tung si aciha fulmiyen be
도 산책할 수 있다. 張 生 말하되 琴 童 너 행장 을

ebubu. morin de ulebu. bi tubade dartai
내리게 해라. 말 에게 먹여라. 나 그곳에 잠시

geneki. kin tung je sefi gemu mariha.
가마. 琴 童 예 하고 모두 돌아갔다.

fa dzung wesifi hendume ajige hūwašan fa dzung bi ere pu gio sy i fa ben
法 聰 올라서 말하되 小 和尙 法 聰 나 이 普 救 寺 의 法 本

jang loo i šabi inu. enenggi sefu doocan arara bade genehe. mimbe sy de
長 老 의 제자 이다. 오늘 스승 제 지낼[52] 곳에 가셨다. 나를 寺 에

—— ◦ —— ◦ —— ◦ ——

하고 물으니 주막쟁이가 말하기를,
"저는 장원방(壯元坊)의 주막쟁이입니다. 나리께서 머물고자 하시면 깨끗한 방이 있습니다."
장생이 말하기를,
"좋은 방에 머물겠네. 주막쟁이야, 이리 오너라. 이 주위에 혹시 구경하기에 좋은 곳이 있느냐?"
주막쟁이가 말하기를,
"이곳에는 보구사(普救寺)라는 절이 있습니다. 천책금륜(天冊金輪) 무측천(武則天) 황후(皇后)의 칙명으로 세워진 공덕원(公德院)이라서 지은 것이 매우 특별합니다. 지나다니는 사람들이 좋아하여 쳐다보지 않는 사람 없습니다. 그곳을 산책하는 것이 어떠하십니까?"
장생이 말하기를,
"금동(琴童)아! 너는 행장(行狀)을 내리고 말에게 먹이를 먹여라. 나는 그곳에 잠시 다녀오마."
금동(琴童)이
"예."
하고 모두 내려갔다.

법총(法聰)이 올라가서 말하기를,
"소승 법총(法聰)은 이 보구사(普救寺)의 법본(法本) 장로(長老)의 제자이다. 오늘 스승님께서는 재를 지내는 곳에 가셨다. 그리고 저를 절에

---

50) 중국어로는 [ren]인데 žin으로 전사하였다.
51) 낭낭(娘娘)은 황후, 또는 귀비를 가리킨다.
52) doocan arara : 직역하면 '도량(道場)을 만들다'는 뜻인데 관용적으로 '제를 지내다'는 의미로 사용된다.

張生云 是蓋造得好也 聽云理會得

相引瞻仰一遭 不必賜茶 敢煩和尚

既然長老不在呵

弟子法聰的便是 請先生方丈拜茶 張生云

聽云 俺師父不在 小僧是

瞻禮佛像 二来 拜謁長老

聞上刹清幽 一来

先生從何處来 張生云 小生西洛至此

木深 却早来到也 相見科 聽云

上云 曲徑通幽處 禪房花

山門下立地看有甚麼人来 張生

在寺中 但有探望的便記着 待師父回来報知

tutabufi, tuwanjire solinjire niyalma bici ejefi, sefu jihe manggi ala
남게 하고, 보러오는 초청하는 사람 있으면 기억하여, 스승 온 후에 알려라

sehebi, miyoo i duka de ilifi tuwaki. ai niyalma jimbiheni. jang šeng
하였다. 廟 의 문 에 서서 보자. 어떤 사람 왔느냐? 張 生

wesifi hendume mudangga jugūn cib sere bade hafunambi.[53] can tere boo[54]
올라서 말하되 굽은 길 고요한 곳에 통과해 간다. 禪 머무는 房

ilha moo fik sembi. dule isinjiha ni. ishunde acafi, fa dzung hendume
꽃 나무 가득하다. 벌써 이르렀구나. 서로 만나서 法 聰 말하되

siyan šeng aibici jihengge. jang šeng hendume buya bithei niyalma wargi
先 生 어디에서 온 이냐? 張 生 말하되 小 書 生 西

lo baci ubade isinjiha. wesihun babe bolgo sulfa seme donjifi, emude
落 땅에서 여기에 이르렀다. 귀한 곳을 수려하고 그윽하다 하며 듣고, 첫째

oci, fucihi de hargašame hengkileki. jaide oci, jang loo de dorolome
는 부처 에게 알현하자. 둘째 는 長 老 에게 예하여

acaki sembi. fa dzung hendume meni sefu boode akū, buya hūwašan serengge
만나고자 한다. 法 聰 말하되 나의 스승 집에 없고, 小 和尙 하는 이

šabi fa dzung inu. siyan šeng, fang jang de dosifi cai omiki. jang šeng
제자 法 聰 이다. 先 生, 方 丈 에 들어가 茶 마시자. 張 生

hendume jang loo akū oci tetendere, cai be joo. gelhūn akū hūwašan de
말하되 長 老 없으면 茶 를 그만두어라. 감히 和尙 에게

baiki. majige jorime gamafi hargašabureo. fa dzung je sehe.
청하자. 조금 가리켜 데리고 바라보게 해 주시오. 法 聰 예 하였다.

jang šeng hendume weilehe arahangge yala sain. mujangga.
張 生 말하되 일한 만든 것 정말 좋다. 진정이다.

—— ◦ —— ◦ —— ◦ ——

남게 하여 혹시 보러오는 사람이 있으면 기억하였다가 스승님께서 오신 후에 알리라고 하셨다. 그래서 절의 문에 서서 보고 있다. 누가 왔는가?"

장생이 올라가서 말하기를,

"굽은 길을 지나 고요한 곳을 지나가니 선방(禪房)에 꽃나무 가득하다. 벌써 이르렀구나."

서로 만나서 법총(法聰)이 말하기를,

"선생은 어디에서 오셨습니까?"

장생이 말하기를,

"소생은 서락(西落)에서 왔습니다. 이곳이 수려하고 그윽하다는 것을 듣고, 부처를 알현하고 장로(長老)를 뵙고자 합니다."

법총(法聰)이 말하기를,

"스승님께서는 지금 절에 계시지 않습니다. 소승은 스승님의 제자 법총(法聰)입니다. 선생, 방장(方丈)에 들어가 차나 마시지요."

장생이 말하기를,

"장로가 계시지 않으면 차를 주시지 않아도 됩니다. 다만 청하건대 이곳 사찰을 구경할 수 있겠습니까?"

법총(法聰)이

"예."

하였다.

장생이 말하기를,

"절이 정말로 좋습니다."

53) mudangga jugūn cib sere bade hafunambi : 곡경통유처(曲徑通幽處)로 심원(深遠)하고 구석진 곳을 가리킨다.

54) can tere boo : 관용구로 선방(禪房)을 가리킨다.

一發隨喜去 聰拈住云 那里須法

那里又好一座大院子 却是何處 待小生

參過菩薩 拜罷聖賢

將迴廊繞遍 我數畢羅漢

樓前面 遊洞房 登寶塔

廚房近西 法堂北 鐘

村裏迓鼓

隨喜了上方佛殿 又来到下方僧院

【tsun li ya gu】[55] dergi ergi fucihi diyan be tuwaha. geli fejergi ergi hūwašan i
【村 裏 迓 鼓】 위 쪽 佛 殿 을 보았다. 또 아래 쪽 和尙 의

hūwa de isinjiha. budai booi wargi ergi hancikan, fa tang ni amargi, jung
뜰[56] 에 이르렀다. 부엌의 서 쪽 가까운 法 堂 의 북쪽, 鍾

tungken i leosei juleri gūldun boode ilgašaha. boobai subargan de
북 의 樓舍[57]의 앞 洞 房에서 노닐었다. 寶 塔 에

tafaka. mudaliha nanggin[58] be šurdeme akūmbuha. bi lohan be tolome
올랐다. 廻 廊 을 돌아 다했다. 나 羅漢 을 세어

wajiha. pusa de hengkilehe. enduringge mergese de doroloho.
마쳤다. 菩薩 에게 절하였다. 성 현들 에게 예하였다.

cala absi emu amba hūwa maka aiba biheni. buya bithei niyalma,
저쪽에 매우 한 큰 뜰 혹시 어떤 곳 이냐? 小 書 生

inemene emgeri akūmbume tuwaki. fa tsung ilibume hendume tubade geneci
조금 한 번 두루 보자. 法 聽 세우고 말하되 거기에 가면

—— ◦ —— ◦ —— ◦ ——

【촌리아고(村裏迓鼓)】
위로 불전(佛殿)을 보았고
아래로 승원(僧院)에 이르렀다.
부엌의 서쪽, 법당(法堂)의 북쪽, 종루(鍾樓)의 앞,
동방(洞房)에서 노닐었다.
보탑(寶塔)에 올랐다.
회랑을 두루 돌아보았다.
나한(羅漢)을 세어보았다.
보살(菩薩)에게 절하고 성현에게 예하였다.

"저쪽에도 큰 뜰이 있군요. 한 번 둘러보겠습니다."
법총(法聽)이 멈춰 세우고 말하기를,
"그곳은 들어가시면

55) tsun li ya gu : 동양문고본에는 dzun li ya g'o로 쓰였다.
56) hūwašan i hūwa : 승원(僧院)으로 승려들이 불상을 모셔 놓고 불도를 닦으며 교법을 펴는 곳이다.
57) 누사(樓舍)는 좁고 너저분한 집을 가리킨다.
58) 회랑(廻廊)은 정당(正堂)의 양 옆으로 있는 기다란 집채이다.

不得 先生請住者 裏面是崔相國家眷 寓宅

張生見鶯〻紅娘科

驀然見五百年風流業冤

元和令

顛不剌的見了萬千 這般

可喜娘罕曾見 我眼花撩亂口難言

魂靈兒飛去半天 儘人調戲

軃着香肩 只將花笑拈

ojorakū. siyan šeng iliki terei dolo tsui siyang guwe i boigon
안 된다. 先 生 멈추자. 그곳의 안 崔 相 國 의 가족

anggala tehebi serede, jang šeng, ing ing, hūng niyang be sabufi uculeme,
살았다 함에 張 生, 鶯 鶯, 紅 郎 을 보고 노래하되,

gaitai sunja tanggū aniyai yebcungge ildamu suingga yamtun[59] be sabuha.
돌연 5 백 해의 風 流 業冤 을 보았다.

【yuwan he ling】 halai goiman ningge be minggan tumen sabuha. enteke
【元 和 令】 갖가지 멋있는 것 을 천 만 보았다. 이 같이

buyecuke gege be saburengge yala sebkesaka. mini yasa ilganame, angga
사랑스러운 아가씨 를 본 것 정말로 드물다. 나의 눈 몽롱해지고 입

gisureci mangga. fayangga aljafi, abka de kaliha. niyalma de cihai
말하면 어렵다. 영혼 떠나서 하늘 에 올라갔다. 사람 에 마음대로

yarkiyabume, hocikon meiren celmerjeme emdubei ilha be jafašame ijaršambi.
유혹되고, 아름다운 어깨 드리우고 그저 꽃 을 쥐고 빙그레 웃는다.

―― ◦ ―― ◦ ―― ◦ ――

안 됩니다. 선생은 멈추십시오. 그곳에는 상국(相國)의 가족이 거주하고 있습니다."
하고 말하는 순간 장생이 앵앵과 홍랑을 보고 노래하기를

"돌연히 오백년의 풍류업원(風流業冤)을 보았구나."

【원화령(元和令)】
갖가지 아름다운 것을 천만번 보았으나
이 같이 아름다운 아가씨를 본 것은 정말로 처음이로구나.
나의 눈은 몽롱해졌고, 입은 말하기가 어렵다.
영혼은 떠나서 하늘로 올라갔다.
사람을 제멋대로 유혹하며
아름다운 어깨 드리우고
그저 꽃을 쥐고 웃는구나.

---

59) yebcungge ildamu suingga yamtun : 풍류업원(風流業冤)으로 남녀 간의 연애나 정사에 관한 전생(前生)에서 지은 죄로 이승에서 받는 괴로움이다. yamtun은 yamdun과 같다.

上馬嬌

是兜率宮 是離恨天 我誰

想這里遇神仙 宜嗔宜喜春風面

偏宜貼翠花鈿 勝葫蘆

宮樣眉兒新月偃 侵入鬢雲邊

未語人前先腼腆 櫻桃紅破

玉粳白露 半晌恰方言 後 似

【šang ma giyoo】 yala deo lioi gung biheo. li hen tiyan abka biheo. bi ubade
【上 馬 嬌】 진정 兜 率 宮[60] 이었는가? 離 恨 天[61] 하늘 이었는가? 나 여기에서

enduri be ucarambi seme we gūniha. ushacibe, urgunjecibe, eyerjere
신 을 만난다 하고 누가 생각했는가. 화내도 기뻐도 광채를 내는

saikan cira, baibi ts'ui ilhai gidakū latubure de acambi, 【šeng hū lu】
좋은 낯빛 단지 翠 花 鈿[62] 붙임 에 마땅하다.【勝 葫 蘆】

mudangga faitan, ice biyai gese, yar seme tugi šulu i hanci isinahabi.
굽은 눈썹, 초승달과 같이 가느스름하게 구름 관자놀이[63] 의 가까이 도달하였다.

gisurere onggolo, niyalmai juleri neneme manggašambi. fulgiyan femen jakarame,
말하기 전에 사람의 앞에 먼저 수줍어한다. 붉은 입술 벌어지고,

šanggiyan weihe sabume, kejine oho manggi, teniken gisurembi, 【amargi】 gūli
흰 이 드러나고, 잠깐 된 후, 비로소 말한다. 【後】 꾀꼴

—— ∘ —— ∘ —— ∘ ——

【상마교(上馬嬌)】
정말로 도솔궁(兜率宮)이었는가?
이한천(離恨天)이었는가?
내가 여기에서 신선을 만나리라고 누가 생각했겠는가.
화를 내도 기뻐해도 빛나는 어여쁜 얼굴
비춰 화전(花鈿) 붙이니 어울리는구나.

【승호로(勝葫蘆)】
굽은 눈썹은 초승달처럼 가느스름하며
구름 같은 귀밑머리 가까이 미쳤다.
말하기 전에 먼저 수줍어한다.
붉은 입술 벌어지고,
흰 이가 드러나고,
잠깐 있다가 비로소 말한다.

---

60) 두솔궁(兜率宮)은 도솔천에 있는 궁전이다.
61) 이한천(離恨天)은 불교에서 말하는 서른세 곳 하늘, 즉 범어로 '도리천(忉利天, Trayastrimśa)'이라고 부르는 곳 중 하나이다.
62) 화전(花鈿)은 부녀자의 눈썹과 이마 사이에 붙이는 장신구로 금, 은, 보석을 상감하여 꽃 모양, 매화, 작은 새, 작은 고기, 작은 오리 모양을 만들어 붙였다. 그런데 gidakū에 대해 한청문감(11:22a)에서는 '니마 옯히 붓치는 애염이'로, 방언집석(3:8b)에서는 '계집의 니마에 두르는 테'로 머리장식으로 풀이하고 있다.
63) tugi šulu : 운빈(雲鬢)으로 구름 같은 귀밑머리라는 뜻으로, 귀밑으로 드리워진 아름다운 머리를 가리킨다.

紅娘下

鶯鶯引

似垂柳在晚風前

千般嬝娜 萬般旖旎

行一步可人憐 解舞腰肢嬌又軟

我看母親去 紅娘

鶯鶯云

嚦嚦鶯聲花外囀

gali ing gashai jilgan, ilhai cala jorgire dali.
꾀꼴 鶯 새의 소리, 꽃의 저쪽 지저귀는 것 같다.

ing ing hendume hūng niyang,
鶯 鶯 말하되 紅 郎

bi aja be tuwanaki.
나 어머니 를 보러가마.

emgeri oksoci niyalma šar sembi. maksin de mangga comboli giru
한 번 걸으니 사람 애처롭다. 춤 에 능한 허리 모습

uyaljame sunggeljembi. minggan hacin i haihū icangga tumen hacin i
날씬하고 아름답다. 천 종류 로 부드럽고 우아하고 만 종류 로

buyecuke saikan. uthai loli fodoho yamjishūn edun de aššara adali.
아름답고 멋있다. 곧 수양버들 해질녘 바람 에 흔들리는 것 같다.

ing ing, hūng
鶯 鶯, 紅

niyang be gaifi wasika,
郎 을 데리고 내려갔다.

—— ◦ —— ◦ —— ◦ ——

【후(後)】
꾀꼴 꾀꼴 꾀꼬리 소리
꽃 밖에서 지저귀는 것 같다.

앵앵이 말하기를,
"홍랑아! 우리 어머니를 보러가자."

한 번 걸으니 사람이 애가 탄다.
춤추는 듯 허리 날씬하고 아름답다.
천 종류로 부드럽고 우아하며
만 종류로 아름답고 멋있다.
마치 수양버들이 해질녘 바람에 흔들리는 것 같다.

앵앵이 홍랑을 데리고 내려갔다.

神仙歸洞天 空

只有那一步遠 分明打個照面 風魔了張解元

慢俄延投至到櫳門前面

只這脚踪兒将心事傳

步香塵底印兒淺 休題眼角留情處

你看襯殘紅芳徑軟

後庭花

【heo ting hūwa】 si tuwa. sigaha ilha sektebufi, saikan jugūn sumburšambi.
【後 庭 花】 너 보아라. 떨어진 꽃 깔려서, 좋은 길 어지러이 흩어진다.

hiyan i buraki be oksoho fatan i songko oilori, yasai hošoi deri
향 의 티끌 을 걸은 발바닥 의 자국 위로 눈초리 부터

narašaha be aisehe. damu ere bethei songko de seme mujilen de tebuhe be
연연하는 것 을 어찌하겠는가? 다만 이 발의 자국 에 라도 마음 에 둔 것 을

ulahabi. elhei tookanjame dukai bokson i juleri isinahangge, arkan
전하였다. 천천히 머뭇거리며 문지방 의 앞에 도달하니 겨우

emu okson i ufihi bi. ilekesaka[64] ishun emgeri šaha. ede jang giyei yuwan
한 발자국 의 부분 있다. 분명히 마주 한번 바라보았다. 이로써 張 解 元[65]

niorokoi fudasihūlara dabala. enduri dabkūri abka de marifi, burga
얼이 빠져서 혼미할 뿐이다. 神仙 洞 天[66] 에 돌아가고, 버드나무

—— ◦ —— ◦ —— ◦ ——

【후정화(後庭花)】
보아라.
떨어진 꽃이 깔려서 좋은 길에 어지러이 흩어진다.
향진(香塵)을 걸은 발자국 위로
눈초리가 연연하는 것을 어찌하겠는가?
다만 이 발자국에라도 마음에 새겨둔 것을 전하였다.
천천히 머뭇거리며 문지방 앞에 도달하니
한걸음 남기고 분명히 한번 마주보았다.
이로써 장(張) 해원(解元) 얼이 빠진 채 혼미할 뿐이다.
신선은 동천(洞天)에 돌아가고, 수양버들의

---

64) ilekesaka : 일반 사전에서 확인되지 않는데 iletusaka로 판단된다.
65) 해원(解元)은 명청(明淸) 시기에 과거의 일종인 향시(鄕試)에 합격한 사람이 거인(擧人)이며 수석 합격자를 해원(解元) 또는 해수(海首)라고 불렀다.
66) 동천(洞天)은 신선이 산다는 별천지이다.

滿漢西廂記

環珮聲漸遠　東

有幾個意馬心猿　蘭麝香仍在

難消遣　怎留連

〔寄生草〕

墻兒高似青天　恨天不與人方便

〔柳葉兒〕

門掩了梨花深院　粉

餘楊柳烟　只聞鳥雀喧

fodoho i suman be untuhuri tutabuha. damu cecike gashai jorgire be
의 안개 를 속절없이 남겨 두었다. 다만 작은 새의 지저귀는 것 을

donjimbi. 【lio ye el】 šulhe ilhai šumin hūwa i duka be dasiha, šanggiyan
듣는다. 【柳 葉 兒】 배 꽃의 깊은 뜰 의 문 을 닫았고, 흰

fu i den niohon abkai adali. koro. abka niyalma de ainu tusa
담 의 높이 푸른 하늘과 같다. 원망스럽구나! 하늘 사람 에게 어째서

ararakū[67] ni. tookabure anduburengge mangga. ainu hairame narašambi,
돕지 않는가. 마음을 풀고 달래는 것 어렵다. 어찌 아쉬워하며 그리워하는가.

sofin gūnin, taji mujilen[68] maka udu biheni. 【gi šeng tsoo】 lan ilhai jarin i wa
날뛰는 생각, 저지레하는[69] 마음 도대체 얼마나 있었냐? 【寄 生 草】 蘭 꽃의 麝香 의 향기

kemuni sur secibe, ashaha gui guwenderengge, ulhiyen i goro oho. dergi
항상 향기롭지만, 珮 玉 울리는 것 점점 멀어졌다. 東

—— ◦ —— ◦ —— ◦ ——

안개만 속절없이 남겨 두었다.
다만 작은 새의 지저귀는 것을 듣는다.

【유엽아(柳葉兒)】
배꽃 깊은 뜰의 문을 닫았고
흰 담의 높이가 푸른 하늘과 같다.
원망스럽구나!
하늘이 사람을 어찌 돕지 않는가.
마음을 풀고 달래기 어렵구나.
어찌 아쉬워하며 그리워하는가.
날뛰는 생각, 저지레하는 마음 감당할 수 없구나.

【기생초(寄生草)】
난사향(蘭麝香)은 아직 향기롭지만,
패옥(珮玉)이 울리는 것 점점 멀어졌다.

67) tusa arambi : '이익을 삼다'는 뜻이기 때문에 '돕다'로 풀이된다.
68) sofin gūnin, taji mujilen : 의마심원(意馬心猿)으로 뜻은 날뛰는 말과 같고 마음은 떠드는 원숭이와 같다는 뜻으로 사람의 마음이 세속의 번뇌와 욕정 때문에 항상 어지러움을 비유한 말이다.
69) taji : 漢淸(05:47a)에서는 '저즈레ᄒᆞ다'로 되어 있는데 현대국어에서는 '저지레하다'이다.

透骨髓相思病纏 我

望將穿 涎空嚥 我明日

賺煞尾

那邊是南海水月觀音院

這邊是河中開府相公家

珠簾掩映芙蓉面

風搖曳垂楊線 遊絲牽惹桃花片

edun de loli fodoho i subehe sunggeljeme aššame[70], deyere talmaha[71] de,
風 에 수양버들 의 가지 끝 흔들리며, 나르는 거미줄 에

toro ilhai fintehe hūsibume tahabi. nicuhe hida jerkišeme, fu žung
복숭아 꽃의 잎 뒤엉켜 걸렸다. 주렴 빛나서 芙 蓉

ilhai gese cira de eldekebi. ergi uthai ho jung ni k'ai fu siyang
꽃과 같은 안색 에 비추었다. 이쪽 곧 河 中 의 開 府[72] 相

gung ni boo seci, cargi yala julergi mederi muke biyai guwan in yuwan i
公 의 집이라 하지만 저쪽 진정 南 海[73] 水 月의 觀 音 院[74] 과

adali. 【jan ša wei】[75] šahai bereke. mekele cifenggu nunggembi, bi eicibe
같다. 【賺 煞 尾】 바라보고서 얼떨떨하다. 속절없이 침 삼킨다, 나 반드시

giranggi umgan de isitala, kidume gūnire[76] nimeku de hūsibumbi. bi
뼈 골수 에 이르도록, 상사 병 에 걸린다. 나

—— ◦ —— ◦ —— ◦ ——

동풍에 수양버들의 가지 끝이 흔들리며
날리는 거미줄에 복숭아꽃의 잎이 뒤엉켰다.
주렴(珠簾)이 빛나 부용(芙蓉)꽃 같은 얼굴 비추었다.
세상에서는 하중(河中) 개부(開府) 상공(相公)의 집이라 하지만
내가 보기에는 정말로 남해 수월 관음원(南海 水月 觀音院)과 같다.

【잠살미(賺煞尾)】
바라보고서 넋이 나갔다.
속절없이 침만 삼킨다.
분명히 골수에까지 상사병에 걸렸다.

---

70) sunggeljeme aššambi : '흔들리다'는 뜻이다.
71) deyere talmaha : 유사(游絲)로 고요한 공중에 떠돌거나 숲 같은 데 걸려 있는 섬세한 거미줄 따위의 실을 가리킨다. talmaha는 talmahan(거미줄)의 오기(誤記)로 판단된다.
72) 개부(開府)는 관아를 설치하고 속관(屬官)을 두는 일로서 중국 한나라 때 삼공(三公)의 벼슬아치에게 허용하였던 제도이다. 때문에 개부(開府)는 삼사(三司)와 마찬가지의 대우를 나타냈다.
73) 남해(南海)는 보타락산(補陀落山)에 있다. 보타락(補陀落)은 산스크리트의 포탈라카(Potalaka)의 음역으로 보타락산(補陀洛山)은 관세음보살이 산다는 산이다. 인도의 남해안에 있는 팔각형의 산으로 이 산의 화수(華樹)는 빛과 향기를 낸다고 한다.
74) 수월관음(水月觀音)은 33 관음(觀音) 중 하나이다. 하늘에 뜬 달이 물속에 비친 달이라는 뜻으로 인생의 허무에서 발생한 고난을 구제하여 달관케 하는 사색적인 보살이다.
75) jan ša wei : 동양문고본에는 jan šan wei로 쓰였고 초본에서는 jiya ša wei로 쓰였다.
76) kidume gūnimbi : '생각하다, 그리워하다, 보고 싶어 하다'는 뜻이다.

化作武陵源

奈玉人不見 将一座梵王宮

午當天 塔影圓 春光在眼前

近庭軒 花柳依然 日

我便鐵石人 也意惹情牽

怎當他臨去秋波那一轉

adarame terei genere namašan, irgašara hojo, emgeri narame šaha de
어찌 그의 갈 즈음에 추파를 던지는 미인, 한 번 그리워하며 바라봄 에

dosombi. bi uthai sele wehei niyalma okini. inu gūnin gaisilabufi,
견디겠는가? 나 곧 철 석의 사람 되게 하자. 또 생각 말려들고,

buyen ušabumbi. nanggin hūwa hūsime, ilha fodoho kemuni da an. šun
욕망 끌린다. 뜰 휘감으며, 꽃 수양버들 여전히 전과 같다. 해

inenggi dulin ome, subargan i helmen tob sembi. niyengniyeri fiyan yasai
정오 되어, 탑 의 그림자 바로 된다. 봄 빛 눈의

juleri bicibe, gui niyalma be saburakū de akambi. emu falga fan wang
앞에 있으나, 玉 人[77] 을 보이지 않음 에 한탄한다. 한 채 梵 王

gung, u ling yuwan ome ubaliyakabi.
宮[78] 武 陵 源 되어 바뀌었다.

—— ◦ —— ◦ —— ◦ ——

어찌 가면서 추파를 던지는 미인을 한 번 그리워 바라보고서 견디겠는가?
철석같은 사람이 되고자 하나
생각에 말려들고 욕망에 끌린다.
뜰을 휘감는 꽃과 수양버들 여전히 전과 같이 피어 있고
정오가 되어 탑의 그림자 똑바로 선다.
봄빛이 눈앞에 있으나 옥인(玉人)이 보이지 않음에 한탄한다.
한 채 범왕궁(梵王宮)이 무릉원(武陵源)으로 바뀌었구나.

77) 옥인(玉人)은 용모와 마음씨가 아름다운 사람을 가리킨다.
78) 범왕궁(梵王宮)은 범천왕의 궁전으로 일반적으로 절을 가리킨다.

滿漢西廂記

外覷者 倘再来時 報我知道 法聰云理會得

不遇而返 法本云 山門

聰云 夜来有一秀才自西洛而来 特謁我師

曾有個人来探望 喚法聰問科 法

長老 夜来老僧赴個村齋 不知

法本上云 老僧法本 在庄 普救寺内住持做

紅娘云理會得下

回我話者

去 幾時好與老相公做好事 問明了来

夫人上云 紅娘你傳着我的言語 寺裏問那長老

借廂第二章

[1:11a]

tatara boo be baiha jai fiyelen
살 집 을 구한 둘째 장

fu žin wesifi hendume hūng niyang si mini gisun be ulame, sy i jang loo de
夫 人 올라서 말하되 紅 娘 너 나의 말 을 전하고, 寺 의 長 老 에게

fonjina. sakda siyang gung de sain baita[79] araki. atanggi sain, getukeleme
물으러가라. 老 相 公 에게 좋은 일 하자. 언제 좋은지, 확실히

fonjifi, minde gisun bederebu.
묻고, 나에게 말 다시 전하라.

hūng niyang je sefi mariha.
紅 娘 네 하고 되돌아갔다.

fa ben wesifi hendume sakda hūwašan, fa ben bi ere pu gio sy i ju chi jang
法 本 올라서 말하되 老 和尙 法 本 나 이 普 救 寺 의 住 持 長

loo inu. sikse gašan i urse doocan arame solifi gamaha bihe. maka
老 이다. 어제 마을 의 사람들 제 지내러 초대해서 데려갔었다. 도대체

aika niyalma tuwanjiha biheo sefi fa tsung be hūlafi fonjiha manggi fa
어떤 사람 보러왔었느냐 하고 法 聽 을 불러 물은 후 法

tsung hendume sikse emu šusai, wargi lo ci jifi, cohome sefu de
聽 말하되 어제 한 書生 西 洛 에서 와서 오직 스승 에게

acanjiha bihe. acahakū ofi, amasi genehe. fa ben hendume miyoo i
만나러 왔다. 만나지 못하고 돌아 갔다. 法 本 말하되 廟 의

duka i tule tuwaša. aikabade dasame jici, minde alanju. fa tsung je sehe.
문 의 밖 살펴보라. 만약에 다시 오면 나에게 아뢰러오라. 法 聽 네 하였다.

—— ◦ —— ◦ —— ◦ ——

살 집을 구한 두 번째 장

부인이 올라가서 말하기를

“홍랑아, 너는 절의 장로에게 나의 말을 전하러 가거라. 노 상공(老 相公)을 위한 법회를 언제 할지 확실하게 물어보고 나에게 알려다오.”

홍랑이

“네.”

하고 내려갔다.

법본(法本)이 올라가서 말하기를

“노승의 이름은 법본입니다. 저는 이 보구사(普救寺)의 주지 장로입니다. 어제 마을 사람들이 재(齋)를 지내러 저를 마을에 초대해서 다녀왔는데, 그 사이 대체 어떤 사람이 찾아왔을까?”

하고 법총을 불러 물으니 법총이 말하기를

“어제 서락(西洛)에서 온 한 서생(書生)이 스승님을 뵈러 왔다가 만나지 못하고 돌아갔습니다.”

법본이 말하기를

“절의 문 밖을 살펴보다가 만약 다시 오면 나에게 아뢰러 오너라.”

법총(法聽)이

“알겠습니다.”

하였다.

---

79) sain baita : 법회(法會)라는 의미로 사용된 것이다.

你借與我半間兒客舍僧房

聰云 不解先生話哩

先生来了 小僧

埋怨殺你個法聰和尚

不做周方

中呂 粉蝶兒 張生冒

與法聰拱手科

訪那長老 小生別有話說

小生一夜無眠 今日再到寺中

張生上云 自夜来見了那小姐着

jang šeng wesifi hendume sikse tere siyoo jiyei be sabuha ci buya
張 生 올라서 말하되 어제 그 小 姐 를 본것 에서 小

bithei niyalma be emu dobonio amgabuhakū. enenggei dahime sy de genefi,
書 生 을 한 밤새도록 자지 못하게 했다. 오늘 다시 寺 에 가서

jang loo be baifi, encu emu babe gisureki.
長 老 를 찾아서 다른 한 일을 말하자.

sefi, fa tsung ni baru gala tukiyecehe.
하고서 法 聰 의 쪽 공수(拱手)하였다.

[jung lioi]【fen diyei el】[80]〔jang šeng ni ucun〕acabure tusa arara be
[中 吕]【粉 蝶 兒】〔張 生 의 노래〕만나고 의지하는 것 을

deriburakūn? sini ere fa tsung hūwašan be alimbaharakū jabcambi.
시작하지 못하게 하느냐? 너의 이 法 聰 和尙 을 견딜 수 없이 원망한다.

fa tsung hendume siyan šeng jiheo. buya hūwašan,
法 聰 말하되 先 生 왔는가? 小 和尙

siyen šeng ni gisun be ulhirakū kai.
先 生 의 말 을 깨닫지 못하였노라.

si minde antaha ebure hūwašan i boo be hontoho giyan danggi bu. mini
너 나에게 손님 머무는 和尙 의 방 을 반 칸 이라도 다오. 나의

—— ◦ —— ◦ —— ◦ ——

장생이 올라가서 말하기를
"어제 그 소저를 보고서 밤새도록 자지 못했다. 오늘 다시 절에 가서 장로를 찾아뵙고 말씀 드리고자 한다."
하고서 법총에게 공수(拱手)하였다.

[중려(中吕)]【분접아(粉蝶兒)】〔장생창(張生唱)〕
서로 만나서 돕고 의지하는 것을 시작도 못하게 하느냐?
법총 화상(和尙)을 매우 원망한다.

법총이 말하기를
"선생 오셨습니까? 소승이 선생의 말을 이해하지 못하였습니다."

나에게 손님이 머무는 승방을 반 칸이라도 주어라.

---

80) fen diyei el : 동양문고본에서는 ben diyei el로 쓰였다.

畫眉的敢是謊　今番不是在先

我往常見傅粉的委實羞

醉春風

不解先生話

聽云　小僧

且將這盼行雲眼睛打當

雖不得竊玉偷香

與我那可憎才居止處門兒相向

tere hataburu hojoi[81] ilire tere teisu uce ishunde bakcilaha de
그 얄미운 미인의 머무는 그 맞은편 문 서로 마주한 것 에서

teni sain. udu gu be guweleceme hiyan be hūlhame[82] baharakū bicibe,
매우 좋다. 비록 玉 을 엿보며 향 을 훔쳐 얻지 못할지라도

taka ere yabure tugi be hargašara yasai faha be sargabuki.
잠깐 이 가는 구름 을 바라보는 눈동자 를 즐겁게 하자.

fa tsung hendume buya hūwašan, siyan
法 聰 말하되 小 和尙 先

šeng ni gisun be ulhirakū.
生 의 말 을 알지 못하겠습니다.

【dzui cun fung】 bi seibeni fun ijuhangge be sabuci, yargiyan i girumbi.
【醉 春 風】 나 예전 粉 바른 것 을 보면 정말로 부끄러워한다.

faitan niruhangge be, ainci tašan sembihe. ere mudan nenehe gese akū.
눈썹 그린 것 을 대개 거짓이라 했다. 이 번 예전 같지 않다.

—— ◦ —— ◦ —— ◦ ——

그 얄미운 미인이 머무는 방 맞은편에 문이 서로 마주하는 것만으로도 매우 좋다.
비록 옥(玉)을 엿보며 향을 훔쳐 얻지 못할지라도
잠깐 가는 구름을 바라보며 눈동자를 즐겁게 하자.

법총(法聰)이 말하기를
"소승이 선생의 말씀을 이해하지 못했습니다."

【취춘풍(醉春風)】
예전에는 분 바른 사람을 보면 정말 부끄러워하고
눈썹 그린 것을 대개 거짓이라고 생각했다.
이번에는 예전 같지 않다.

---

81) hataburu hojo : '가증재(可憎才)'로서 '사랑하는 사람'을 뜻하는 반어법이다.

82) gu be guweleceme hiyan be hūlhame : 절옥투향(竊玉偸香)으로 미혼 남녀가 몰래하는 사랑을 표현한 말로 향을 빼돌리고 옥을 훔친다는 뜻이다. 진(晋) 나라 때 가충(賈充)의 딸 가오(賈午)가 한수(韓壽)라는 젊은이와 사랑에 빠져 무제(武帝)가 가충에게 하사한 귀중한 향을 훔쳐 한수에게 주었다. 나중에 가충이 이 사실을 알고 두 말 않고 자기 딸을 한수에게 시집을 보냈다는 고사에서 나온 말이다.

只少個圓光 便是捏塑的僧伽像

如少年得内養 貌堂堂 聲朗朗

我只見頭似雪 鬢如霜 面

迎仙客

待小僧通報去 張生見法本科

聽云小僧不解先生話也 師父久

断送得眼亂 輪轉得腸忙

人心兒裏早痒ㄴ 撩撥得心慌

滿漢西廂記 上

niyalmai mujilen i dolo afanggala yojohošombi. buyehei mujilen farfabuha.
사람의 마음 의 속 벌써 애탄다. 사랑하여서 마음 어지럽게 됐다.

kengkehei yasa nioroho. kūthūhai duha lakcaha.
간절히 바라서 눈 어지러워졌다. 뒤엉켜서 창자 끊어졌다.

fa tsung hendume buya hūwašan, siyan šeng ni gisun be ulhirakū. sefu aliyame
法 聰 말하되 小 和尙 先 生 의 말 을 알지 못했다. 스승 기다려

goidaha. buya hūwašan alanaki. jang šeng, fa ben be acaha.
오래되었다. 小 和尙 알리러 가마. 張 生 法 本 을 만났다.

【ing siyan ke】 bi tuwaci uju nimanggi gese, šulu gecen i adali. cira
【迎 仙 客】 나 보니 머리 눈 같고 살쩍[83] 서리 와 같다. 얼굴

asihaki, dorgi be ujire be bahambi. banin eldengge saikan. jilgan den
젊어 보이고, 마음 을 수양하는 것 을 터득한다. 모습 빛나고 아름답다. 목소리 높고

amba. damu muheliyen elden teile akū. uthai cifame weilehe seng kiyei
크다. 다만 圓 光[84] 만 없다. 곧 점토로 빚어 만든 僧 伽의

—— ◦ —— ◦ —— ◦ ——

내 마음속 벌써 애가 탄다.
사랑하여 마음 어지럽게 됐다.
간절히 바라여 눈 어지러워졌다.
창자가 뒤엉켜서 끊어졌다.

법총이 말하기를
"소승이 선생의 말씀을 알아듣지 못하겠습니다. 스승께서 선생을 기다리신 지 오래되었습니다. 소승이 알리러 가겠습니다."
장생이 법본을 만났다.

【영선객(迎仙客)】
법본을 보니 머리는 눈 같고
살쩍은 서리와 같다.
얼굴은 젊어 보이고,
내양(內養)을 터득했다.
모습은 빛나고 아름답다.
목소리는 높고 크다.
다만 원광(圓光)만 없을 뿐이다.
마치 점토로 빚어 만든 승가(僧伽)의

83) '살쩍'은 관자놀이와 귀 사이에 난 머리털을 가리킨다.
84) 원광(圓光)은 불 보살의 몸 뒤로부터 내비치는 빛으로 후광(後光), 배광(背光), 정광(頂光)이라고도 한다.

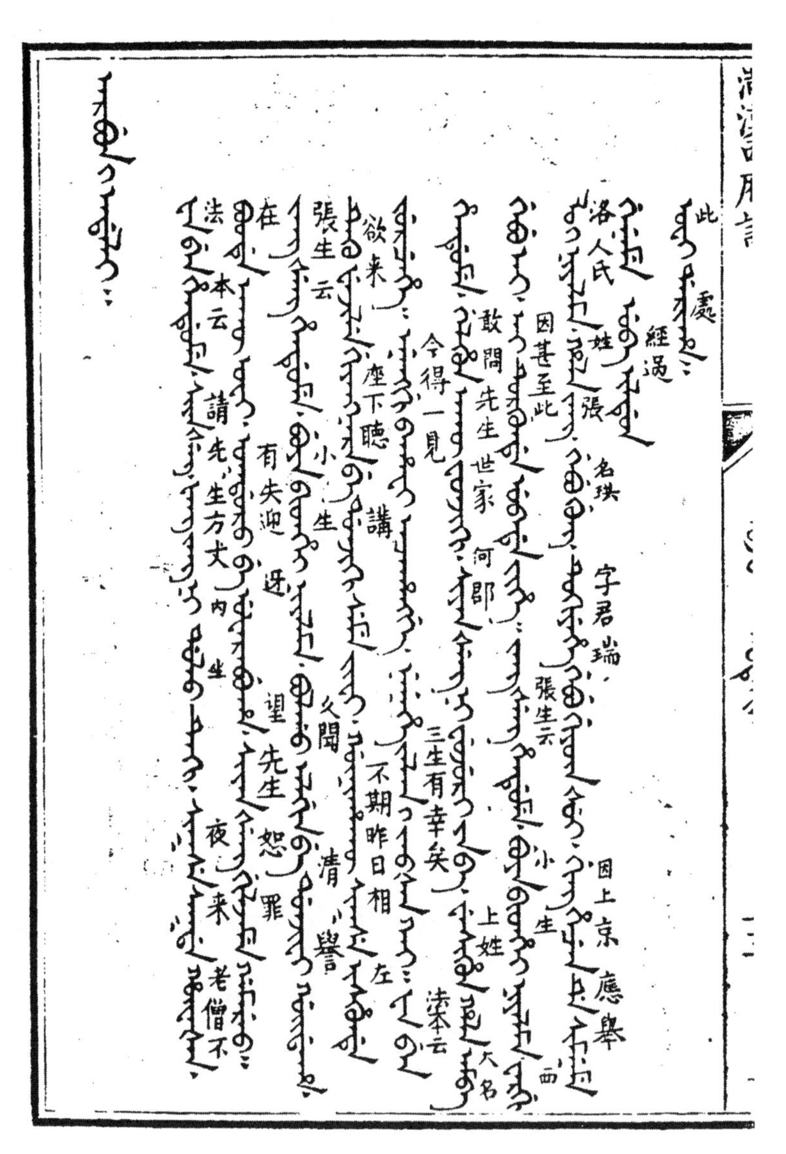

arbun i adali.
모습 과 같다.

fa ben hendume siyan šeng fang jang ni dolo teki. sikse sakda hūwašan,
法 本 말하되 先 生 方 丈 의 안 앉자. 어제 老 和尙

boode akū ofi, okdoro be ufarabuha. siyan šeng giljame gamareo.
집에 없어 맞이함 을 그르쳤다. 先 生 용서하여 선처하시오.

jang šeng hendume buya bithei niyalma bolgo algin be donjifi goidaha.
張 生 말하되 小 書 生 맑은 명성 을 들어서 오래되었다.

teku fejile giyangnara be donjiki seme jifi, gūnihakū sikse ishunde
자리 아래에서 講하는 것 을 듣고자 하여 와서 우연히 어제 서로

jurcehe. enenggi bahafi acahangge, nenehe jalan i jabšan kai. fa ben
엇갈렸다. 오늘 능히 만난 것 前 代 의 행운 이라. 法 本

hendume gelhun akū fonjiki. siyan šeng ni fujuri ya ba. wesihun hala amba
말하되 감히 묻겠다. 先 生 의 출신 어디냐? 높은 성 큰

gebu ai. ai turgunde ubade jihe. jang šeng hendume buya bithei niyalma wargi
이름 무엇이냐? 무엇 때문에 여기에 왔는가? 張 生 말하되 小 書 生 西

lo i niyalma, hala jang, gebu gung, tukiyehe gebu giyūn šui, ging hecen de simneme
洛 의 사람 성 張 이름 珙 字 君 瑞 京 城 에 시험 보러

geneme uba ildun
가며 여기 기회

ofi dariha.
되서 들렀다.

—— ◦ —— ◦ —— ◦ ——

모습 같다.

법본이 말하기를
"선생, 방장(方丈) 안에 앉읍시다. 어제 노승이 집에 없어서 맞이하질 못했습니다. 선생은 부디 용서하여 선처하십시오."
장생이 말하기를
"소생이 높은 명성을 오래 전부터 들었습니다. 자리 아래에서 강론(講論)하는 것을 듣고자 하여 왔는데 어제는 우연히 서로 엇갈렸던 것 같습니다. 오늘 이렇게 만날 수 있었던 것은 전대(前代)의 행운입니다."
법본이 말하기를
"감히 묻겠습니다. 선생의 고향은 어디시며, 존함(尊銜)은 어떻게 되십니까? 무엇 때문에 여기에 오셨습니까?"
장생이 말하기를
"소생은 서락(西洛)의 사람입니다. 성은 장(張)이요, 이름은 공(珙)이요, 자(字)는 군서(君瑞)입니다. 경성(京城)에 시험을 보러 가다가 이곳에 기회가 되서 우연히 들렀습니다."

鬪鵪鶉

至今留四海一空囊

五旬上因病身亡　平生正直無偏向

先人禮部尚書多名望

宦遊在四方　寄居在咸陽

仔細訴衷腸　自来西洛是吾鄉

大師一一問行藏　小生

amba[85] sefu i yabun songko be, emke emken i fonjire de, buya
큰 스승 의 행동 종적 을 하나하나 로 묻는 것 에 小

bithei niyalma turgun da be giyan fiyan i alaki. wargi lo, mini da susu
書 生 사정 을 자세히 알리자. 西 洛 나의 고향

inu. duin dere de sarašame yabume, hiyan yang de taka tehe bihe,
이다. 四 方 에 노닐며 다니다가 咸 陽 에 잠깐 머물렀다.

nenehe niyalma dorolon i jurgan i šangšu hafan de, gebu mujakū algifi,
先 人 예조 의 尙書 에 이름 매우 유명하고,

susai sede nimeme akū oho. banitai tob sijirhūn, urhu haršakū
오십 세에 병들어 돌아가셨다. 본성 성실하고 정직하며, 편향되어 두둔하지

akū. te damu duin mederi de hanja sere gebu teile werihe.【deo an cun】
않는다. 지금 오로지 四 海 에서 청렴 하는 이름 만 남았다.【鬪 鵪 鶉】

—— ◦ —— ◦ —— ◦ ——

【석류화(石榴花)】[86]
대사(大師)께서 행적을 하나하나 물어보시니
소생이 사정을 자세히 알리겠습니다.
서락(西洛)이 저의 고향입니다.
사방으로 노닐며 다니다가
함양(咸陽)에 잠깐 머물렀습니다.
선친은 예부상서(禮部尙書)로 매우 유명했고,
쉰 살에 병들어 돌아가셨습니다.
성품이 성실하고 정직하며
한쪽으로 치우치지 않았습니다.
지금은 오로지 사해(四海)에 청렴한 이름만 남았습니다.

85) 초본에는 amba의 앞에 si lio hūwa 석류화(石榴花)라는 곡명(曲名)이 있다.
86) 가토본과 동양문고본에는 없는 석류화(石榴花)라는 곡명이 초본에는 있다.

七青八黃 任憑人說短論長

秀才人情從来是紙半張 他不曉

留

笑

聊具白金一两與常住公用 伏望

小生途路 無可申意

小生呵無意求官 有心聽講

聞你渾俗和光 果是風清月朗

donjici, si yaya de uhei dakū[87] sembi. yala bolgo edun, gehun biyai adali.
들으니 너 모든 것 에 화목하다 한다. 실로 맑은 바람 밝은 달과 같다.

buya bithei niyalma, hafan ojoro cihakū, doro be donjire be buyembi.
小 書 生 관리 되기 원하지 않고 도리 를 듣기 를 원한다.

buya bithei niyalma jugūn i andala ofi, umai gūnin be tucibure jaka akū.
小 書 生 도중 돼서, 전혀 마음 을 표현할 물건 없다.

ser sere emu yan i menggun be geren sidende baitalakini seme alibuha. bairengge
소소한 한 냥 의 은 을 여럿 사이에 사용하게 하자 하고 건넸다. 바라는 것

injeme
웃으며

gaijareo.
받아들이소서.

šusai doroi jaka, daci hontoho afaha hoošan i adali. bi umai
秀才 예 물 본래 반 장 종이 와 같다. 나 전혀

niohon sohon i ujen weihuken be sarkū. niyalmai cihai hoi golmin
青 黃[88] 의 輕重 을 모른다. 사람의 생각대로 長

—— ◦ —— ◦ —— ◦ ——

【투암순(鬪鵪鶉)】
내가 들으니 모든 것이 화목하다 합니다.
실로 맑은 바람, 밝은 달과 같습니다.
소생은 벼슬에는 욕심이 없고
도리를 듣기를 원합니다.

"소생이 지나가는 길이었던지라 전혀 성의를 표현할 물건이 없습니다.
소소하게나마 한 냥의 은을 여럿을 위해 사용해 주십시오." 하고 건넸다.
"바라건대 기쁘게 받아주십시오."

선비의 예물이 원래 종이 반 장 뿐이다.
제가 전혀 청황(青黃)의 경중(輕重)을 모릅니다.
사람의 생각대로

---

87) uhei dakū : 가토본에서는 uhe dakū로 수정하여 한문 풀이와 함께 옆에 주석으로 처리하고 있다. 한청문감(06:29b)에서는 uhe dakū를 화동(和同)으로 풀이하고 있다.
88) 청황(青黃)에 대해 만한합벽(滿漢合璧)의 한어(漢語)에서는 칠청팔황(七青八黃)으로 대응시키고 있는데 금의 품질을 말하는 것으로 일반적으로 재화를 뜻한다.

把你来生死難忘

你若有主張 對艷粧 将言詞說上 還要

不轂齋糧 畧俻茶湯

你竟無須推讓 這錢也難買柴薪

上小樓

我是特来叅訪

他不怕掂斤播兩

foholon be jubušekini. bi umai gin yan i ton be demniyere de
短 을 판단하게 하자. 나 결코 斤 兩[89] 의 수 를 재는 것 에·

gelerakū. 【šang siyoo leo】[90] bi cohome doro be werišeki seme jihe.
무서워하지 않는다.【上 小 樓】 나 특별히 도리 를 살피고자 하여 왔다.

si asuru ume siltame anahūnjara. ere jiha moo yaha udara de hono
너 아주 사양하지 마라. 이 돈 목 탄 사는 것 에 도

isirakū. buda jeku de tesurakū. ainame cai šasihan de baitalan.
미치지 못한다. 밥 양식 에 충분하지 않다. 겨우 茶 湯[91] 에 비용이다.

si aika arga bahaci, hojo niyalmai baru, mini gisun be ala. simbe
너 만약 방법 얻으면 아름다운 사람의 쪽 나의 말 을 말해라. 너를

bucecibe banjicibe onggorakū oki.
죽어도 살아도 잊지 않겠다.

—— ◦ —— ◦ —— ◦ ——

장단(長短)을 판단하게 합시다.
근량(斤兩)의 무게를 재는 것을 무서워하지 않습니다.

【上小樓(상소루)】
저는 특별히 도리를 살피고자 하여 왔습니다.
사양하지 마십시오.
이 돈은 땔감 사는 것에도 미치지 못합니다.
양식을 사기에도 충분하지 않습니다.
겨우 다탕(茶湯)을 살 정도입니다.
만약 방법이 있다면
아름다운 사람에게
내 말을 전해주십시오.
죽으나 사나 잊지 않겠습니다.

---

89) 근양(斤兩)은 무게 단위(單位)의 근과 양, 또는 무게를 뜻한다.
90) šang siyoo leo : 동양문고본에는 šang siyo leo로 쓰였다.
91) 다탕(茶湯)은 차·과자(菓子)·과일 같은 간단(簡單)한 음식(飮食)을 뜻한다.

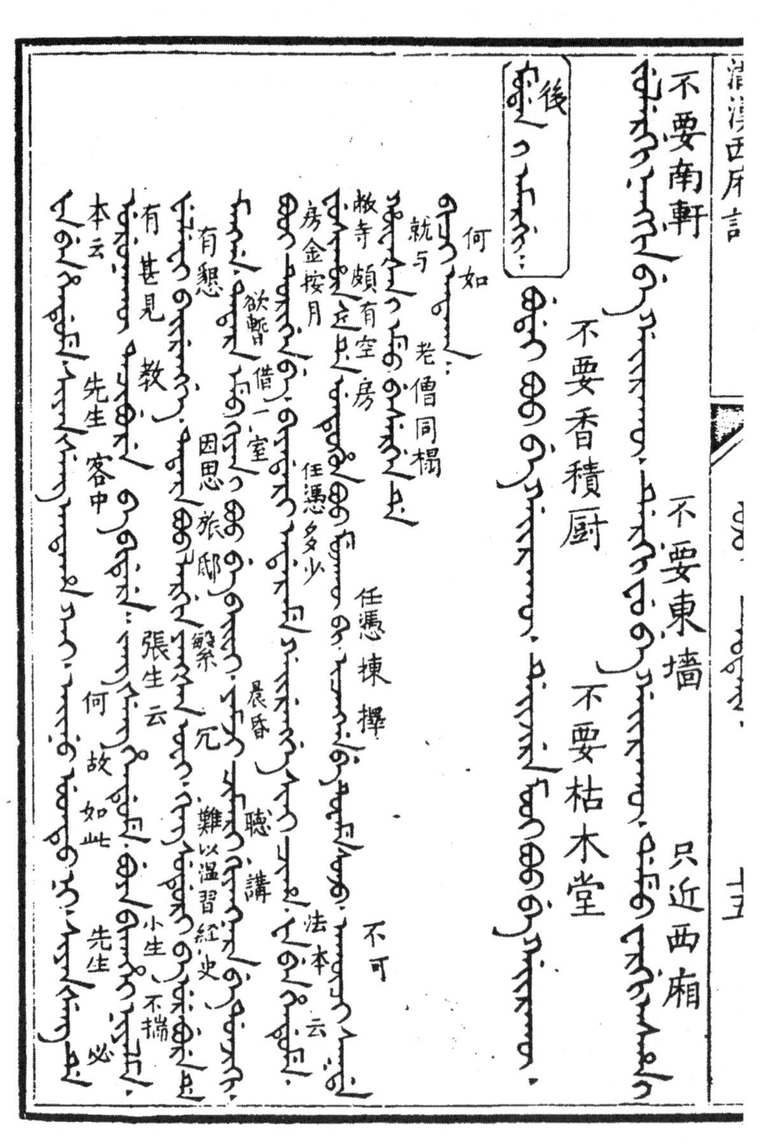

不要南軒 不要東墻 只近西廂
不要香積廚 不要枯木堂
後
何如
就与老僧同榻 任憑揀擇 不可
敝寺頗有空房 任憑多少 晨昏聽講 法本云
房金按月
欲暫借一室 因思旅邸繁冗 難以溫習紅史
有懇
有甚見教 張生云 小生不揣
本云 先生客中 何故如此 先生必

fa ben hendume siyan šeng antaha kai. ainu uttu ni, siyan šeng de
法本 말하되 先 生 손님 이다. 어째서 이리하냐? 先 生 에게

urunakū tacibure ba bidere. jang šeng hendume buya bithei niyalma,
반드시 당부할 바 있으리라. 張 生 말하되 小 書 生

felefi bairengge, tatara boo largin yangšan ofi, ging suduri be urebure de
염치불구하고 부탁하는 것 머무는 집 혼잡하고 시끄러워서 經 史書 를 익히기 에

mangga. tatara emu giyan i boo be baifi, yamji cimari giyangnara be donjiki.
어렵다. 묵을 한 칸 의 방 을 구해서 아침 저녁 講하는 것 을 듣자.

booi turigen be, biyadari adarame gairengge sini ciha. fa ben hendume
방의 세 를 매월 어찌 받는 것 너의 뜻이냐? 法 本 말하되

fusihūn sy de untuhun boo mujakū bi. icangga be tuwame sonjo. akūci sakda
敝 寺 에 빈 방 많이 있다. 원하는 것 을 살펴보아 골라라. 아니면 老

hūwašan i emu besergen de
和尙 의 한 침대 에

bici antaka.
있으면 어떤가?

【mudan i amargi】 budai boo be gairakū, deijire mooi boo be gairakū,[92)]
【曲 의 後】 주방 을 가지지 않고 태우는 나무의 방 을 가지지 않고

julergi nanggin be gairakū, dergi fu be gairakū, damu wargi ashan i
남쪽 난간 을 가지지 않고, 동쪽 담 을 가지지 않고, 다만 西 廂 의

—— ◦ —— ◦ —— ◦ ——

법본이 말하기를
"선생은 손님인데 어째서 이러십니까? 선생이 반드시 하고 싶은 말이 있으신가보군요."
장생이 말하기를
"소생이 염치불구하고 부탁드립니다. 숙소가 혼잡하고 시끄러워서 경(經), 사서(史書)를 익히기에 어렵습니다. 머물 방 한 칸을 구해서 묵으며 아침저녁으로 강연하는 것을 듣고 싶습니다. 방세(房貰)를 매월 어떻게 받는가는 당신 뜻대로 하십시오."
법본이 말하기를
"폐사(敝寺)에 빈 방이 많이 있습니다. 마음에 드는 곳을 살펴보며 고르십시오. 아니면 노승과 함께 지내면 어떻겠습니까?"

【후편(後編)】
향적주(香積廚)와 가깝지 않고
고목당(枯木堂)과 가깝지 않고
남헌(南軒)과 가깝지 않고
동장(東牆)과 가깝지 않고
다만 서상(西廂)과

---

92) budai boo와 deijire mooi boo : 만한합벽(滿漢合璧)의 한어(漢語)에서는 향적주(香積廚), 고목당(枯木堂)으로 대응시키고 있다. 향적주(香積廚)는 주방의 의미로 쓰이지만 고목당(枯木堂)은 승려가 참선하며 머무는 곳으로 고목중(枯木衆:마치 고목의 그루터기처럼 늘 좌선하는 수행승을 일컬음)이 좌선하는 집을 말한다.

脱布衫

大人家舉止端詳 全

個女子也呵 好

張生云 問幾時可与老相公做好事

見本科 長老萬福 夫人使侍妾

相公做好事 問的當了 回話

紅娘上云 俺夫人着俺問長老幾時好与老

快休題 長老方丈

靠主廊 過耳房 方纔停當

hancikan. girin i adame dalbai booi[93] cala oci, teni lak seme icangga.
약간 가깝다. 主廊 의 붙어서 곁 방의 저쪽 이면 비로소 딱 마음에 든다.

jang loo i fang jang be jai ume jondoro.
長 老 의 方 丈 을 다시 말 꺼내지 마시오.

hūng niyang wesifi hendume fu žin mimbe jang loo de atanggi sakda siyang
紅 娘 올라서 말하되 夫 人 나를 長 老 에게 언제 老 相

gung de sain baita weilere be getukeleme fonjifi, gisun bederebu sehebi sefi,
公 에게 법회 할지 를 명백하게 묻고 말 회답하라 했다 하고

fa ben be acafi hendume jang loo tumen hūturi kai. fu žin, fusihūn mimbe
法 本 을 만나서 말하되 長 老 萬 福 이니라. 夫 人 미천한 나를

takūrafi sakda siyang gung de atanggi sain baita be weilere be fonji sehe.
보내어 老 相 公 에게 언제 법회 를 할지 를 물으라 하였다.

jang šeng hendume absi
張 生 말하되 얼마나

emu sain sargan jui.
한 좋은 여자 아이이냐.

【to bu šan】 ambasa boo ofi aššara arbušarangge tob ambalinggū. heni
【脫 布 衫】 大人 집 되서 행동거지 반듯하고 의젓하다. 조금도

—— ◦ —— ◦ —— ◦ ——

약간 가깝고
주랑(主廊)과 붙은 이방(耳房)이면 비로소 딱 마음에 든다.
장로의 방장(方丈)은 다시 말하지 마시오.

홍랑이 올라가서 말하기를
"부인께서 나를 장로에게 보내 언제 노 상공(老 相公)을 위한 법회를 할지 확실하게 물어보고 답하라 했습니다."
하고 법본을 만나서 말하기를
"안녕하십니까? 부인께서 미천한 저를 보내어 노 상공(老 相公)을 위한 법회를 언제 할지 물어보라 하셨습니다."
장생이 말하기를
"얼마나 참한 여자 아이이냐?"

【탈포삼(脫布衫)】
대신 집의 아이라서 행동거지가 반듯하고 의젓하다.
조금도

93) dalbai boo : 이방(耳房)으로 협방(夾房)이라고도 하며 정방(正房) 양 옆에 있는 작은 방을 뜻한다.

同鴛帳 我不教你疊被鋪床

張郎 我共你多情小姐

鶻伶淥老不尋常 〔後〕 偷睛望眼挫裏抹

龐兒淺淡粧 穿一套縞素衣裳

唇 語言的當 〔小梁州〕 可喜

不見半點輕狂 大師行深ㄷ拜了 啟朱

majige dede dada arbun akū. amba sefu sefi, šumin domnofi, cinuhūn i
경망스러운 모습 없다. 大 師 하고 깊이 절하고 주홍 과

gese femen gakarame, gisun hese lali sembi.【siyoo liyang jeo】 buyecuke
같은 입술 열며 말씨 명쾌하다 한다.【小 梁 州】 아리따운

arbun be bai gincihiyan[94] miyamifi, emu jergi dushun gulu etuku[95] etuhebi.
모습 을 엷게 화장하고, 한 벌 흰 빛깔 비단 옷 입었다.

kiyab kib seme, sektu sedeheri ja akū. hūlha yasa i šame, gūwabsi
민첩하고 영리하고 총명하고 뛰어나다. 도둑 눈 으로 슬쩍 보며 다른 곳

forome, jang lang be hoilacambi.【mudan i amargi】 bi sini bailingga siyoo
돌아보며 長 郎 을 훔쳐본다.【曲 의 後】 나 너의 다정한 小

jiyei i emgi, šeolehe jampan de uheleci, bi simbe jibehun sishe heteburakū
姐 와 함께 자수한 방장 에 함께 하면 나 너를 이불 요 개게 하지 않고

—— ◦ —— ◦ —— ◦ ——

경망스러운 모습이 없다.
'대사(大師)님' 하고 깊이 절하고
붉은 입술 열어 말을 조리 있게 한다.

【소양주(小梁州)】
아리따운 모습에 엷게 화장을 하고,
한 벌 흰 빛깔의 비단옷을 입었다.
민첩하고 영리하고 총명하며 뛰어나다.
곁눈질로 슬쩍 보며
다른 곳을 돌아보면서 장랑(長郎)을 훔쳐본다.

【후편(後編)】
내가 너의 다정한 앵앵 소저와 수놓은 원장(鴛帳)에 함께 하게 되면
나는 너에게 이불과 요를 개게 하지도 않고

94) bai gincihiyan : 담색(淺淡)으로 색이 연하다는 뜻이다.
95) dusuhun gulu : 호소(縞素)로 흰 빛깔의 비단을 말하며 dusuhun gulu etuku(縞素衣裳)은 흰 빛깔의 비단 옷으로 주로 장례 때 입는 옷을 가리킨다.

既不是睃趁放毫光 為甚打

崔家女艷粧 莫不演撒上老潔郎

快活三

着小娘子先行 我靠後些

生使同行 何如 本云 使得 張生云

到佛殿上 看便來

本云 先生少坐 待老僧同小娘子 張生云

我自寫與你從良

小姐央 夫人央 他不令許放

sekteburakū. siyoo jiyei de baiki. fu žin de baiki. ce ojorakū oci,
깔게 하지 않겠다. 小 姐 에게 청하자. 夫 人 에게 청하자. 그들 승낙하지 않으면

mini beye akdun bufi hojihon de buki.[96]
내 자신 믿음 주어서 사위 에게 주마.

fa ben hendume siyan šeng majige teki. sakda hūwašan bi ere gege i emgi
法 本 말하되 先 生 잠깐 앉자. 老 和尙 나 이 아가씨 와 함께

fucihi diyan de dartai tuwanafi uthai jimbi. jang šeng hendume buya
佛 殿 에 잠깐 보러갔다가 곧 온다. 張 生 말하되 小

bithei niyalma sasa geneci ombio. fa ben hendume esi oci. jang šeng
書 生 같이 가면 되느냐. 法 本 말하되 응당 된다. 張 生

hendume ere gege juleri yabu. bi amasikan oki.
말하되 이 아가씨 먼저 가라. 나 조금 뒤 가겠다.

【kuwai ho san】 tsui halai sargan jui koiton. aika sakda gincihiyan agu[97] be
【快 活 三】 崔 姓의 여자 아이 요염하다. 설마 老 潔 郞 을

cihalambi ayoo. guweleceme yasalame šarangge waka seci, ai urgunde
원하겠는가? 기웃거리며 훑어보며 살펴보는 것 아니라 하면 무슨 이유에

—— ◦ —— ◦ —— ◦ ——

깔게 하지도 않도록
소저에게 청하고
부인에게 청하겠다.
그들이 승낙하지 않으면
내 친히 반드시 종량(從良)이 되게 하마.

법본이 말하기를
"선생, 잠깐 앉아 계십시오. 노승은 이 아가씨와 함께 불전(佛殿)에 잠깐 보러갔다가 곧 오겠습니다."
장생 말하기를
"소생이 같이 가도 되겠습니까?"
법본(法本)이 말하기를
"그렇게 하십시오."
장생이 말하기를
"홍랑 아가씨 먼저 가십시오. 저는 조금 뒤에 가겠습니다."

【쾌활삼(快活三)】
최가(崔家) 여자 아이가 요염합니다.
설마 노결랑(老潔郞)을 원하는 것입니까?
기웃거리며 훑어보며 살펴보러 온 것이 아니라면
무슨 이유로

---

96) hojihon de buki : 직역하면 '사위에게 주자'라는 뜻이다. 만한합벽(滿漢合璧)의 한어(漢語)에서는 종량(從良)으로 대응시키고 있는데 노비가 몸값을 치르고 자유의 몸이 되는 것을 뜻한다.
97) 결랑(潔郞)은 출가인(出家人 : 중·비구니·도사·여도사)을 가리킨다.

說勾當 你在我行口强 你

大個宅 堂 豈没個兒郎 要梅香来

好模好樣 忒莽戇 煩惱耶唐三藏 偌

張生云 你須怪不得我說

本 發怒云 先生好模好樣 說耶里話

你好事自天降

朝天子

扮着特来晃 曲廊洞房

[1:17a]

miyamifi cohome irkinjimbi. 【coo tiyan dzy】[98] mudaliha nanggin gūldun i
화장하고 일부러 현혹하러 오느냐. 【朝 天 子】 廻 廊[99] 洞

boode sini sain baita abka ci tuhenjihe.
房[100]에 너의 좋은 일 하늘 에서 떨어졌다.

fa ben jilidame hendume siyan šeng hocikosaka bime absi gisurembi serengge.
法 本 화내며 말하되 先 生 준수하지만 무슨 말한다 하는 것이냐.

jang šeng hendume si mini gisun be waka seci ojorakū.
張 生 말하되 너 나의 말 을 그르다 하면 안 된다.

hocikosaka bime asuru balama beliyen. akacuka bai tang san dzang. ere
준수하지만 매우 무분별하고 어리석다. 안타까울 뿐이다 唐 三 藏[101] 이

gese ambasai boigon de haha juse akū mujanggo. ainu mei hiyang be
같은 대신들의 집 에 남자 아이들 없는 것 사실이냐? 어찌 梅 香[102] 을

unggifi, baita be gisurebumbi. si minde ofi angga mangga dere. sini
보내서 일 을 말하게 하느냐. 너 나에게 되어서 고집 부리는구나. 너의

—— ◦ —— ◦ —— ◦ ——

화장하고서 일부러 현혹하러 오겠습니까?

【조천자(朝天子)】
곡랑(曲廊) 동방(洞房)에
좋은 일이 하늘에서 떨어졌다.

법본이 화내며 말하기를
"선생은 점잖은 분이 무슨 말을 하십니까?"
장생이 말하기를
"장로는 저의 말을 그르다 하면 안 됩니다."

점잖게 생겼지만 매우 무분별하고 어리석습니다. 안타깝구려, 당(唐) 삼장(三藏)이시여! 이 같은 대신의 집에 남자 종들이 없다니 정말입니까? 어찌 여종을 보내어 일을 시키겠습니까. 장로는 저에게 우기시는 것입니까.

---

98) coo tiyan dzy : 동양문고본에는 cio tiyan dzy로 쓰였다.
99) 곡랑(曲廊)은 건물·정원 등을 둘러싼 긴 복도를 가리킨다.
100) 동방(洞房)은 잠자는 방(房), 또는 침방(寢房)을 가리킨다.
101) 당(唐)나라 삼장법사(三藏法師)를 가리킨다. 서역(西域) 천축국(天竺國) 뇌음사(雷音寺)의 석가모니가 있는 곳에 가서 팔만경(八萬經)을 싣고 왔다. 여기에서는 당승(唐僧)의 뜻으로 멍청해서 시비선악(是非善惡)을 가리지 못하는 법본 장로를 가리킨다.
102) 매향(梅香)은 여종의 총칭이다.

硬着頭皮上

本云 這 是崔相國小姐孝心 與

他父親亡過 老相國追薦 做好事

一點志誠 不遣別人 特遣自己貼身的

侍妾 紅娘 來問 日期 本

對紅娘云 這齋 供道場 都完備了

十五日是佛受供日 請老夫人小姐拈香

張生哭云 哀哀父母 生

我劬勞 欲報深恩 昊天罔極

小姐是一女子 尚思報本

望和尚慈悲 小生亦備錢五千

ujui koika manggo. guwelke.
머리 가죽 두꺼우냐? 조심해라.[103)]

fa ben hendume ere tsui siyang guwe i siyoo jiyei i hiyoošungga mujilen, ini
法本 말하되 이 崔 相 國 의 小 姐 의 효행의 마음, 그의

akū oho ama sakda siyang guwe i jalin, amcame baime sain baita weilere ser
돌아가신 아버지 老 相 國 의 때문 追薦하여[104)] 법회 하는

sere unenggi gūnin ofi, tuttu gūwa be takūrarakū, cohome inenggi
소소한 성심 되어서, 그런 다른 사람 을 보내지 않고 특별히 날

fonjibume, beye i hanci takūrabure hūng niyang be takūrahabi sefi, fa ben
묻게 하며 자신 의 가까이 부리는 紅 娘 을 보냈다 하고 法 本

hūng niyang ni baru hendume doboro jaka, doocan i baita, gemu belheme wajiha.
紅 娘 에게 말하되 공양하는 것 法 事 전부 준비하여 마쳤다.

tofohon de, fucihi jukten be sukjire inenggi, sakda fu žin, siyoo jiyei be
보름 에 부처 제사 를 지내는 날 老夫人 小 姐 를

solifi hiyan dabumbi. jang šeng songgome hendume koro koro ama eme, mimbe
불러서 香 피운다. 張 生 울며 말하되 아아 父 母 나를

ujire de joboho, šumin baili de karulaki seci, abkai adali mohon akū.
기른 것 에 고생하였다, 깊은 은혜 에 보답하고자 하나 하늘과 같이 끝 없다.

siyoo jiyei emu sargan jui bime, hono da de karulaki seme gūnire bade,
小 姐 한 여자 아이 이지만 하물며 근본 에 보답하자 하며 생각하는 바에

bairengge hūwašan jilame gosici, buya bithei niyalma, inu sunja ulcin jiha
간청하는 것 和尙 불쌍히 여겨서, 小 書 生 도 5 돈꿰미[105)]

—— ◦ —— ◦ —— ◦ ——

뻔뻔스럽구려. 조심하십시오.

법본이 말하기를
"이는 최상국(崔相國) 소저의 효심 때문입니다. 그의 돌아가신 아버지 노 상국(老 相國)을 위해 덕을 기리며 명복을 비는 법회를 하는 지성으로 다른 사람을 보내지 않고, 특별히 날을 물으러 가까이 부리는 홍랑을 보낸 것입니다."
하며 법본이 홍랑에게 말하기를
"공양하는 것, 법사(法事) 전부 준비하여 마쳤습니다. 보름은 부처께 제사를 지내는 날이니 노부인과 소저께 그날 분향하자고 전하십시오."
장생이 울며 말하기를
"아아 부모님! 저를 기르시느라 고생하셨습니다. 깊은 은혜에 보답하고자 하나 하늘과 같이 끝이 없습니다. 소저는 여자인데도 근본에 보답하고자 합니다. 청하건대 화상(和尙)은 저를 불쌍히 여기십시오. 소생도 돈 다섯 꿰미

103) ujui koika manggo : '머리 가죽 두꺼우냐?'로 직역된다. 그러나 만한합벽(滿漢合璧)의 한어(漢語)에서는 경착두피(硬着頭皮)로 대응시키고 있는데 '무리하다, 염치 불구하고 하다, 낯가죽 두껍다, 뻔뻔스럽다'의 뜻이다.
104) 추천(追薦)은 죽은 사람을 위하여 공덕을 베풀고 그 명복을 빈다는 뜻이다.
105) 돈꿰미는 엽전을 꿰는 꿰미 또는 꿰어 놓은 엽전 뭉치를 이르던 말이다.

滿漢西廂記

彀湯他一湯 蚤與人消 災障

場 軟玉溫香 休言偎傍 若能

人間天上看鶯鶯 強如做道

四邊靜

如何不來 張生喜云 這五千錢使得着也

小姐是必來麼 聰云 小姐是他父親的事

與先生帶一分齋者 張生私問聰云 那日

料也不妨 本云 不妨 法聰

以盡人子之心 便夫人知道

怎生帶得一分兒齋 追薦我父母

benjiki. ainara. emu ubu dosimbufi, mini ama ajai jalin, amcame baireo.
보내마. 어찌하리오. 한 몫 더해서 나의 父 母의 위해 명복을 빌어주시오.

inu jui oho niyalmai gūnin be akūmbure heni doro. uthai fu dzin saha
또 자식 된 사람의 마음 을 다하는 진실한 예. 바로 夫 人 알았다

seme, gūnici hūwanggiyarakū dere. fa ben hendume hūwanggiyarakū. fa tsung
해도 생각건대 방해하지 않으리라. 法 本 말하되 방해하지 않는다. 法 聰

si siyan šeng ni emu ubu be nonggi. jang šeng cisui fa tsung de fonjime, tere
너 先 生 의 한 몫 을 더하라. 張 生 사사로이 法 聰 에게 묻되 그

inenggi siyoo jiyei urunakū jimbio. fa tsung hendume siyoo jiyei amai jalin kai.
날 小 姐 반드시 오느냐? 法 聰 말하되 小 姐 아버지의 때문 이니라.

ainu jiderakū. jang šeng urgunjeme hendume ere sunja ulcin jiha baitalame jabšabuha.
왜 오지 않겠느냐? 張 生 기뻐하며 말하되 이 5 돈꿰미 사용하여 헐하게 하였다.

【sy biyan jing】 niyalmai jalan, abkai dele, ing ing be tuwaci, doocan arafi
【四 邊 靜】 사람의 세상 하늘의 위 鶯 鶯 을 보면 道場 만들어서

ainambi. nilukan gu nemeyen hiyan de, hanci nikenembi sere anggala, aikabade
무엇하랴? 반들반들한 玉 부드러운 香[106] 에 가까이 접근한다 할 뿐만 아니라, 만약

jabšan de emgeri bahafi hishaci, niyalmai gashan jobocun mayambi dere.
행운 에 한번 능히 스쳐 가면 사람의 재앙 근심 사라지리라.

―― ∘ ―― ∘ ―― ∘ ――

보내겠습니다. 어떻습니까. 한 몫 더하여 저의 부모님을 위해 명복을 빌어주십시오. 자식 된 사람의 진실한 마음이니 만약 부인이 아신다고 해도 방해되지 않을 것입니다."
법본이 말하기를
"그럴 것입니다. 법총(法聰)아! 선생의 한 몫을 더하여라."
장생이 사사로이 법총(法聰)에게 묻기를,
"그 날 소저가 반드시 오겠습니까?"
법총(法聰)이 말하기를
"소저의 아버지를 위한 것인데 왜 오지 않겠습니까?"
장생이 기뻐하며 말하기를
"이 돈 다섯 꿰미를 써서 싸게 먹혔구나."

【사변정(四邊靜)】
인간(人間), 천상(天上)
앵앵을 보면 도량(道場)을 만들어서 무엇하리요?
반들반들한 옥, 부드러운 향에
가까이 다가가서
만약 운 좋게 한번 스쳐 가면
재앙과 근심이 사라지리라.

---

106) nilukan gu nemeyen hiyan : 연옥온향(軟玉溫香)으로 부드럽고 향기로운 옥으로 아름다운 여자를 가리킨다.

有話 但說不妨 張生云 小生姓張

一入人耳 有力難拔

言出如箭 不可亂發

小生有句話敢說麼 紅云

紅云 我便是 何勞動問 張生云

張生云 小娘子莫非鶯ㄷ小姐的侍妾紅娘乎

小娘子拜揖 紅云 先生萬福

我回話去也 紅娘出 張生迎揖云

我不喫茶了 恐夫人怪遲

一定出来也 我只在這里等候他者 紅娘辭本云

更衣咱 張生先出云 那小娘子

本云 都到方丈喫茶 張生云 小生

fa ben hendume muse fang jang de genefi cai omiki. jang šeng hendume buya
法 本 말하되 우리 方 丈 에게 가서 茶 마시자. 張 生 말하되 小

bithei niyalma etuku halaki. jang šeng neneme tucifi hendume tere ajige niyang
書 生 의복 바꾸자. 張 生 먼저 나와서 말하되 그 작은 娘

dze toktofi tucimbi. bi ubade terebe tosome aliyaki. hūng niyang fakcara
子 분명히 나온다. 나 여기에서 그를 예비하며 기다리자. 紅 娘 헤어지는

doroi fa ben i baru hendume minde cai esike. goidaha seme fu zin wakašarahū.
도리로 法 本 에게 말하되 나에게 茶 충분하다. 늦었다 하고 夫 人 꾸짖을라.

bi gisun bederubuki. hūng niyang tucime, jang šeng okdome canjurafi hendume
나 회답하자. 紅 娘 나가며 張 生 맞이하며 읍하고 말하되

ajige gege de dorolombi. hūng niyang hendume siyan šeng tumen hūturi kai.
작은 아가씨 에게 예한다. 紅 娘 말하되 先 生 萬福이니라.

jang šeng hendume gege maka ing ing siyoo jiyei i takūršara hūng niyang wakao.
張 生 말하되 아가씨 혹시 鶯 鶯 小 姐 의 부리는 紅 娘 아니냐?

hūng niyang hendume mini beye inu. jobome fonjifi ainambi. jang šeng hendume
紅 娘 말하되 내 자신 이다. 수고스럽게 물어서 무엇하느냐? 張 生 말하되

buya bithei niyalma de emu gisun bi. gelhun akū gisureci ombio. hūng
小 書 生 에게 한 말 있다. 감히 말해도 되겠는가. 紅

niyang hendume gisun tucici, sirdan i adali. balai gisureci ojorakū.
娘 말하되 말 나가면, 화살 과 같다. 함부로 말하면 안 된다.

emgeri niyalmai šan de dosinaci, hūsutulehe seme tatame gaici ojorakū.
한번 사람의 귀 에 들어가면 힘을 썼다 해도 끌어 가질 수 없다.

gisun bici gisure. hūwanggiyarakū. jang šeng hendume buya bithei niyalma hala
말 있으면 말해라. 방해하지 않겠다. 張 生 말하되 小 書 生 姓

—— ◦ —— ◦ —— ◦ ——

법본이 말하기를
"우리 방장(方丈)에 가서 차를 마십시다."
장생이 말하기를
"소생은 옷을 갈아입겠습니다."
장생이 먼저 나와서 말하기를
"그 작은 낭자가 분명히 나올 것이다. 여기서 먼저 준비하여 기다리도록 하자."
홍랑이 헤어지는 인사로 법본에게 말하기를
"저는 차를 마시지 않아도 됩니다. 늦어서 부인이 꾸짖을 수도 있으니 회답하러 가겠습니다."
홍랑이 나가다가 장생을 맞이하며 읍을 하니 장생이 말하기를
"작은 아가씨! 안녕하신가요?"
홍랑이 말하기를
"선생님! 안녕하세요?"
장생이 말하기를
"아가씨는 혹시 앵앵 소저가 부리는 홍랑 아가씨 아닙니까?"
홍랑이 말하기를
"그렇습니다. 왜 물어보십니까?"
장생이 말하기를
"제가 할 말이 있는데, 말해도 되겠습니까?"
홍랑이 말하기를
"말이 입 밖으로 나가면 화살과 같으니 함부로 말하면 안 됩니다. 한번 사람의 귀에 들어가면 아무리 힘을 써도 끌어낼 수 없습니다. 할 말이 있으면 말하십시오. 방해하지 않겠습니다."
장생이 말하기를
"나의 성(姓)은 장(長)이오,

若夫人知道 豈便干休 今後

何得如此 早是妾前 可以容恕

輙入中堂 先生絕無瓜葛

若氷霜 即三尺童子 非奉呼喚 不敢

俺老夫人 治家嚴肅 凛

道不得個 非礼無言 非礼無動

怒云 出来便怎麽 先生是讀書君子

生 再問紅娘 小姐常出来麽 紅

算命 先生 要你那生年月日何用 張

不曾娶妻 紅云 誰問你来 我又不是

二十三歲 正月十七日子時建生 並

名珙 字君瑞 本貫西洛人氏 年方

jang, gebu gung, tukiyehe gebu giyūn šui. da susu wargi lo i niyalma, ere aniya
長 이름 珙 字 君 瑞. 본관 西 洛 의 사람 올해

orin ilase, aniya biyai juwan nadan i singgeri erin de banjiha. kemuni
23살 정월의 17 의 子 時 에 태어났다. 아직

sargan gaire unde. hūng niyang hendume we sinde fonjiha. bi geli hesebun
부인 얻지 못했다. 紅 娘 말하되 누가 너에게 물었느냐? 나 또 팔자

tuwara siyan šeng waka. sini banjiha aniya biya inenggi be ainambi. jang
보는 先 生 아니다. 너의 태어난 년 월 일 을 무엇 하느냐? 長

šeng hendume geli hūng niyang de fonjiki. siyoo jiyei kemuni tucimbio. hūng
生 말하되 또 紅 娘 에게 묻자. 小 姐 항상 나오느냐? 紅

niyang jilidame hendume tucike de ainaki sembi. siyan šeng serengge, bithe
娘 화내며 말하되 나타남 에 어찌하고자 하느냐? 先 生 하는 이 글

hūlaha ambasa saisa, ainu dorolon waka oci gisurerakū, dorolon waka
읽은 君 子 왜 예의 아니면 말하지 않고, 예의 아니면

aššarakū serakū, meni sakda fu dzin boo be dasarangge cira fafungga. juhe
움직이지 않는다 하지 않느냐? 우리 老 夫 人 집 을 다스리는 것 엄격하다. 얼음

gecen i gese nimecuke. uthai ajige juse seme, hūlahakū oci , booi dolo
서리 와 같이 혹독하다. 바로 작은 아이들 해도 부르지 않으면 집의 안

gelhun akū dosici ojorakū. siyan šeng de umai niyaman daribuha ba akū
감히 들어 올 수 없다. 先 生 에게 결코 친족 관계된 바 없는데

bime, adarame uttu oci ombi. fusihūn beye i juleri ofi, hono baktambume
어찌 이러면 되느냐? 미천한 몸 의 앞 되어서 하물며 용인하면

gamaci ojoro dabala. fu dzin donjiha de, ainaha ja de nakara. ereci amasi
될 뿐이다. 夫 人 들음 에 어째서 쉽게 멈추겠느냐. 이로부터 후에

―― ◦ ―― ◦ ―― ◦ ――

이름은 공(珙)이오, 자(字)는 군서(君瑞)입니다. 본관은 서락(西洛)이고 올해 23살입니다. 10월 7일 자시(子時)에 태어났으며 아직 부인은 얻지 못했습니다."

홍랑이 말하기를

"누가 물어보았습니까? 저는 팔자 보는 사람이 아닙니다. 선생님의 태어난 날을 알아서 뭐 하겠습니까?"

장생이 말하기를

"하나 더 물어보겠습니다. 소저는 항상 나오십니까?"

홍랑이 화내며 말하기를

"나오면 어찌하고자 하십니까? 선생님, 글 읽는 군자는 예의가 아니면 말하지 않고, 예의가 아니면 움직이지 않는다 하지 않았습니까? 우리 노부인은 집을 다스리는 것이 엄격합니다. 얼음서리와 같이 혹독하여 작은 아이들이라 해도 부르지 않으면 집 안에 감히 들어 올 수 없습니다. 선생님은 심지어 친척도 아닌데 어째서 이러는 것입니까? 미천한 제 앞이라서 용인될 뿐이지 부인께서 들으시면 가만히 있지 않을 것입니다. 이제부터는

自思量　假

凜冰霜　不召呼不可輒入中堂

都撮在眉尖上　說夫人節操

聽說罷　心懷悒怏　把一天愁

哨遍

索是害殺我也

張生良久云　這相思

休得胡問　紅娘下

當問的便問　不當問的

[1:19b]

fonjici acara babe fonji. fonjici acarakū babe,
물으면 마땅한 것을 물으라. 물으면 마땅하지 않은 바를

balai ume fonjire sefi hūng niyang mariha.
함부로 묻지 말라 하고 紅 娘 되돌아갔다.

jang šeng kejine goidafi hendume ere kidurengge
張 生 잠깐 지나서 말하되 이 사모하는 것

yala minde yamtun ofi bucembikai.[107)]
진정 나에게 원한 되어서 죽으리라.

【šao biyen】 alaha be donjici, mujilen i dolo gusuceme, ališame abkanakū.
【哨 遍】[108)] 말하는 것 을 들으니 마음 의 안 번민하며 괴로워 하늘을 뒤덮는다.

jobocun, yooni faitan i solmin de isanjiha. henduci, fu dzin i jalangga
근심 전부 눈썹 의 속눈썹 에 모여들었다. 말하면 夫 人 의 절조

tuwakiyan juhe gecen i gese nimecuke. hūlaha baihakū oci, booi
얼음 서리 와 같이 엄격하다. 불러도 원하지 않으면 집의

dolo, deleri dosici ojorakū sembi. bi kimcime gūnici, si
안 멋대로 들어올 수 없다 한다. 나 살펴 생각하니 너

—— ◦ —— ◦ —— ◦ ——

마땅한 것을 묻고 마땅하지 않은 것을 함부로 묻지 마십시오."
하고 홍랑이 내려갔다.
장생이 잠깐 있다가 말하기를
"사모하는 것이 진정 나에게 한이 되어 죽을 것이다."

【초편(哨遍)】
말하는 것을 들으니 마음 속이 번민하고 괴로워 하늘을 뒤덮는구나.
근심이 전부 눈썹에 모여들었다.
말하되 부인의 절조가 얼음서리와 같이 엄격하여
불러도 원하지 않으면 집 안에 멋대로 들어올 수 없다 하네.
살펴 생각하니

---

107) yamtun : yamdun의 오기(誤記)로 판단된다.
108) 초편(哨遍)은 초편(稍偏)으로도 쓴다. 반섭조(般涉調)로 쓰이는데, 편(遍)은 '느린 소리(慢聲)'이다.

手掌兒上奇擎　心坎兒上溫存

道我前世燒了斷頭香　我定要

若今生不是並頭蓮　難

赤緊的深沾了肺腑　牢染在肝腸

臨去也回頭望　待颺下　教人怎颺

如你心中畏懼老母威嚴　你不合

aika sini sakda ajai fafungga cira de geleme olhoci, genere nashūn,
만약 너의 老 母의 엄격함 에 두려워하면 갈 기회

aiseme uju marifi šaha ni. andubuki seci, niyalma be adarame andubu
어째서 머리 돌리고 바라보았느냐? 단념하고자 하나 사람 을 어떻게 단념하라

sembi. ufuhu fahūn de fita latuha. duha do de singgeltei[109] icebuhe.
하느냐? 폐부 에 단단히 들러붙었다. 내장 에 단단하게 물들여졌다.

ere jalan de si aika gubsu acame banjiha šu ilha[110] waka oci, bi
이 세상 에 너 만약 꽃송이 어울려 핀 연꽃 아니다 하나 나

nememe nenehe jalan de dube bijaha hiyan[111] de deijiha semeo, bi jiduji
앞서 前 代 에 끝 꺾인 향 에 태워졌다 하는가? 나 끝내

galai falanggū de alifi ferguweme, tunggen i dele sindafi tangsulame,
손바닥 에 받치고 경탄하며 가슴 의 위에 두고 총애하며

—— ◦ —— ◦ —— ◦ ——

네가 만약 네 노모의 엄격함을 두려워했다면
가는 도중에 어째서 고개를 돌리고 바라보았느냐?
단념하고자 하나 어떻게 단념하라 하느냐?
폐부에 단단히 들러붙고,
내장에 단단히 물들여졌다.
이 세상에 너 만약 병두련(並頭蓮)이 아니라면
나 전생에 단두향(斷頭香)에 태워졌다 하는가?
끝내 손바닥에 받치고 경탄하며
가슴 위에 두고 총애하며

109) singgeltei : singgetei의 오기(誤記)로 판단된다.
110) gubsu acame banjiha šu ilha : 병두련(並頭蓮)으로 한 줄기에 가지런히 핀 한 쌍의 연꽃이라는 의미인데 '화목한 부부'를 뜻하기도 한다.
111) dube bijaha hiyan : 단두향(斷頭香)으로 '조각으로 부러진 가느다란 향'으로 '이별, 뿔뿔이 헤어짐'을 의미한다.

淺春光與乃堂

春心蕩

傳幽客

也只怕是漏

魂靈兒實在他行

莫不是安排心事正要

我這業身雖是立迴廊

隔如天樣

聽說罷又在巫山那廂

眼皮兒上供養

只聞巫山遠

耍孩兒

清漢西廂記 二十

humsun i dele hokoburakū tuwambi. 【šuwa hai el】 donjici u šan alin,
눈꺼풀 의 위에 벗어나지 않게 지켜본다. 【耍 孩 兒】 들으니 巫 山 산[112)]

abkai adali, goro sandalabuha sembihe. alaha be tuwaci, geli u
하늘과 같이 멀리 서로 떨어졌다 하였다. 말하는 것 을 보니 또 巫

šan alin i cala bi. ere suingga beye udu mudaliha nanggin de ilicibe,
山 산 의 저쪽에 있다. 이 불행한 몸 비록 廻 廊 에 서있어도

fayagga yargiyan i terei jakade genehe. eici tere mujilen i baita be,
영혼 진실 로 그의 곁에 갔다. 혹 저 心 事 를

giyan fiyan i jing fujurungga antaha de ulaki seci, ainci niyengniyeri
분명히 꼭 幽客[113)] 에게 전하자 하니 분명 봄

elden tuyembufi, ini aja sererahū sembio. niyengniyeri mujilen
빛 표정에 나타나고 그의 어머니 알까 하느냐? 봄 마음

—— ◦ —— ◦ —— ◦ ——

눈꺼풀 위에서 벗어나지 않게 지켜볼 것인데.

【사해아(耍孩兒)】
들으니 무산(巫山)이 하늘처럼 멀리 떨어져 있다고 하였는데
말하는 것을 보니 또 무산의 저쪽에 있구나.
불행한 몸, 비록 회랑(廻廊)에 서있어도
영혼은 진실로 그녀 곁에 가 있다.
그 심사(心事)를 분명하게 나그네에게 전하자 하나
분명 봄빛이 표정에 나타나서 어머니가 알까 두렵구나.
춘심(春心)이

112) 전국시대에 초(楚)나라 회왕(怀王)이 운몽(雲夢) 지역을 지나다가 낮잠을 자는데 꿈속에서 고당(高唐)의 대(台)에서 노닐다가 꿈에 무산(巫山)의 선녀(神女)와 운우의 정(雲雨之情)을 나누었는데 그 여인이 "저는 무산 남쪽의 험준한 곳에 살고 있는 여인이온데, 아침에는 구름이 되고 저녁에는 비가 되어 양대(陽臺) 아래에서 아침, 저녁으로 당신을 그리워하고 있을 것입니다(妾在巫山之陽 高山之 且爲朝雲 暮爲行雨 朝朝暮暮 陽臺之下)." 말이 끝나자 여인은 자취를 감추었다. 다음날 아침 왕이 무산 쪽을 바라보니 여인의 말대로 산봉우리에 아름다운 구름이 걸려 있었다. 왕은 여인을 그리워하며 그곳에 조운묘(朝雲廟)라는 사당을 세웠다. 그 후로 무산의 꿈이 남녀 간의 정사를 의미하게 되었다.

113) 유객(幽客)은 상일을 피하여 한가하게 사는 사람을 가리킨다.

嬌壻 管甚麽拘束親娘

風流況 成就我温存

何郎粉 我邂逅偷將韓壽香

剛 張郎倘去相偎傍 他遭逢一見

五煞 紅娘你自年紀小 性氣

他見黃鶯作對 粉蝶成雙

derici, suwayan ing gashai adame dooha. šanggiyan gefehe jurulefi
변하면 黃 鶯 새의 나란히 강을 건넜다. 하얀 나비[114] 쌍 이루고

deyere be sabufi dere. 【u ša】 hūng niyang sini se ajigan ofi, jili
날아가는 것 을 보리라. 【五 煞】[115] 紅 娘 너의 나이 어리고, 성격

hatan. jang lang bi aika genefi ishunde adaha de, tere jabšan de
급하다. 張 郎 나 만약 가서 서로 다가감 에 저 다행히

fun ijuha ho lang be acaha seci, bi holkonde bahafi han šeo i gese
분 바른 何 郎[116] 을 만났다 하니 나 문득 얻어서 韓 壽 와 같이

hiyan be hūlhambi. yebcungge ildamu baita be dahame, mini gese nesuken
향 을 훔친다.[117] 풍류 일 을 좇아 나와 같이 부드럽고

nemeyen jilabure hojihon be mutebu. kadalara jafatara banjiha aja be
상냥한 사랑받는 사위 를 이루게 하라. 관리하고 규제하는 生 母 를

—— ◦ —— ◦ —— ◦ ——

동하면 황앵(黃鶯)이 나란히 강을 건너고
하얀 나비 쌍을 이루고 날아가는 것을 보리라.

【오살(五煞)】
홍랑아! 너는 나이 어리고 성격이 급하다.
장랑(張郎), 내가 만약 가서 서로 만난다면
분 바른 하랑(何郎)을 만난 것과 같으니
나도 문득 한수(韓壽)처럼 향을 훔치는 것이다.
풍류를 좇아 나 같이 부드럽고 상냥한 사랑받는 사위가 되게 하여라.
엄격하게 키우시는 어머니를

114) '하얀 나비'는 분접(粉蝶)을 뜻한다.
115) 살(煞)이란 곡패(曲牌)의 명칭이다. '빨리 그친다(煞止)'는 뜻이니 역순대로 끝남을 나타낸다.
116) 하랑(何郎)은 하안(何晏)으로 삼국 시대 위(魏)나라 사람으로 어머니 윤씨(尹氏)가 조조(曹操)의 부인이 되어 위나라 궁정 안에서 자랐고 위나라 공주를 아내로 맞았다. 젊어서부터 수재(秀才)로 명성을 얻었다. 용모가 아름다운 데다 얼굴이 희어서 사람들이 '부분하랑(傅粉何郞)'이라 불렀다.
117) han šeo i gese hiyan be hūlhambi : 한수토향(韓壽偸香)으로 진(晉)나라 가충(賈充)의 딸이 아버지가 아끼는 임금이 하사한 향을 훔쳐서 미남인 한수(韓壽)에게 보내어 정을 통한 고사에서 나온 말이다.

小生正恭儉温良

三煞

非誇奬 他正德言工貌

春色飄零憶阮郎

定要到眉兒淺淡 思張敞

空算長 男才女貌年相仿

四煞

紅娘你忒慮過

tuwašatafi ainambi. 【sy ša】 hūng niyang si jaci seoleme dababuha.
염려하여서 어떻게 하느냐.【四 煞】 紅 娘 너 너무 생각하여 지나치게 됐다.

mekele tutala bodoho. haha erdemungge. hehe hocikon bime se elen
헛되이 저리 많이 생각했다. 남자 재능이 있다. 여자 아름다우며 나이 비슷하다.

telen akū. jiduji faitan suhun biyancihiyan oho manggi, jang cang be
끝내 눈썹 엷게[118] 된 후 張 敞[119] 을

gūnimbio. niyengniyeri boco tulike ebereke manggi, žuwan lang be kidubumbio.
생각하는가. 봄 색 지나고 약해진 후 阮 郎[120] 을 그리워하게 하느냐?

bardanggi kūwasa waka. tede jing erdemu, gisun faksi arbun bi seci,
자랑하는 허풍선 아니다. 그에게 正히 부덕 언행 바느질 용모[121] 있다 하면

buya bithei niyalma de gungnecuke boljonggo nemeyen nesuken babi. 【san ša】
小 書 生 에게 공손하고 조신하고 온순하고 어진 바 있다.[122) 【三 煞】

—— ◦ —— ◦ —— ◦ ——

염려해서 어찌하느냐.

【사살(四煞)】
홍랑아! 염려가 지나치다.
너무 깊이 생각할 필요 없다.
남자는 재능이 있고
여자는 아름다우며 둘의 나이가 비슷하다.
눈썹 엷게 된 후 장창(張敞)을 생각하는가.
봄기운 지나간 후 완랑(阮郎)을 그리워하겠는가.
자랑하면서 허세 부리는 것이 아니다.
그녀에게 덕언공모(德言工貌)가 있다 하면
소생은 공검온량(恭儉溫良)하다.

【삼살(三煞)】

---

118) biyancihiyan : 일반 사전에서 확인되지 않는다. 만한합벽(滿漢合璧)의 한어(漢語)에서 suhun biyancihiyan은 엷다는 의미의 천담(淺淡)으로 대응시키고 있다.

119) 한(漢)나라 때 경조윤(京兆尹 : 현 서울시장)을 지낸 장창(張敞)이라는 사람이 있었다. 그가 정무를 게을리 하고 자기 부인의 눈 화장을 해줬다고 하여 그 사실이 황제에게까지 보고되었다. 황제가 힐문하자 그는 이렇게 대답했다. "신이 듣기로 안방에서 일어나는 부부의 일은 눈썹 그려주는 정도를 넘어서는 것입니다." 황제가 그의 말을 듣고 일리가 있다고 인정해 더 이상 추궁하지 않았다. 이로부터 남녀 간의 사랑이나, 곱고 예쁜 여자를 일컬어 경조화미(京兆畵眉), 또는 張敞畵眉(장창화미)라고 하였다.

120) 완랑(阮郎)은 완조(阮肇)로 한(漢)나라 명제(明帝) 때 유신(劉晨)과 함께 천태산(天台山)에 들어가 두 여인과 함께 생활하다 산을 내려오니 자신의 7대 후손이 살고 있었다는 고사의 주인공으로 완랑(阮郎)은 남편, 애인, 임 등을 가리킨다.

121) erdemu, gisun faksi arbun는 옛날 부인의 네 가지 덕, '부덕·언행·바느질·용모'를 말한다.

122) 공검온량(恭儉溫良)으로 '온후하고 착하게 살며 남을 공경하고 검소하게 산다'는 뜻이다.

滿漢西廂記

掉下半天風韻 我也颩去萬

不想呵其實強 你也

上邊是紅袖鸞銷玉笋長

是翠裙鴛繡金蓮小

他粉香膩玉搓咽項 下邊

紅娘他眉兒是淺〻描 他臉兒是淡〻粧

[1:22a]

hūng niyang terei faitan suhuken niruhabi. terei dere guluken
紅 娘 그의 눈썹 연하게 그렸다. 그의 얼굴 수수하게

dasatahabi. terei hiyan i fun der seme meifen de ijuhabi. fejile
화장했다. 그의 향 의 분 하얗게 목덜미 에 칠했다. 아래에

šeolehe boconggo yuwan yang hūsihan ci šu ilhai gese ajige bethe
수놓은 색 있는 鴛 鴦 치마 에서 연 꽃과 같은 작은 다리

sabumbi. dele luwan gashai jodoho fulgiyan ulhi ci, tucike gu i gese
보인다. 위 鸞 새로 짠 빨간 소매 에서 나온 玉 과 같은

šuwai sere simhun golmin. kidurakū seci yala katunjarangge. si inu
호리호리한 손가락 길다. 그리워하지 않는다 하면 정말 자제하는 것이다. 너 도

tutala yangsangga saikan be ubade wasimbuha seci, bi inu utala
저만큼 아름답고 고움 을 여기에 내리게 했다 하면 나 도 이만큼

—— ◦ —— ◦ —— ◦ ——

홍랑아! 눈썹 연하게 그리고
옅게 화장했으며,
분을 하얗게 목덜미에 칠했다.
아래에 수놓은 색이 있는 원앙 치마에서 연꽃과 같은 작은 다리 보인다.
위에 난(鸞)새로 짠 빨간 소매에서 나온 옥(玉)과 같은 호리호리한 손가락이 길다.
그리워하지 않는다 하면 정말 자제하는 것이다.
너도 저만큼 아름답고 고움을 여기에 내려놓았다 하면
나도 이만큼

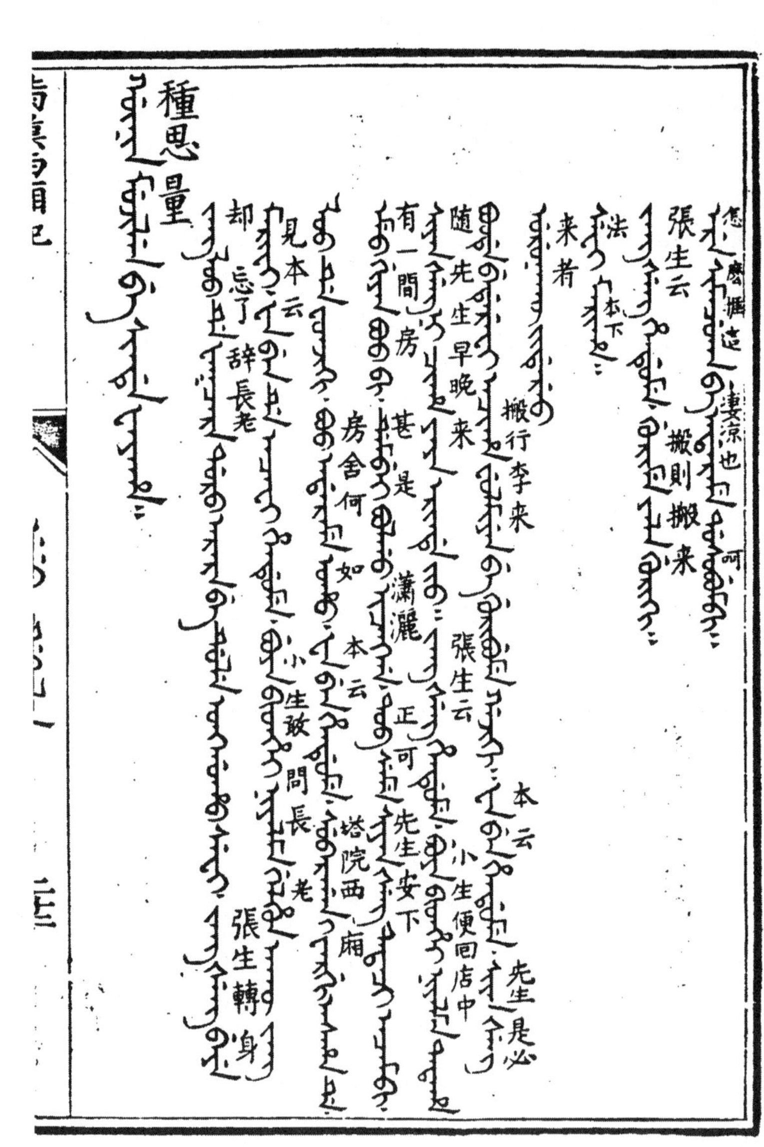
怎麼攝這凄涼也呵
張生云 搬則搬来
法本下
来者
搬行李来 本云 先生是必
随先生早晚来 張生云 小生便回店中
有一間房 甚是瀟灑 正可先生安下
房舍何如 本云 塔院西廂
見本云 小生敢問長老
却忘了辭長老 張生轉身
種思量

gūnin mujilen be sinde fayaha.
마음 을 너에게 허비했다.

jang loo de fakcara doro arara be dule onggoho sefi, jang šeng beye
長 老 에게 헤어지는 예 하는 것 을 진정 잊었다 하고 張 生 몸

marifi, fa ben de acafi hendume buya bithei niyalma gelhun akū jang
돌려 法 本 에게 만나서 말하되 小 書 生 감히 長

loo de fonjiki. boo adarame oho. fa ben hendume subargan i wargi ashan de
老 에게 묻자. 방 어떻게 됐는가. 法 本 말하되 탑 의 西 廂 에

emu giyan boo bi. dembei bolgo icangga. tob seme siyan šeng tataci acambi.
한 칸 방 있다. 매우 깨끗하고 알맞다. 바로 先 生 머물면 마땅하다.

siyan šeng ni ciha. yaya erinde jio. jang šeng hendume buya bithei niyalma tataha
先 生 의 뜻이다. 아무 때에 오라. 張 生 말하되 小 書 生 머문

boode bederefi aciha fulmiyen be guribume gajiki. fa ben hendume siyan šeng
방에 물러가서 짐 을 옮겨 가져오마. 法 本 말하되 先 生

urunakū jidereo.
반드시 오시오.

sefi mariha.
하고 되돌아갔다.

jang šeng hendume gurime yala guriki.
張 生 말하되 옮기되 정말 옮기마.

ere simacuka ba adarame dosobumbi.
이 쓸쓸한 곳 어떻게 견딜 수 있겠는가?

—— ◦ —— ◦ —— ◦ ——

생각과 마음을 너에게 허비했다.

"장로에게 헤어지는 인사하는 것을 깜빡했구나."
하고 장생이 몸을 돌려 법본에게 말하기를
"소생이 감히 장로에게 묻겠습니다. 방은 어떻게 됐습니까?"
법본이 말하기를
"탑의 서상(西廂)에 방이 한 칸 있습니다. 매우 깨끗하고 좋습니다. 선생이 머물기에 적당할 것입니다. 선생의 뜻대로 편할 때 오십시오."
장생이 말하기를
"소생이 숙소에 돌아가 짐을 가져오겠습니다."
법본이 말하기를
"선생은 꼭 오십시오."
하고 되돌아갔다.
장생이 말하기를
"빨리 옮기자! 이 쓸쓸한 곳에서 어떻게 견딜 수 있겠는가?"

嬌羞花解語　溫柔玉有

尾声

五千遍搗枕搥床

少呵有一萬聲長吁短歎

不着如翻掌

着甚支吾此夜長　睚

灯孤影摇書幌

縱然酬得今生志

二煞

紅娘我院宇深　枕簟凉　一

【el ša】 hūng niyang mini boo hūwa kenggehun. cirku jijiri simeli. emu
【二 煞】 紅 娘 나의 방 뜰 휑뎅그렁하다. 베개 자리 쓸쓸하다. 한

dengjan i emteli helmen bithei hiyadan de gerišembi. udu ere jalan i
등잔 의 고독한 그림자 書 架 에 흔들린다. 비록 이 세상 의

gūnin de acabucibe, ere dobori golmin de adarame hamimbi, amu
뜻 에 맞추더라도 이 밤 긴 것 에 어떻게 견디겠는가? 잠

jiderakū falanggū ubašara adali, majige sidende tumenggeri hio
오지 않는다. 손바닥 뒤집는 것 같이 조금 사이에 일만 번 휴

seme sejileme, sunja mingga mudan cirku be goidašame, besergen be forimbi.
하고 한숨 쉬며 5 천 번 베개 를 두드리며 침대 를 친다.

【uncehen i mudan】 saikan ilha be gidaha bime, gisun ulhimbi. nesuken nemeyen
【 尾 의 聲】[123] 아름다운 꽃 을 고개를 숙여도 말 이해한다.[124] 온화하고 부드러운

—— ◦ —— ◦ —— ◦ ——

【이살(二煞)】
홍랑아! 나의 방과 뜰이 휑뎅그렁하고
베개 자리 쓸쓸하다.
등잔의 고독한 그림자가 서가에 흔들린다.
비록 이생의 뜻을 얻더라도 이 긴 밤을 어떻게 견디겠는가?
잠이 오지 않는다.
손바닥 뒤집는 것 같이 잠깐 사이에
일만 번 휴 하고 한숨 쉬며
오천 번 베개를 두드리며 침대를 친다.

【미성(尾聲)】
아름다운 꽃이 부끄러워하지만 말을 이해한다.
온화하고 부드러운

123) 남곡(南曲), 북곡(北曲)의 모음곡 중 마지막 한 곡(曲)으로 언제나 희극이 끝날 때 연주하는 패명(牌名)이다.
124) 해어화(解語花)로서 '말을 아는 꽃'이라는 뜻으로 미녀(美女)를 일컫는 말이다.

儘無眠手抵着牙兒慢匕地想

香

乍相逢記不真嬌模様

gu i gese bime hiyan i wa bi. gaitai acafi hojo i banin giru be getuken i
玉 과 같고 향 의 향기 있다. 갑자기 만나서 미인 의 생김새 를 정확히

ejehekū. beleni amu akū de galai weihe be sujafi elheken i
기억하지 못하다. 마침 잠 없음 에 손으로 턱 을 받치고 편안히

gūniki.
생각하자.

—— ◦ —— ◦ —— ◦ ——

옥과 같지만 향기가 있다.
갑작스런 만남이라 미인의 모습이 정확하게 기억나지 않는구나.
마침 잠도 오지 않으니 손으로 턱을 받치고 편안히 생각해보자.

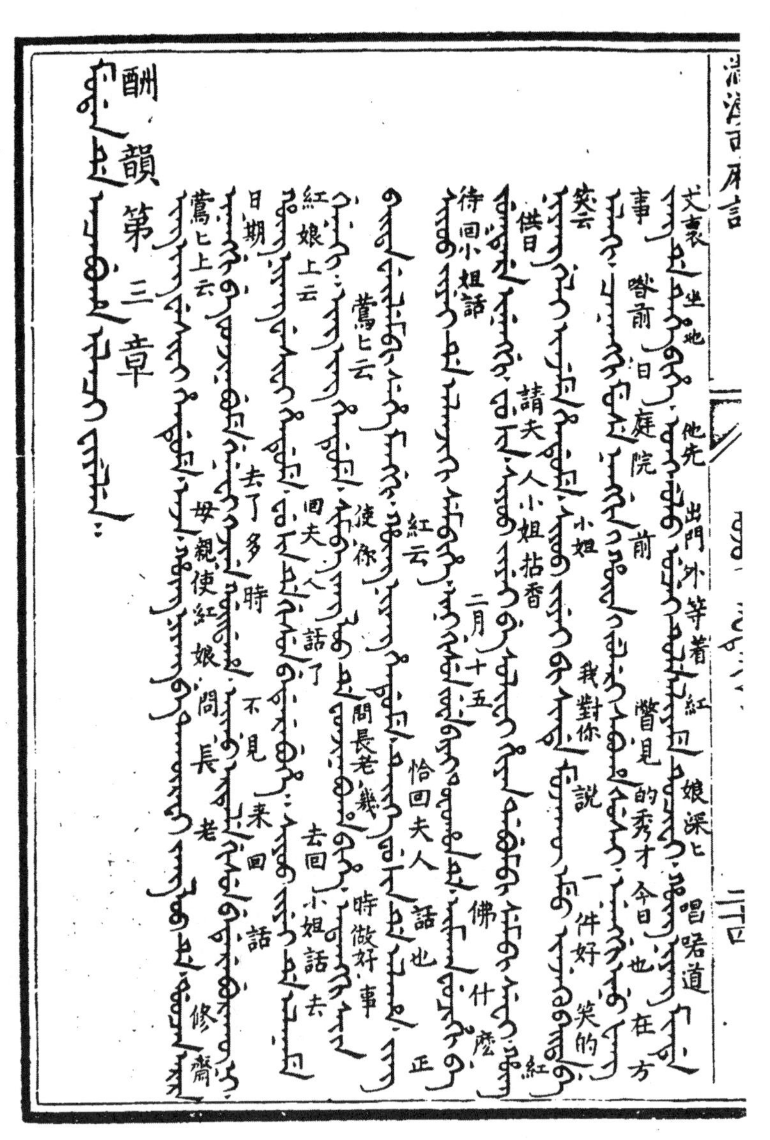
滿漢西廂記

丈裏坐地 他先出門外等着 紅娘深〻唱喏道

事 喒前日庭院前瞥見的秀才今日也在方

笑云 小姐 我對你說一件好笑的

借口 請夫人小姐拈香 紅

侍回小姐話 二月十五 佛 什麼

紅云 恰回夫人話也 正

鶯〻云 使你問長老幾時做好事

紅娘上云 回夫人話了 去回小姐話去

日期 去了多時 不見来回話

鶯〻上云 母親使紅娘問長老修齋

酬韻第三章

[1:24a]

mudan de acabuha ilaci fiyelen
韻 에 화답한 셋째 장

ing ing wesifi hendume aja hūng niyang be takūrafi jang loo de doocan arara
鶯 鶯 올라서 말하되 어머니 紅 娘 을 보내어 長 老 에게 제 지낼

inenggi be fonjinabume genefi kejine goidaha. ainu ertele gisun bedereburakū ni.
날 을 물으러 가게 하여 가서 많이 늦었다. 어찌 지금까지 회답하지 않느냐.

hūng niyang wesifi hendume fu žin de gisun bederebuhe. siyoo jiyei de alarame
紅 娘 올라서 말하되 夫人 에게 회답했다. 小 姐 에게 알리러

geneki. ing ing hendume simbe jang loo de fonjinabuha bihe. atanggi sain
가마. 鶯 鶯 말하되 너를 長 老 에게 물으러 가게 하였다. 언제 좋은

baita weilembi sehe manggi hūng niyang hendume teike fu žin de alaha. jing
일 행하느냐 한 후 紅 娘 말하되 방금 夫人 에게 알렸다. 正히

siyoo jiyei de alanjiki sembihe. ini gisun juwe biyai tofohon de aimaka fucihi be
小 姐 에게 알리고자 하였다. 그의 말 2 월의 보름 에 마침 부처 를

juktere inenggi fu žin siyoo jiyei be solifi hiyan dabumbi sembi sefi hūng
제사하는 날 夫人 小 姐 를 불러 향 피운다 한다 하고 紅

niyang geli injeme hendume siyoo jiyei bi sinde mujakū emu injeku baita be
娘 또 웃으며 말하되 小 姐 나 너에게 매우 한 우스운 일 을

alaki. cananggi muse nanggin i hūwa i juleri sabuha šusai enenggi inu fang
아뢰마. 전에 우리 뜰 의 앞에 본 秀才 오늘 또 方

jang de tehe bihe. onggolo ucei tule aliyame tucifi hūng niyang minde
丈 에 앉아 있었다. 전에 문의 밖에 기다리며 나와서 紅 娘 나에게

—— ◦ —— ◦ —— ◦ ——

운(韻)에 화답한 세 번째 장

앵앵이 올라가서 말하기를
"어머니께서 홍랑을 보내어 장로께 제를 지낼 날을 물으러 가게 하였는데 많이 늦는구나. 무슨 일로 지금까지 회답하러 오지 않느냐."
홍랑이 올라가서 말하기를
"부인께 회답하고 왔으니 이제 소저에게 알리러 가야겠다."
앵앵이 말하기를
"장로께 물어보고 왔느냐? 언제 제를 지내느냐?"
하니 홍랑이 말하기를
"방금 부인께 알리고 마침 소저에게 알리고자 하였습니다. 2월 보름 부처께 제사하는 날에 부인과 소저를 불러 제를 지내자 하였습니다."
하고 홍랑이 또 웃으며 말하기를
"아가씨! 매우 어이없는 일이 있었습니다. 전에 우리 뜰 앞에서 본 선비가 오늘 또 방장(方丈)에 앉아 있었습니다. 방금 문 밖에 기다리고 있다가 나와서 나에게

你已後不告夫人知道罷 天色晚也 安排香案

也不 紅云 我不曾告夫人 知道 鶯々云

白他 鶯々云 你曾告夫人知道

想甚麼哩 世間有這等傻角 我不搶

不搶白他也罷 紅云 小姐我不知他

被紅娘一頓搶白回來了 鶯々云 你

他 還呼着小姐的名字 說 常出來麼

誰着你去問他 紅云 却是誰問他來

子時建生 並不曾娶妻 鶯々云

瑞 本貫西洛人氏 年方二十三歲 正月十七

又道 小生姓張名珙 字君

小娘子莫非鶯々小姐侍妾 紅娘乎

šumin canjurafi hendume gege si niyang niyang siyoo jiyei i takūrara hūng niyang
깊이 읍하고 말하되 아가씨 너 娘 娘 小 姐 의 부리는 紅 娘

waka semeo, geli hendume buya bithei niyalama hala jang gebu gung tukiyehe gebu
아니라 하느냐? 또 말하되 小 書 生 姓 張 이름 珙 字

giyūn šui fe susu wargi lo i niyalma orin ilase aniya biyai juwan nadan i
君 瑞 고향 西 洛 의 사람 23세 정월의 17 의

singgeri erin de banjihangge kemuni sargan gaire unde sehe. ing ing
子 時 에 태어났고 아직 결혼하지 못했다 하였다. 鶯 鶯

hendume we simbe tede fonji sehe. hūng niyang hendume yala we tede fonjiha
말하되 누가 너를 그에게 물으라 하였느냐? 紅 娘 말하되 진정 누가 그에게 물었냐?

bihe. tere hono siyoo jiyei i gebu be gebuleme kemuni tucimbio serede
그 도 小 姐 의 이름 을 부르며 늘 나오느냐 함에

hūng niyang bi emu jergi yertebume isihidafi jihe. ing ing hendume si
紅 娘 나 한 번 부끄럽게 하고 뿌리치고 왔다. 鶯 鶯 말하되 너

aiseme terebe yertebume isihidaha. hūng niyang hendume siyoo jiyei bi tere
어째서 그를 부끄럽게 하고 뿌리쳤는가? 紅 娘 말하되 小 姐 나 그

absi gūniha be sara. jalan de ere gese beliyen yoto ningge bio. bi terebe
어떻게 생각한 것 을 알겠느냐. 세상 에 이 같이 우둔하고 바보 같은 이 있느냐. 나 그를

ainu yertebume isihidarakū. ing ing hendume si fu žin de alahao
어찌 부끄럽게 하고 뿌리치지 않겠느냐. 鶯 鶯 말하되 너 夫 人 에게 알렸느냐?

akūn. hūng niyang hendume bi fu žin de alara unde. ing ing hendume si
않았느냐? 紅 娘 말하되 나 夫 人 에게 알리지 못했다. 鶯 鶯 말하되 너

ereci amasi fu žin de alara be naka. abka yamjiha, hiyan dere belhefi
이 후에 夫 人 에게 알리는 것 을 그만두어라. 하늘 저물었다. 香 案 준비하고

—— ◦ —— ◦ —— ◦ ——

깊이 읍하고 말하기를 '아가씨는 앵앵 소저의 시중을 드는 홍랑 아니냐?' 하고, '소생의 성(姓)은 장(張)이고 이름은 공(珙)이며 자는 군서(君瑞)이다. 고향은 서락(西洛)이며, 23세 정월 17일 자시(子時)에 태어났고 아직 결혼하지 못했다' 하였습니다."
앵앵이 말하기를
"누가 너보고 그에게 그런 것을 물어보라 하였느냐?"
홍랑 말하기를
"누가 그에게 물었습니까? 그가 또 소저의 이름을 부르며 '늘 여기에 오느냐?' 하기에 제가 한 번 핀잔을 주고 뿌리치고 왔습니다."
앵앵이 말하기를
"어째서 그를 부끄럽게 하고 뿌리쳤느냐?"
홍랑이 말하기를
"앵앵 아가씨! 저는 그가 무슨 생각을 하는지 모르겠습니다. 세상에 이처럼 우둔하고 바보 같은 이가 있겠습니까. 어째서 제가 그를 부끄럽게 하고 뿌리치지 않겠습니까?"
앵앵이 말하기를
"이 사실을 부인께 알렸느냐? 알리지 않았느냐?"
홍랑이 말하기를
"아직 부인께 알리지 못했습니다."
앵앵이 말하기를
"이후에도 부인께 알리지 말거라. 날이 저물었으니 향안(香案)을 준비하여

悶對西廂，皓月吟

閒尋方丈高僧坐

夜深人靜 月朗風清 是好天氣也呵

飽看他一回 却不是好 且喜

出來

我先在太湖石畔墻角兒頭等待

恰好花園便是隔墻 比及小姐

我問和尚 知道小姐每夜花園內燒香

張生上云 撇至寺中 正得西廂居住

鶯鶯上 紅娘下

閒倚熏籠待月華

喒花園裏燒香去來 正是無端春色關心事

muse ilhai yafan de hiyan dabume geneki. yala fili fiktu akū niyengniyeri
우리 꽃의 동산 에 향 피우러 가자. 정말 이유 없이 봄

boco de mujilen i baita holbobumbi. baita akū hiyan fangšakū de nikefi
색 에 마음 의 일 관계된다. 일 없이 향 피우는 그릇 에 기대어

biya tucire be aliyambi.
달 나오기 를 기다린다.

ing ing hūng niyang mariha.
鶯 鶯 紅 娘 되돌아갔다.

jang šeng wesifi hendume sy de gurifi tob seme wargi ashan i boo de bahafi
張 生 올라서 말하되 寺 에 옮기고 바로 西 廂 의 집 에 얻어서

tehe. bi hūwašan de fonjici, siyoo jiyei be yamjidari ilha yafan de
머물렀다. 나 和尙 에게 물으니, 小 姐 를 밤마다 꽃 동산 에

hiyan dabunjimbi sembi. jabšan de ilha yafan fu i cala bi. baji ome siyoo
향 피우러 온다 한다. 행운 에 꽃 동산 담 의 저편 있다. 잠시 되어 小

jiyei tucibumbi dere. bi doigomšome tai hū ši wehei dalba fu hošo i
姐 나오리라. 나 미리 하며 太 湖 石[125] 돌의 옆 담 모퉁이 의

jakade genefi aliyafi eletele emgeri tuwaha de selarakūn. te geli
곁에 가서 기다리고 실컷 한번 봄 에 좋지 않겠느냐? 이제 또

dobori šumin niyalma cib sembi. biya gehun edun bolgo. yala absi sain.
밤 깊고 사람 고요하다. 달 밝고 바람 맑다. 진정 얼마나 좋으냐?

šolo de fang jang ni wesihun hūwašan i emgi leolembi.
겨를 에 方 丈 의 높은 和尙 과 함께 논한다.

ališara de wargi ashan i genggiyen biyai baru irgebumbi.
심란함 에 西 廂 의 밝은 달에게 시 읊는다.

—— ◦ —— ◦ —— ◦ ——

우리 화원에 향 피우러 가자. 정말 이유 없이 봄기운에 마음이 울렁거리는구나. 괜히 향안(香案)에 기대어 달이 뜨는 것을 기다린다."

앵앵과 홍랑이 내려갔다.

장생 올라가서 말하기를

"절로 옮겨서 바로 서상(西廂)에 머물렀습니다. 화상(和尙)에게 물으니, 소저가 밤마다 화원에 향 피우러 온다 합니다. 다행히 화원이 담장 저편에 있습니다. 조금 있으면 소저 나올 것입니다. 미리 태호석(太湖石) 옆 담 모퉁이 곁에 가서 기다리고 있다가 한번 보면 좋지 않겠습니까? 이제 밤이 깊고 인적이 없습니다. 달 밝고 바람 맑으니 진정 얼마나 좋습니까? 틈을 타서 방장(方丈)의 고승(高僧)과 함께 논한다. 심란하여 서상(西廂)의 밝은 달을 향해 시를 읊는다."

---

125) 구멍과 주름이 많아 석가산(石假山) 제작이나 정원 장식에 많이 쓰이는 기형(奇形)을 이룬 석회암(石灰巖)의 덩어리로 중국 강소성(江蘇省) 태호(太湖)에서 난다.

一更之後 萬籟無聲 我

等我那齊齊整整嬝嬝婷婷姐姐鶯鶯

紫花兒序

側着耳朶兒聽 躡着脚步兒行 悄悄冥冥潛潛等等

陰滿庭 羅袂生寒 芳心自警

銀河瀉影 月色横空 花

越調 鬪鵪鶉 張生唱

玉宇無塵

[yuwei diyoo]【deo an cun】〔jang šeng ni ucun〕 gu i jalan[126] de buraki akū.
[越 調]【鬪 鵪 鶉】〔張 生 의 노래〕玉 의 세계 에 티끌 없고

sunggeri bira helmešeme sabumbi. biyai boco untuhun de eldefi ilhai
은하 반사되어 보인다. 달의 빛 허공 에 빛나고 꽃의

silmen hūwa de jalukabi. lo i ulhi šahūrame, saikan mujilen cik sembi.
그늘 뜰 에 가득 찼다. 羅 의 소매 한기가 드니 좋은 마음[127] 경계한다.

šan waliyafi donjime bethe jendu oksome cib cab seme ekisaka aliyarangge.
귀 기울여 들으며 발 가만히 걸으며 조용히 말없이 기다린다.

【dzy hūwa el sioi】 mini tere ter tar fir fiyar sere gege ing ing be
【紫 花 兒 序】 나의 저 정연하고 우아한 아가씨 鶯 鶯 을

aliyambi. emu ging ni amargideri eiten jaka asuki akū ofi bi
기다린다. 初 更 의 후부터 모든 것 소리 없고 나

—— ◦ —— ◦ —— ◦ ——

[월조(越調)]【투암순(鬪鵪鶉)】〔장생창(張生唱)〕
옥우(玉宇)에 티끌 없고
은하는 반사되어 보인다.
달빛은 허공에 빛나고
꽃그늘은 뜰에 가득 찼다.
비단 소매에 한기가 드니
꽃다운 마음을 경계한다.
귀 기울여 듣고
가만히 걸으며
조용히 말없이 기다린다.

【자화아서(紫花兒序)】
정연(整然)하고 우아한
앵앵 아가씨를 기다린다.
초경(初更)이 지나고부터
모든 소리 사라지고
나는

126) gu i jalan : 옥우(玉宇)로 전설에서 옥황상제나 신선이 사는 곳, 또는 하늘을 가리킨다.
127) saikan mujilen : 방심(芳心) 즉, '꽃다운 마음'으로 젊은 여성의 마음을 표현하고 있다.

風過處衣香細生 踮着脚尖

猛聽得角門兒呀的一聲

金焦葉

將香桌出去者 紅娘開門

鶯鶯上云 問你個會少離多 有影無形

沒揣的見你那可憎 定要我緊緊摟定

便直至鶯庭 到迴廊下

uthai šuwe ing ing ni hūwa de genefi mudaliha nanggin i fejile isinafi
바로 곧장 鶯 鶯 의 뜰 에 가서 廻 廊 의 아래 다다라서

mujakū bade[128] fusilaru[129] simbe sabuci urunakū mimbe fita tebeliyebure be
돌연 천한 너를 보면 반드시 나를 꽉 껴안게 하므로

dahame sini baru acara komso fakcara labdu, helmen bisire arbun akū be fonjiki.
너에게 만난 것 적고 이별한 것 많고 그림자 있고 모양 없는 것 을 묻자.

ing ing wesifi hendume hūng niyang dalbai
鶯 鶯 올라서 말하되 紅 娘 곁의

duka neifi hiyan i dere be ibebu.
문 열고 香 案 을 밝히게 하라.

【gin jiyoo ye】[130] gaitai donjici dalbai duka kiyakūng seme emgeri engke.
【金 焦 葉】 갑자기 들으니 옆의 문 삐걱하며 한번 울렸다.

edun duleke baci etukui hiyan i wa sur seme bahabumbi. bethe dubeheri
바람 지난 곳에서 옷의 香 의 향기 향기롭게 느껴진다. 발 끝으로

—— ◦ —— ◦ —— ◦ ——

곧장 앵앵의 뜰에 가서
회랑(廻廊)의 아래 다다라서
갑자기 사랑스러운 너를 보게 되면
반드시 너를 꽉 껴안고
너와 만남은 적고 헤어짐이 많으며
그림자는 있고 흔적이 없는 것을 물어보자.

앵앵이 올라가서 말하기를
"홍랑아! 옆문을 열고 향안(香案)을 밝혀라."

【금초엽(金焦葉)】
갑자기 옆문이 삐걱하며 한 번 울렸다.
바람 지난 곳에서 옷의 향내가 자욱하게 느껴진다.
발끝으로

128) mujakū bade : 만한합벽(滿漢合璧)의 한어(漢語)에서는 몰췌적(沒揣的)으로 대응시키고 있은데 '돌연, 갑자기'의 뜻이다.
129) fusilaru : '천하다'는 뜻인데 사랑하는 사람을 가리킨다.
130) gin jiyoo ye : 초본에는 jin jiyoo ye로 쓰였다. 한문본에는 금초엽(金蕉葉)으로 쓰였다.

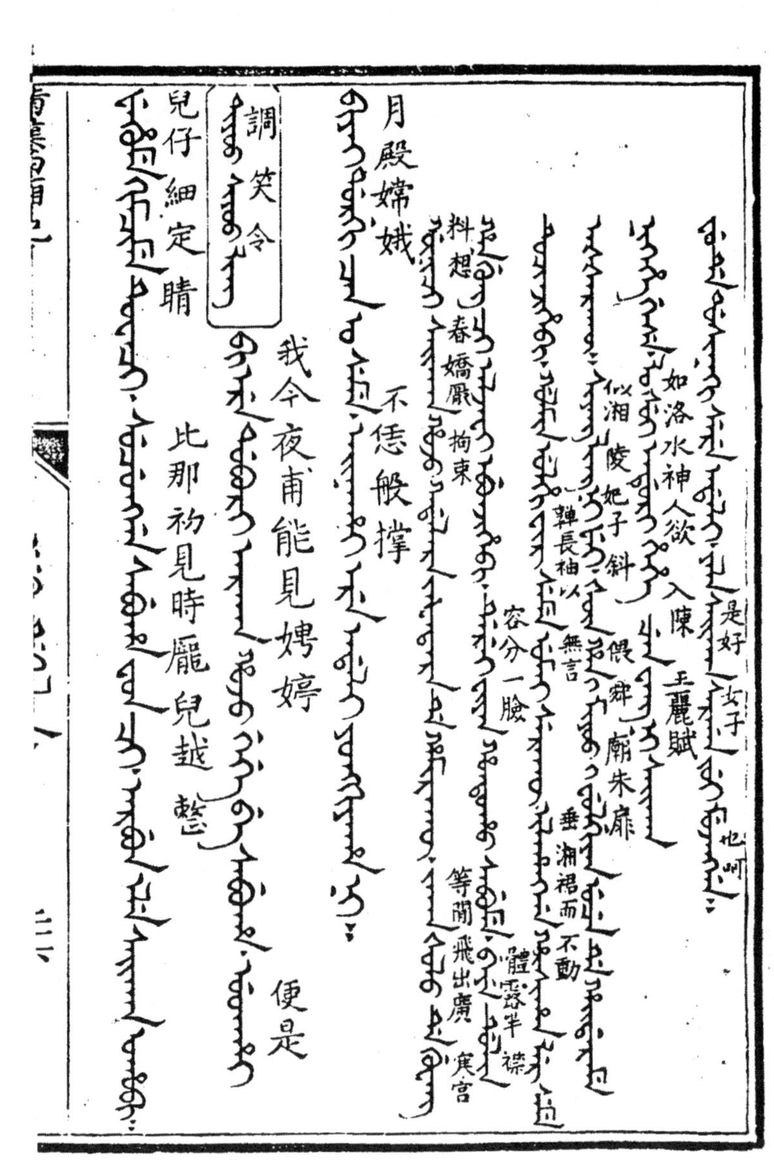
是好女子也呵
如洛水神人欲入陳王麗賦
似湘陵妃子斜偎舜廟朱扉
鞾長袖以無言 垂湘裙而不動
容分一臉 體露半襟
料想春嬌厭拘束 等閒飛出廣寒宮
月殿嫦娥 不恁般撑
調笑令
我今夜甫能見娉婷 便是
見仔細定睛 比那初見時龎兒越整

fehume kimcime tuwaci sucungga sabuha fon ci arbun ele saikan ohobi.
밟으며 자세히 살펴보니 처음 본 때 보다 모습 더욱 좋아졌다.

【tiyoo siyoo ling】 bi ere dobori arkan hojo gege be sabuha. uthai
【調 笑 令】[131] 나 이 밤 겨우 아름다운 아가씨 를 보았다. 곧

biyai dorgi can o seme ainahai ere adali yongkiyaha ni.
달의 속 嫦 娥[132] 해도 어찌 이 처럼 완전하겠는가.

gūnici saikan hojo kadalara jafatara de hamirakū, jaka šolo de guwang
생각하니 아름다운 미인 관리하고 단속하는 것 에 견딜 수 없고, 기회 에 廣

han gung ci aljafi ebunjihebi. derei fiyan hontoho sabume beye dulin
寒 宮[133] 에서 떠나서 내려왔다. 얼굴의 모습 반쪽 보이고 몸 반

tucinjihebi. golmin ulhi fir seme umai serakū ilhangga hūsihan ler seme
나타났다. 긴 소매 단정하고 결코 말이 없고 꽃무늬 치마 단정하게

aššarakū. siyang ling ni fei šūn han i miyoo i fulgiyan uce de haidarame
움직이지 않는다. 湘 陵 의 妃[134] 舜 임금[135] 의 廟 의 붉은 문[136] 에 비스듬하게

nikehe gese lo šui enduri hehe cen wang ni saikan
기댄 것 같고 洛 水[137] 선녀[138] 陳 王[139] 의 좋은

fu de dosinaki sere adali. yala saikan sargan jui mujangga.
賦 에 들어가고자 하는 것 같다. 정말 좋은 여자 아이이다. 진실이다.

—— ◦ —— ◦ —— ◦ ——

서서 자세히 살펴보니
처음 봤을 때보다 더욱 아름답구나.

【조소령(調笑令)】
나는 이 밤에 겨우 아름다운 아가씨를 보았다.
달 속의 항아(嫦娥)라고 해도 어찌 이처럼 완전하겠는가.

"생각하니 아름다운 미인이 구속당하는 것을 견디지 못하여
틈을 내서 광한궁(廣寒宮)으로부터 내려왔구나.
얼굴이 반쯤 보이고 몸이 반쯤 나타났네.
긴 소매 단정하고 결코 말이 없고
꽃무늬 치마 단정하게 움직이지 않는다.
상릉(湘陵)의 비(妃)가 순(舜) 임금 묘의 붉은 문에 비스듬하게 기댄 것 같고
낙수(洛水)의 선녀가 진왕(陳王)의 좋은 부(賦)에 들어가고자 하는 것 같다.
정말 좋은 여자 아이구나."

---

131) tiyoo siyoo ling : 동양문고본에서는 tiyoo tiyoo ing, 초본에서는 diyoo hiyoo ling으로 쓰였다.

132) 상아(嫦娥)는 달 속에 있다는 전설 속의 선녀이다.

133) 달의 별칭으로 광한궁(廣寒宮)은 항아가 사는 가상의 궁전을 가리킨다.

134) 상릉비자(湘陵妃子)는 상비(湘妃)로 요(堯) 임금의 두 딸로 순(舜) 임금의 두 비인 아황(娥皇)과 여영(女英)으로 순(舜) 임금이 남순(南巡)하다가 창오산(蒼梧山)에서 죽자 소상강(瀟湘江)을 건너지 못하고 슬피 울다가 마침내 이 물에 빠져 죽어 상수(湘水)의 신이 되었다는 전설에 의한 것으로 상군(湘君)이라고도 한다.

135) 중국 태고의 천자 '순(舜)'을 임금으로 받들어 이르는 말.

136) fulgiyan uce : 주비(朱扉)로서 '붉게 칠한 문(門)'을 가리킨다.

137) 난수(洛水)는 중국(中國)의 강 이름으로 중국(中國) 섬서(陝西)・하남(河南)의 두 성(省)을 흐르는 강이다.

138) '낙수의 선녀'는 복비(宓妃)를 가리키는 것으로 복비(宓妃)는 본래 복희씨(伏羲氏)의 딸인데 낙수(洛水)에 익사하여 수신(水神)이 되었다고 한다.

139) 조조의 셋째 아들 조식(曹植)이 나중에 진왕(陳王)에 봉해졌다.

紅娘替小姐祝告 咱願配得姐夫冠世才

云 小姐為何此一炷香 每夜無語

此一炷香 鶯鶯良久不語科 紅

此一炷香 願中堂老毋百年長壽

鶯鶯云 此一炷香 願已過父早生天界

鶯鶯云 將香來 張生云 我聽小姐祝告甚麽

兀的不引了人魂靈

百媚生

難行 行近前來

遮遮掩掩穿芳徑 料應他小脚兒

dalitahai somitahai ilhai jugūn be yabucibe bodoci terei bethe
어른거리면서 꽃의 길 을 가도 생각하면 그의 발

ajigen de okson fuliburakū dere. oksohoi hanci isinjime
작음 에 잘 걷지 못하느니라. 걸어서 가까이 다다르며

eiten nemeyen tuyembume ofi esi seci ojorakū niyalmai fayangga ušabumbi.
온갖 유순함 드러내게 되니 저절로 사람의 영혼 끌린다.

ing ing hendume hiyan gaji, jang šeng hendume bi siyoo jiyei aiseme jalbarirebe
鶯 鶯 말하되 향 가져와라, 張 生 말하되 나 小 姐 어째서 기도하는지

donjiki. ing ing hendume ere emu da hiyan de akū oho ama be hūdun abkai
듣자. 鶯 鶯 말하되 이 한 자루 향 에 돌아가신 부친 을 빨리 하늘의

jecen de banjinabureo. ere emu da hiyan de booi sakda aja be jalafun golmin
세상 에 태어나게 하소서. 이 한 자루 향 에 집의 늙은 어머니 를 장수

obureo. ere emu da hiyan sefi ing ing kejine goidafi umai serakū. hūng
하게 해 주시오. 이 한 자루 향 하고 鶯 鶯 오래되도록 전혀 말하지 않는다. 紅

niyang hendume siyoo jiyei ere emu da hiyan de ainu yamjidari umai serakū.
娘 말하되 小 姐 이 한 자루 향 에 어찌 저녁마다 전혀 말하지 않느냐.

hūng niyang siyoo jiyei i oronde jalbariki. buyerengge jalan ci tucike
紅 娘 小 姐 의 자리에서 기도하마. 원하는 것 세상 에서 뛰어난

—— ◦ —— ◦ —— ◦ ——

어른거리면서 꽃길을 가도
그의 발 작아서 잘 걷지 못하느니라.
걸어서 가까이 다다라 온갖 유순함 드러내니
저절로 사람의 영혼 끌리는구나.

앵앵이 말하기를
"향 가져오너라."
장생이 말하기를
"소저가 왜 기도하는지를 들어보자."
앵앵이 말하기를
"이 한 자루 향에 돌아가신 부친을 빨리 하늘의 세상에 태어나게 하소서. 이 한 자루 향에 늙은 어머니를 장수하게 하소서.
이 한 자루 향……."
하며 앵앵이 오래 지나도 아무 말도 하지 않는다. 홍랑이 말하기를
"아가씨! 이 한 자루 향에는 어째서 저녁마다 아무 말도 하지 않으십니까. 제가 아가씨를 대신해서 기도하겠습니다. 뛰어난

長吁了兩三聲

剔團圞明月如圓鏡

簾幙東風靜

拜罷也斜將曲蘭凭

夜深香靄散空庭

小桃紅

如何有此倚蘭長嘆也

長吁科 張生云

小姐你心中

心間無限傷心事

盡在深深一拜中

姐姐百年成對波

鶯鶯添香拜科

雅溫柔性格沉靜端莊的姐夫

與小

學狀元及第

風流人物

器度閒

erdemu tacin juwang yuwen de dosifi yebcungge ildamu bime fujurungga
재주 학문 壯 元 에 들고 풍류 있고 風雅하고

yangsangga, nesuken nemeyen bime ujen fisin efu de teisulebufi siyoo jiyei i
온유하고 정중한 형부 에게 만나게 하고 小 姐 와

emgi tanggū aniya juru acabureo. ing ing hiyan unggifi doroloho.
함께 백 년 짝 이루게 해 주세요. 鶯 鶯 향 보내고 예하였다.

mujilen de tutala akacuka baita yooni ere emgeri šumin doroloro de
마음 에 그토록 슬픈 일 전부 이 한 번 깊은 예함 에

baktakabi sefi golmin sejilehe. jang šeng hendume siyoo jiyei sini
담겨있다 하고 길게 탄식했다. 張 生 말하되 小 姐 너의

mujilen i dolo ainu jerguwen nikefi golmin sejilere ba bini.
마음 의 속 어찌 난간 기대어 긴 탄식하는 바 있는가?

【siyoo too hūng】 šumin dobori hiyan i wa untuhun hūwa de selgiyebumbi.
【小 桃 紅】 깊은 밤 향 의 내 빈 뜰 에 퍼진다.

hida jampan de dergi edun cib sembi. dorolofi, haidarame mudangga jerguwen de
주렴 휘장 에 동쪽 바람 고요하다. 예하고, 기울며 굽은 난간 에

nikefi juwe ilanggeri golmin sejilehe. tor sere genggiyen biya muheliyen
기대어 두 세 번 긴 탄식하였다. 빙글빙글 밝은 달 둥근

—— ◦ —— ◦ —— ◦ ——

재주와 학문이 장원(壯元)에 들고 풍류 있고 풍아하고 온유하고 정중한 형부를 만나게 하고, 아가씨와 함께 백년의 짝을 이루게 해 주세요."

앵앵이 향을 올리고 예를 하였다.

"마음에 그토록 슬픈 일이 전부 이처럼 한 번 깊은 예를 행하는 것에 담겨있네." 하고 길게 탄식했다.

장생이 말하기를

"소저야! 네 심중(心中)을 어찌 난간 기대어 길게 탄식하는 것인가?"

【소도홍(小桃紅)】
깊은 밤 향내 빈 뜰에 퍼지고
주렴 휘장에 동풍 고요하다.
예를 하고 곡랑(曲廊)에 기대어
두세 번 긴 탄식하였다.
둥그스름하고 밝은 달 둥근

又不見輕雲薄霧

都只是香烟人氣 兩般兒氤氳得不分明

小生 子細想來 小 姐 嘆

必有所感 我雖 不及司馬相如 小姐

你莫非 到是文君 小生試高吟一絕

看他說甚的

月色溶溶夜 花陰寂寂春

如何臨皓魄 不見月中人

鶯鶯云 有人在墻角吟詩

紅云

這聲 便是那二十三歲不曾娶妻的那傻角

buleku i adali geli gelfiyen tugi gei sere talman akū bime damu hiyan i
거울 과 같고 또 엷은 구름 엷은 안개 없고 다만 향 의

wa niyalma i sukdun i canggi hūwaliyafi burgašame buru bara ohobi.
내 사람 의 기운 뿐 조화롭게 피어오르며 아련하였다.

buya bithei niyalma kimcime gūnici siyoo jiyei ere sejilehengge urunakū
小 書 生 깊이 살펴 생각하니 小 姐 이리 탄식하는 것 반드시

acinggiyabuha babi. bi udu sy man siyang žu de isirakū bicibe siyoo jiyei
혼들린 바 있다. 나 비록 司 馬 相 如[140] 에 미치지 못하나 小 姐

si aika uthai wen giyūn biheo. buya bithei niyalma cendeme den
너 설마 곧 文 君[141] 이었느냐? 小 書 生 시험하여 높은

jilgan i duin gisun i ši irgebufi ini aisere be tuwaki.
소리 로 四 言 의 詩 지어서 그의 무엇이라 하는지 를 보자.

biyai elden gelerjere dobori, ilhai silmen[142] cib cab sere niyengniyeri, ainu
달의 빛 머금은 밤 花 陰 고요한 봄 어찌

gehun genggiyen de enggelehe bime, biyai dorgi niyalma be saburakū ni.
밝고 맑음 에 이르러 달의 안 사람 을 보이지 않는가.

ing ing hendume fu i hošo de niyalma ši irgebumbi. hūng niyang hendume
鶯 鶯 말하되 담 의 모퉁이 에서 사람 詩 읊는다. 紅 娘 말하되

ere jilgan mudan uthai tere orin ilase de sargan gaire unde yoto
이 소리 바로 그 23세 에 아내 얻지 못한 어리석은

—— ◦ —— ◦ —— ◦ ——

거울과 같고
또 엷은 구름과 엷은 안개 없고
다만 향내와 사람의 기운만
조화롭게 피어오르며 아련하였다.

"소생이 깊이 살펴 생각하니, 소저가 이리 탄식하는 것은 반드시 흔들리고 있는 것이다. 나는 비록 사마상여(司馬相如)에 미치지 못하나 소저 너는 문군(文君)이었느냐? 소생이 시험삼아 높은 소리로 4언의 시를 지어서 그가 어찌하는지를 보자."

"달빛 머금은 밤,
꽃그늘 고요한 봄.
어찌 밝고 맑음에 이르러
달 속에 있는 사람을 보이지 않는가."

앵앵이 말하기를
"담 모퉁이에서 누군가 시를 읊는구나."
홍랑이 말하기를
"이 목소리는 23세에도 아내를 얻지 못한 어리석은

140) 사마상여(司馬相如)는 중국(中國) 전한(前漢)의 문인(文人)이다. 자는 장경(長卿). 사천(四川) 출신(出身)이다. 경제(景帝) 때 벼슬에서 물러나 후량(後粱)에 가서 '자허지부'를 지어 이름을 떨쳤다.

141) 탁문군(卓文君)은 친정으로 돌아와 기거하던 중 한부(漢賦)의 대표작가인 사마상여(司馬相如)가 탁왕손(卓王孫)의 연회에 초청받아 갔을 때 탁문군이 과부가 되었다는 것을 알고 봉구황(鳳求凰)이라는 곡을 연주하며 노래하였는데 탁문군이 금(琴) 연주에 감동하여 그날 밤 사마상여와 함께 성도(成都)로 도주하였다.

142) 화음(花陰)은 꽃이 핀 나무의 그늘을 일컫는다.

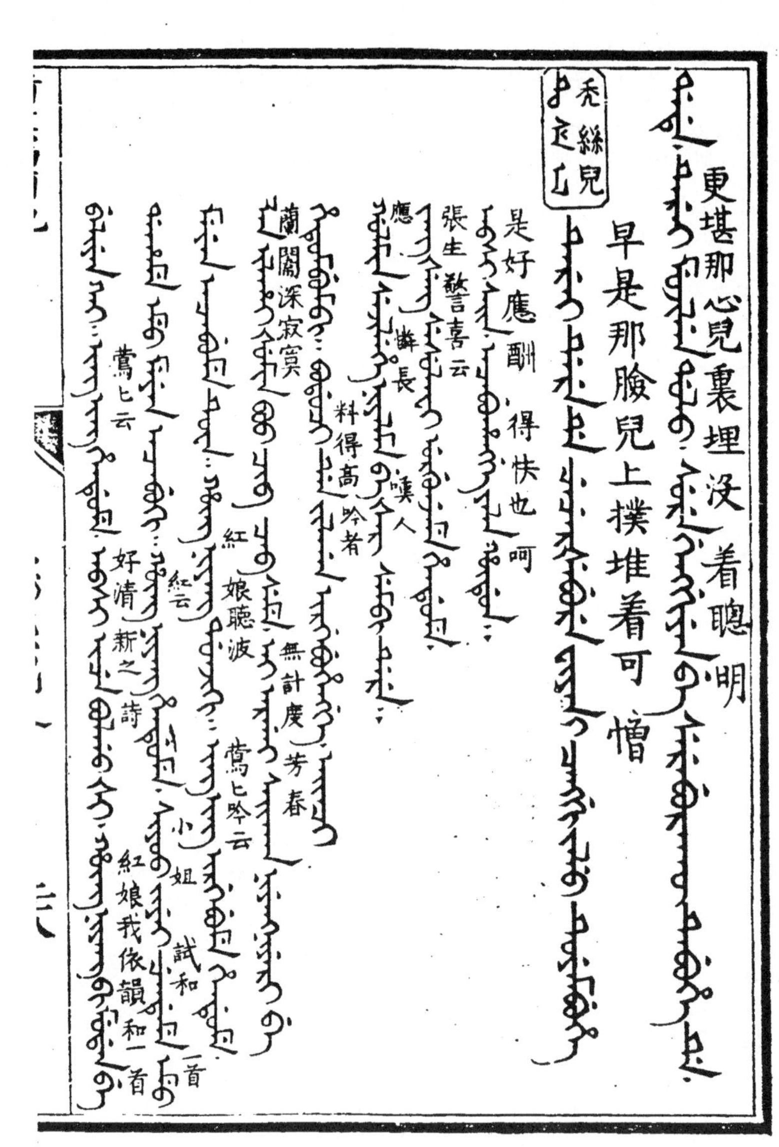

禿絲兒

更堪那心兒裏埋没着聰明

早是那臉兒上撲堆着可憎

是好應酬得快也呵

張生警喜云

應憐長嘆人

料得高吟者

蘭閨深寂寞

無計度芳春

紅娘聽波

鶯〻吟云

紅云

小姐試和一首

鶯〻云

好清新之詩

紅娘我依韻和一首

beliyen kai. ing ing hendume absi ice bolgo ši, hūng niyang bi mudan be
멍청이 이다. 鶯 鶯 말하되 얼마나 淸新한 詩, 紅 娘 나 韻 을

dahame emu meyen acabuki. hūng niyang hendume siyoo jiyei cendeme emu
따라서 한 수 맞추어 보겠다. 紅 娘 말하되 小 姐 시험하여 한

meyen acabume tuwa. hūng niyang donjiki. ing ing irgebume hendume
수 맞추어 보아라. 紅 娘 듣겠다. 鶯 鶯 읊으며 말하되

lan ilhai šumin boo cib cab seme ai argai saikan niyengniyeri be
蘭 草 閨 房 적막하니 무슨 방법으로 좋은 봄 을

hetumbumbi. bodoci den jilgan irgebuhengge ainci
보내겠는가. 생각하니 높이 소리 읊은 자 아마도

golmin sejilehe niyalma be šar sembi dere.
긴 탄식한 사람 을 측은하게 여기니라.

jang šeng sesulafi urgunjeme hendume
張 生 놀라서 기뻐하며 말하되

absi sain. acabuhangge yala hūdun.
얼마나 좋냐? 화답한 것 정말 빠르다.

【tu sy el】[143] terei dere de ceceršebure fiyan i canggi jalu tuyembuhe
【禿絲兒】 그의 얼굴 에 떨리는 얼굴빛 만 가득 드러냈다.

dade terei mujilen dolo sure genggiyen be sereburakū tebuhe de
원래 그의 마음 속 총명함 을 드러내지 않고 두었음 에

—— ◦ —— ◦ —— ◦ ——

멍청이일 것입니다."
앵앵이 말하기를
"시가 얼마나 청신(淸新)한가? 홍랑아, 내가 운(韻)을 따라서 한 수 맞추어 보겠다."
홍랑이 말하기를
"시험 삼아 한 수 맞추어 보세요. 제가 듣겠습니다."
앵앵이 읊으며 말하기를
"난초규방(蘭草閨房)이 적막하니
무슨 방법으로 좋은 봄을 보내겠는가.
생각하니 높이 소리 읊은 자는
아마도 길게 탄식한 사람을 측은하게 여긴 것이라."
장생이 놀라서 기뻐하며 말하기를
"얼마나 좋으냐? 화답하는 것이 정말 빠르구나."

【독사아(禿絲兒)】
그녀의 얼굴에 떨리는 얼굴빛만 가득 드러냈다.
원래 그의 마음 속 총명함을 드러내지 않고 있었으니

143) 독사아(禿絲兒)가 한문본에서는 독시아(禿厮兒)로 쓰였다.

是惺惺惜惺惺

隔墻兒酬和到天明 便

枉喚做鶯ㄷ 你若共小生廝覷定

語句又輕 音律又清 你小名兒真不

一字字訴衷情堪聽

他把我新詩和得忒應聲

聖藥王

[1:29a]

adarame dosombi. i mini ice ši de acabuhangge asuru icangga.
어떻게 견디겠는가. 그 나의 새로운 詩 에 화답한 것 매우 마음에 든다.

hergen tome dorgi gūnin be tucibuhengge se selambi.[144)]【šeng yoo wang】
글자 마다 속 마음 을 드러낸 것 매우 상쾌하다. 【聖 藥 王】

gisun meyen getuken seci jilgan mudan geli bolgo. sini huhuri gebu be
語句 분명하다 하고 소리 音律 또 맑다. 너의 兒 名 을

ing ing sehengge yala gūtubuhakūbi. si aikabade buya bithei
鶯 鶯 한 것 정말 부끄럽지 않았다. 너 만약 小 書

niyalma be cihalaci fu dabali gertele acabume irgebuki. ere
生 을 좋아하면 담 넘어서 날이 밝도록 화답하여 읊자. 이

uthai ulhisungge ulhihengge be hairarangge kai.
곧 총명한 자 깨달은 자 를 아끼는 것이니라.

—— ◦ —— ◦ —— ◦ ——

어떻게 견디겠는가.
그녀가 나의 새로운 시에 화답한 것 매우 마음에 든다.
글자마다 속마음을 드러낸 것 매우 상쾌하다.

【성약왕(聖藥王)】
어구(語句) 분명하고
소리와 음률(音律) 맑다.
너의 아명(兒名)을 앵앵이라 한 것이 정말 잘 어울리는구나.
네가 만약 소생을 좋아한다면 담 넘어 날이 밝도록 화답하며 읊자.
이는 곧 총명한 자가 깨달은 자를 아끼는 것이니라.

---

144) selambi의 어두에 첫 음절 se를 반복해서 사용하여 강조를 나타내고 있다.

鶯ヒ云 紅娘 閃角門下

紅云 小姐喒家去来 怕夫人嗔責

忽聽 一聲 猛驚

你便道謹依来命 後

相迎 不做美的紅娘 莫浅情

我拽起羅衫欲行 他可陪着笑臉

麻郎兒

怎麽 我 撞過去看小姐

bi fu dabafi siyoo jiyei
나 담 넘어서 小 姐

adarame ojoro be tuwaki.
어찌 되는지 를 보마.

【ma lang el】 bi lo i sijigiyan be fosomifi genehe de tere ainci ijaršara
【馬 郎 兒】[145] 나 羅 의 두루마기 를 걷고 감 에 그 아마 웃는

cirai okdome gaimbi. kesemburu hūng niyang ume anduhūri ojoro.
낮으로 만나 얻는다. 무뢰한 紅 娘 쌀쌀하게 대하지 마라.

si damu jihe gūnin de gingguleme acabuki sereo. 【amargi】 gaitai
너 다만 온 생각 에 공경하여 만나게 하고자 하시오. 【後】 갑자기

emgeri guwengke de gūwacihiyalaha.
한 번 소리 남 에 놀랐다.

hūng niyang hendume siyoo jiyei muse boode yoki. fu žin wakašarahū.
紅 娘 말하되 小 姐 우리 집에 가자. 夫人 꾸짖을라.

ing ing hūng niyang dalbai duka dasifi mariha.
鶯 鶯 紅 娘 옆 문 닫고 되돌아갔다.

—— ◦ —— ◦ —— ◦ ——

"담을 넘어가서 소저가 어찌 하는지를 보자."

【마랑아(馬郎兒)】
내가 비단 두루마기를 걷고 가면
소저가 아마 웃는 낯으로 맞이하리라.
무뢰한 홍랑아! 쌀쌀하게 대하지 마라.
너는 다만 내가 온 것을 생각하여 만나게 하여라.

【후(後)】
갑자기 한 번 소리가 나니 놀랐다.

홍랑이 말하기를
"아가씨, 우리 이제 집에 갑시다. 부인께서 꾸짖으실 거예요."
앵앵과 홍랑이 옆문을 닫고 내려갔다.

---

145) 한문본에는 마랑아(麻郎兒)로 쓰였다.

東原樂

簾垂下 户已扃 我試悄々相問

今夜我去把相思投正

明皎々花篩月影 白日相思枉耽病

碧澄々蒼苔露冷

絡絲娘

花梢弄影 乱紛々落紅滿徑

撲剌々宿鳥飛騰 顫巍々、

per seme debderšeme tomoho cecike dekdefi deyehe. sunggeljeme
푸드덕 하며 날개 펼치며 깃든 작은 새 날아올라 날았다. 흔들며

aššame ilhai dubei helmen gerišehe, sur seme hiyanganjame sigaha ilha
움직이며 꽃의 가지 끝의 그림자 어른거렸고, 향기롭게 뒤섞여 떨어진 꽃

falan de jaluka, 【lo sy niyang】 niohon gelmerjere niokji i silenggi šahūrun,
정원 에 가득하였다. 【絡 絲 娘】 푸르고 맑게 빛나는 돌이끼 의 이슬 차고,

gehun eldešeme ilha ci biyai helmen tucinjihe, inenggi šun de ishunde kiduhai
밝게 빛나며 꽃 에서 달의 그림자 나왔다. 대낮 에 서로 사모한 채

baibi tookabufi nimekulehe, ere dobori bi genefi ishunde kiduha be duileki.
괜히 지체되어서 병들었다. 이 밤 나 가서 서로 사모한 것 을 알아보자.

【dung yuwan lo】 hida tuhebuhe uce dasiha. bi cendeme jenduken i fonjici i
【東 原 樂】 주렴 드리워지고 문 닫혔다. 나 시험하여 몰래 물으면 그

—— ◦ —— ◦ —— ◦ ——

'푸드덕' 하며 날개를 펼치며 깃든 작은 새 날아 올라갔다.
흔들리는 꽃의 가지 끝 그림자 어른거렸고
향기롭게 뒤섞여 떨어진 꽃이 정원에 가득하였다.

【낙사랑(絡絲娘)】
푸르고 맑게 빛나는 물이끼의 이슬이 차고
밝게 빛나며 꽃에서 달의 그림자 나왔다.
낮에 서로 마음에 들었지만 상황이 지체되어서 병들었다.
오늘 밤에 가서 서로 좋아한 것을 알아보자.

【동원락(東原樂)】
주렴 드리워지고
문 닫혔다.
내가 시험 삼아 몰래 물으면
그녀가

眼傳情 你不言 我已省

有四星 他不偢人待怎生 何須眉

竹梢風擺 斗柄雲橫 呀今夜淒凉

綿搭絮 恰尋歸路 停立空庭

如今是你無緣 小生薄命

便低ヒ應 月朗風清 恰二更 廝徯倖

uthai fangkala jilgan i jabumbi. biya gehun edun bolgo bime jing jai ging jabšan
바로 작은 소리 로 대답한다. 달 밝고 바람 맑으며 正히 二 更 운

tuwaki. te oci sinde salgabun akū, buya bithei niyalma hesebun nekeliyen ofi
보자. 지금 이면 너에게 인연 없고, 小 書 生 운명 薄命해서

【miyan da sioi】 bederere jugūn baime untuhun hūwa de gakahūn iliha. cuse mooi
【綿 搭 絮】 돌아갈 길 찾으며 빈 뜰 에 외롭게 서있었다. 대나무의

dube edun de aššame deo usihai fesin[146] de tugi hetuhebi. ara ere dobori
가지 끝 바람 에 흔들리며 斗 星의 자루 에 구름 가로질렀다. 아! 이 밤

simacuka juwan fun bidere. i niyalma be herserakū bici ainara bihe. faitan yasa
쓸쓸함은 十 分 이니라. 그 사람 을 마음에 두지 않으면 어찌 하겠는가? 눈썹 눈

deri gūnin be serebuhe sere anggala si gisurehekū bicibe bi aifini ulhihe.
으로 생각 을 드러냈다 할 뿐 아니라 너 말하지 않았지만 나 이미 깨달았다.

—— ◦ —— ◦ —— ◦ ——

바로 작은 소리로 대답한다.
달 밝고 바람 맑으며 정히 이경(二更)이다.
운에 맡기자.
지금은 너와 인연이 없구나.
소생의 운명이 박명해서.

【면탑서(綿搭絮)】
돌아갈 길 찾으며
빈 뜰에서 외롭게 서있었다.
대나무의 가지 끝 바람에 흔들리며
두병(斗柄)에 구름이 가로질렀다.
아! 오늘밤은 매우 쓸쓸하구나.
그녀가 사람을 마음에 두지 않으면 어찌 하겠는가?
눈짓으로 마음을 드러냈을 뿐만 아니라
너 말하지 않았지만 나 이미 깨달았다.

---

146) deo usihai fesin : 두병(斗柄)으로 국자 모양인 북두칠성의 별 가운데 자루에 해당하는 자리에 있는 세 개의 별, 옥형(玉衡), 개양(開陽), 요광(搖光)을 가리킨다.

也坐不成睡不能 有一日柳遮花映

後

孤另 被窩是寂静 便是鐵人也動情

踈櫺 忒楞楞是紙條兒鳴 枕頭是

燈兒是不明 夢兒是不成 淅泠々是風透

碧熒々是短檠燈 冷清々是舊圍屏

拙魯速

到淂我眼裏 呵

只是今夜 甚麼睡魔

damu ere dobori ainaha amušabure?
다만 이 밤 어찌 줄곧 잠을 자겠는가?

hutu mini yasa de dosika ni.
귀신 나의 눈 에 들어왔구나!

【jo lu su】 gehun gerilarangge fangkala hiyabulakūi dengjan, šahūrukan simacukangge fereke
【拙 魯 速】 밝게 어른거리는 것 낮은 용지걸이[147]의 등잔, 조금 차고 외로운 것 낡은

wei ping. dengjan oci genggiyen akū. tolgin oci šanggarakū. šeo seme darangge edun
屛 風. 등잔 은 밝지 않고 꿈 은 이루어지지 않는다. 휙 하며 부는 것 바람

fa i duthe be dosika, hasak seme guwederengge hoošan i justan i asuki. cirku seci
창 의 세로 살 을 들어왔고, 부스럭 하며 소리 나는 것 종이 의 오라기 의 소리이다. 베개 는

emteli encu, jibehun seci cib simeli, uthai sele wehe niyalma seme gūnin aššarakū nio.
외롭고 이불 은 쓸쓸하다. 곧 철석 사람 해도 생각 움직이지 않겠는가.

【mudan i amargi】 teci dosorakū amgaci amu jiderakū, ya emu inenggi fodoho de
【曲 의 後 】 앉아도 참을 수 없고 자도 잠 오지 않는다. 어느 한 날 버드나무 에

—— ◦ —— ◦ —— ◦ ——

다만 오늘밤 어찌 줄곧 잠을 자겠는가?
귀신이 나의 눈에 들어왔구나!

【졸노속(拙魯速)】
밝게 어른거리는 것은 낮은 용지걸이의 등잔
조금 차고 외로운 것은 낡은 병풍(屛風)
등잔은 희미하고
꿈은 이루어지지 않는다.
'휙' 하며 부는 것은 바람이 세로 창살을 들어온 소리이고
'부스럭' 하며 소리 나는 것은 종이 오라기의 소리이다.
베개는 외롭고 이불은 쓸쓸하다.
철석같은 사람이라 하더라도
마음이 움직이지 않겠는가.

【후편(後編)】
앉아 있어도 견딜 수 없고 자도 잠이 오지 않는다.
어느 날 버드나무가

147) 용지걸이는 만주족의 조명기구인 강등(糠燈)을 거는 데 쓰는 세 다리로 이루어진 등잔걸이다. 강등(糠燈)을 용지라고도 하는데 솜이나 헝겊을 나무에 감아 기름을 묻혀 초 대신 불을 켜는 물건을 가리킨다.

不要青瑣闥夢兒中尋 只索去碧桃花樹兒下等

一天好事今宵定 兩首詩分明互證 再

兩個畫堂春自生 我

尾

錦片前程 美滿恩情 咱

人靜 海誓山盟 風流嘉慶

霧幛雲屏 夜闌

daniyalame ilha de teisulebume talman de dalibure tugi de elbebure dobori šumin.
가리고 꽃 에 마주하게 하며[148] 안개 에 감추어지고 구름 에 덮인 밤 깊고

niyalma cib serede mederi alin be jorime gashūfi yebcungge ildamu i urgun de
사람 조용함에 바다 산 을 가리키며 맹세하고 풍류 의 기쁨 에

sebjelere oci junggin farsi gese julergi on, haji halhūn keb seme elere be dahame muse
즐기게 되면, 비단 조각 같은 前 途[149] 다정하고 친절하고 만족하는 것 을 따라 우리

juwe nofi niruha yamun de ini cisui niyengniyeri isinjiha adali ombi. 【uncehin】[150] mini
두 사람 畵 堂 에 자연히 봄 도달함 같다. 【尾】 나의

abkana sain baita ere yamji toktoho. juwe meyen i ši getuken i ishunde siden ohobi. jai
天地 좋은 일 오늘 저녁 정하였다. 두 首 의 詩 분명하게 서로 증거 되었다. 또

ume niruha duka[151] de tolhišame[152] baire. ereci damu toro ilhai moo i fejile genefi aliyaki.
그린 문 에서 꿈꾸며 찾지 마라. 이로부터 다만 복숭아 꽃의 나무 의 아래 가서 기다리마.

—— ◦ —— ◦ —— ◦ ——

꽃 그림자를 가리며
안개에 감추어지고 구름에 덮인
밤은 깊고 인적이 없는데
바다와 산을 가리키며 맹세하고
풍류의 기쁨을 즐기게 되면
비단 조각과 같은 앞길
다정하고 친절하고 만족함에 따라
우리 두 사람의 화당(畵堂)에 자연히 봄이 도달한 것 같다.

【미(尾)】
천지(天地)의 좋은 일을 오늘 저녁에 정하였다.
두 수(首)의 시가 분명히 서로 증거가 되었다.
또 궁문(宮門)에서 꿈꾸며 찾지 마라.
이제부터는 오로지 복숭아꽃 나무 아래에 가서 기다리겠다.

---

148) 류차화영(柳遮花映)의 의미로 '버드나무가 꽃 그림자를 가리다'는 뜻이다.

149) 금편전정(錦片前程)으로 희망으로 가득찬 아름다운 앞길을 뜻한다.

150) uncehin : uncehen의 오기(誤記)로 판단된다. 동양문고본에서는 uncihen으로 전사되어 있다. 초본에서는 uncehen으로 쓰였다. 미(尾)는 미성(尾聲), 수미(收尾), 수살(隨煞)이라고도 한다.

151) niruha duka : 쇄달(瑣闥)로서 궁문(宮門)에 그림과 조각이 많이 되어 있는 것을 표현하는 것으로 궁문(宮門)을 나타내며 황궁과 조정을 상징하기도 한다. 청쇄(靑瑣)도 청색 꽃무늬로 장식한 황궁(皇宮)의 문을 말한다. 漢나라 때 궁궐 문에 쇠사슬 같은 모양을 새기고 푸른 칠을 한데서 유래되었다.

152) tolhišame : tolgišame로 판단된다.

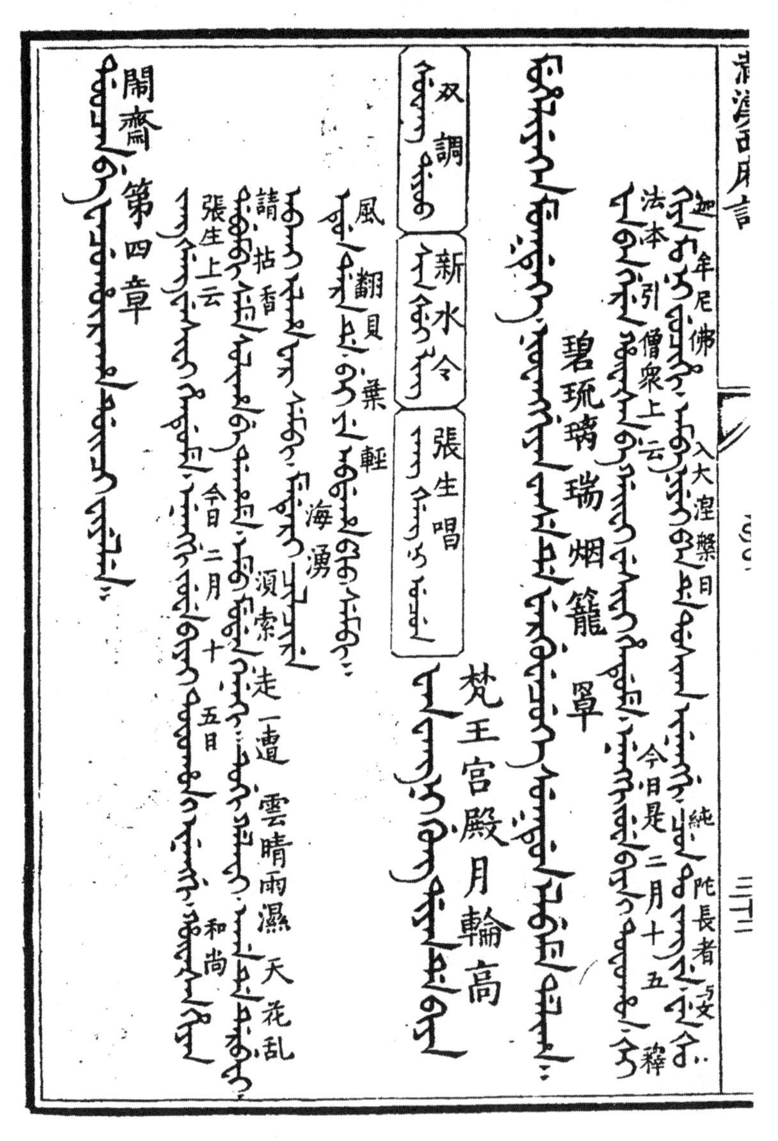

滿漢西廂記 三十二

法本引僧衆上云 今日是二月十五 釋

迦牟尼佛入大涅槃日 純陀長者 安

碧琉璃瑞烟籠罩

梵王宮殿月輪高

双調 新水令 張生唱

風翻貝葉輕 海湧

請拈香 須索走一遭 雲晴雨濕天花乱

張生上云 今日二月十五日 和尚

鬧齋第四章

doocan be facuhūraha duici fiyelen
道場 을 혼란스럽게 한 넷째 장

jang šeng wesifi hendume enenggi juwe biyai tofohon i inenggi hūwašan hiyan
長 生 올라서 말하되 오늘 2 월의 보름 의 날 和尙 향

dabumbi seme soliha be dahame, emu mudan geneki. tugi galafi aga de derbefi
피운다 하며 초청한 것 을 따라 한 번 가자. 구름 개고 비 에 젖어서

abkai ilha far sembi. mederi cilcire
天 花[153] 팍 핀다. 바다 밀려들고

edun dara de, bei ye abdaha pio sembi.
바람 붊 에 貝 葉[154] 잎 나부낀다.[155]

[šuwang diyoo]【sin šui ling】〔jang šeng ni ucun〕fan wang ni gung diyan de biya
[雙 調]【新 水 令】〔長 生 의 노래〕梵 王 의 宮 殿 에 달

muheliyeken mukdeke. niowanggiyan wase de ferguwecuke sukdun elbeme daliha.
둥그렇게 떠올랐다. 청색 기와[156] 에 상서로운 기운 덮어 가렸다.

fa ben geren hūwašan be gaifi wesifi hendume enenggi juwe biya i tofohon, ši
法 本 여러 和尙 을 데리고 올라서 말하되 오늘 2 월 의 보름 釋

giya mo ni fucihi, amba niyei pan de dosika inenggi. cun to jang je, wen šu
迦 牟 尼 부처 큰 涅 槃 에 든 날. 純 陀 長 者[157] 文 殊

—— ◦ —— ◦ —— ◦ ——

도량(道場)을 혼란스럽게 한 네 번째 장

장생이 올라가서 말하기를
"오늘은 2월 보름이다. 화상(和尙)이 오늘 향 피운다고 초청하였으니 한 번 가보자.
구름이 걷히고 비에 젖어서 천화(天花)가 확 피고
바다가 밀려들고 바람이 부니 패엽(貝葉)이 나부끼는구나."

[쌍조(雙調)]【신수령(神水令)】〔장생창(長生唱)〕
범왕(梵王)의 궁전(宮殿)에 달이 둥그렇게 떠올랐다.
청색 기와에 상서로운 기운이 자욱하였다.

법본이 여러 화상(和尙)을 데리고 올라가서 말하기를
"오늘은 2월 보름입니다. 석가모니(釋迦牟尼) 부처가 큰 열반(涅槃)에 든 날입니다. 순타장자(純陀長者),

153) 천화(天花)는 천상계에 핀다는 영묘한 꽃이다.
154) 옛날 인도에서 철필(鐵筆)로 불경의 경문(經文)을 새기던 다라수(多羅樹)의 잎이다.
155) 가볍게 나부끼는 모습을 형용하고 있다.
156) 원본에서는 '푸른 유리'(碧琉)라고 하였는데, 만문본에서는 한문본과 달리 '푸른 기와'로 번역하였다. 만문본이 더 내용에 충실한 것으로 판단된다.
157) 순타장자(純陀長者)는 부처님의 일대기에서 33번째이다.

鐘聲佛號 半天風雨

法鼓金鐃二月春雷響殿角

聽

幡影飄颻 諸檀越盡來到

駐馬

行香雲蓋結 諷咒海波潮

動法器者 待天明時 請夫人小姐拈香

福利 張先生早已在也 大衆

善男信女 今日做好事 必獲大

菩薩修齋供佛 若是

pu sa i emgi juktere jaka dagilafi fucihi de doboho bihe. sain be yabure
菩 薩 와 함께 제사 지낼 것 준비하고 부처 에게 제사지냈다. 善 을 행하는

hahasi, hing sere hehesi, enenggi sain baita be weileci, urunakū amba
남자들 힝 하는[158] 여자들 하루 좋은 일 을 하면 반드시 큰

hūturi, tusa ombi sefi, dule jang siyan šeng aifini jiheni. suwe kumun i
행복 이익 된다 하고 또 張 先 生 벌써 왔느냐. 너희 악기

agūra[159] be acinggiya. abka gereke manggi, fu žin, siyoo jiyei be hiyan dabubume solinaki.
를 옮겨라. 하늘 밝게 된 후 夫人 小 姐 를 향 피우게 하며 초청하러 가자.

hiyan gūrgime tugi sara gese falibume, tarni tarnilaci, mederi furgin i gese
향 타올라 구름 펼치는 것 같이 맺히고, 진언 노래하면 바다 밀물 과 같이

cilcika. fangse helmen ler seme, geren tan yuwei wacihiyame isinjiha, 【ju ma
밀려왔다. 幡子[160] 그림자 나부끼며, 여러 檀 越[161] 모두 이르렀다, 【駐 馬

ting】 tungken i urkin jaidakū i uran, juwe biyai niyengniyeri akjan, diyan i
聽】 북 의 소리 바라 의 울림 2 월의 봄 천둥 불당 의

hošo de guwendere gese. jung forire fucihi hūlarangge, edun aga jakdan i
구석 에서 울리는 것 같다. 종 치는 것 부처 읽는 것[162] 바람 비 소나무 의

—— ◦ —— ◦ —— ◦ ——

문수보살(文殊菩薩)과 함께 제사 지낼 것을 준비하고 부처님께 재를 올렸습니다. 선(善)을 행하는 남자들, 정성을 다하는 여자들, 오늘 하루 법회를 하면 반드시 큰 행복과 이익을 얻을 것입니다."

하고 또

"장(張)선생 벌써 오셨습니까? 너희들은 법기(法器)를 옮겨라. 날이 밝은 후 부인과 소저께 향을 피우도록 초청하러 가자."

향이 타올라 구름 펼쳐지는 것처럼 맺히고, 진언을 노래하면 밀물처럼 밀려왔다. 번자(幡子)의 그림자가 나부끼며, 여러 단월(檀越)이 모두 이르렀다.

【주마청(駐馬聽)】
북의 소리, 바라의 울림,
2월의 봄 천둥이 불당의 구석에서 울리는 것 같다.
종 치는 소리, 불경 읽는 소리,
바람과 비가 소나무의

158) hing sere : 정성을 다하는 모습을 형용하고 있다.

159) 가토본과 동양문고본에서 agūra로 쓰인 것이 필사본인 초본에서는 일반 사전의 형태와 일치하는 ahūra로 수정되어 있다.

160) 번자(幡子)는 발인할 때 상주가 손에 들고 나가는 좁고 긴 조기(弔旗)이다.

161) 단월(檀越)은 시주(施主), 곧 중에게 또는 절에 물건(物件)을 베풀어주는 사람이다.

162) fucihi hūlarangge : 염불 외는 것을 가리킨다.

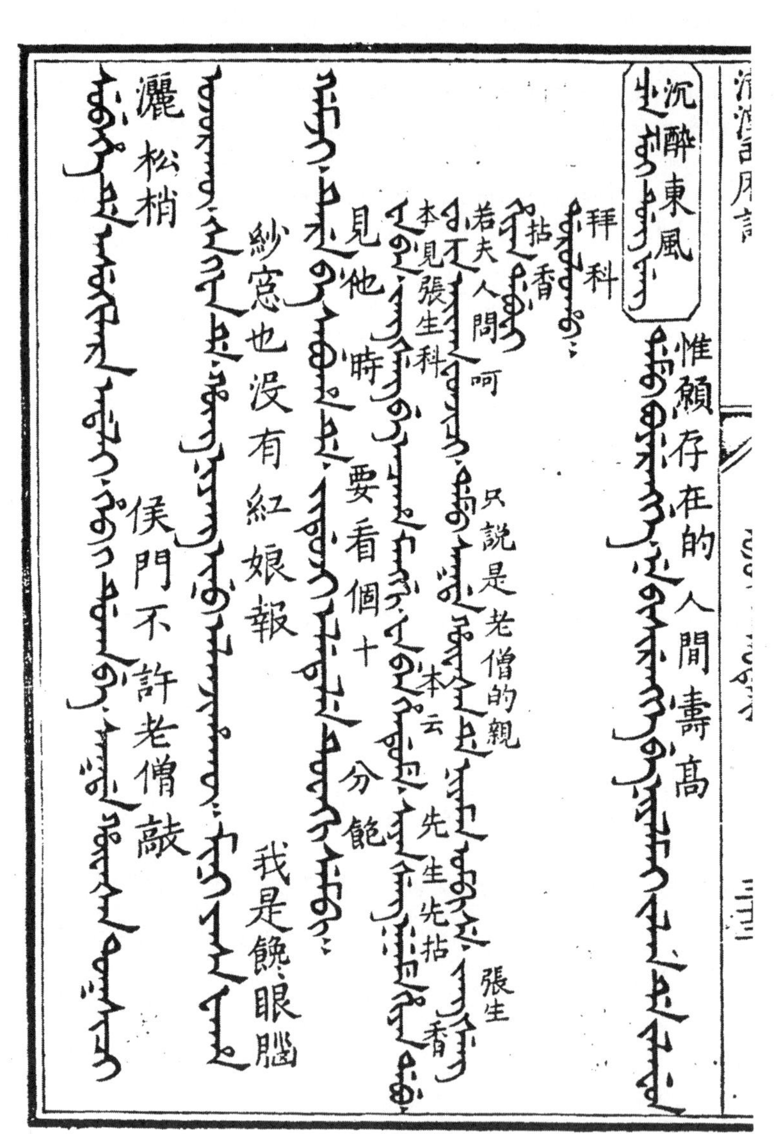
清漢西廂記 三十三

惟賴存在的人間壽高

沉醉東風

拜科

拈香

若夫人問呵 只說是老僧的親 張生

本見張生科 本云先生先拈香

見他時要看個十分飽

紗窗也沒有紅娘報 我是饞眼腦

灑松梢 侯門不許老僧敲

subehe de asukilara adali. heo i duka be sakda hūwašan toksici
가지 끝 에 소리 내는 것 같다. 侯 의 門[163] 을 老 和尙 두드리면

ojorakū. ša i fa de hūng niyan inu alanjihakū. mini yasa faha
안 된다. 紗 의 창 에 紅 娘 도 알리러오지 않았다. 나의 눈동자

gamji tere be sabuha de, jiduji eletele tuwaki sembi.
탐욕스럽게 그 를 봄 에 반드시 실컷 보고자 한다.

fa ben, jang šeng be acaha manggi fa ben hendume siyan šeng neneme hiyan dabu.
法 本, 張 生 을 만난 후 法 本 말하되 先 生 먼저 향 피우라.

fu žin aika fonjici, damu sakda hūwašan de niyaman ombi se. jang šeng
夫 人 만약 물으면 다만 老 和尙 에게 친척 된다 하라. 張 生

hiyan dabufi
향 피우고

doroloho.
예했다.

【cen dzui dung feng】 damu buyerengge, ne bisirengge be niyalmai jalan de jalafun
【沈 醉 東 風】 다만 원하는 것 지금 살아있는 이 를 인간의 세상 에 장수

—— ◦ —— ◦ —— ◦ ——

가지 끝에서 소리 내는 것 같다.
재상집의 문을 노승이 두드리면 안 되고
사창(沙窓)에 홍랑도 알리러오지 않는구나.
나의 눈동자는 탐욕스럽게 소저를 실컷 보고자 한다.

법본이 장생을 만나서 말하기를
"선생께서 먼저 향을 피우십시오. 만약 부인께서 물어보시면 노승의 친척이라 하십시오."
장생이 향을 피우고 예했다.

【침취동풍(沈醉東豐)】
다만 원컨대 지금 살아있는 이는 인간 세상에서 장수하게 하고

163) 후문(候門)은 공후(公侯)의 문(門)으로 고관대작의 문을 가리킨다.

夫人引鶯上 紅娘上云 敝走一遭 犬老請拈香

休悪

佛囉成就了幽期密約

只願紅娘休劣 夫人休覺 犬兒

為先靈禮三寶 再焚香暗中禱告

已過的天上逍遙 我真正

bahakini. neneme akūhangge be abkai ninggude jirgame banjikini, bi yargiyan i
하게 하자. 먼저 죽은 자 를 하늘의 위에 편안하게 살게 하자. 나 정말로

nenehe fayangga jalin ilan boobai de dorolombi. dahime hiyan dabufi, dolori
先 靈 때문 세 보배[164] 에 예한다. 다시 향 피우고 속으로

jalbarime bairengge, damu hūng niyang hatarakū, fu žin sererakū, indahūn
기원하며 바라는 것 다만 紅 娘 싫어하지 않고 夫人 알지 못하고 개

kerkirakū okini. fucihi ainara, butui boljoho. jendu tokotobuha be
짖지 않게 되게 하자. 부처 어찌하느냐. 비밀의 약속했다. 몰래 혼담 결정한 것 을

mutebume acabureo.
이루게 하여 만나게 해주소서.

fu žin, ing ing, hūng niyang be gaifi wesifi hendume jang loo hiyan
夫 人 鶯 鶯 紅 娘 을 데리고 올라서 말하되 長 老 향

dabuki seme solinjiha be dahame, muse emu mudan geneki.
피우자 하며 초대하러 온 것 을 따라 우리 한 번 가자.

—— ◦ —— ◦ —— ◦ ——

먼저 죽은 자는 하늘 위에서 편안하게 살게 하십시오.
진심으로 선령(先靈)을 위해
삼보(三寶)에 예를 한다.
다시 향 피우고 속으로 기원하며 바라는 것은
홍랑이 싫어하지 않고
부인이 알지 못하게 하고
개가 짖지 않는 것이다.
부처님 어찌 할까요? 비밀리에 약속하고
몰래 혼담을 결정한 것을 이루도록 만나게 해주소서.

부인이 앵앵과 홍랑을 데리고 올라가서 말하기를
"장로가 '분향하라' 하며 초대하러 왔으니 우리 가보자꾸나."

---

164) 삼보(三寶)는 부처의 세 보물, 불(佛)과 법(法)과 승(僧)을 가리킨다.

輕盈楊柳腰

粉鼻倚瓊瑤

淡白梨花面

你看檀口點櫻桃

得勝令

怎當你傾國傾城貌

原来是可意種来清醮

我是個多愁多病身

雁兒落

我只道玉天仙離碧霄

【yan el lo】 bi inci gu i abkai enduri niohon tugi ci aljaha sehe,
【雁 兒 落】 나 아마 玉 의 天 仙[165] 푸른 구름 에서 헤어졌다 했다.

dule buyecuke jaka bolgo doocan de jiheni. bi serengge, emu gasara
진정 사랑스러운 사람 깨끗한 道場 에 왔느냐? 나 하는 이 한 근심

mangga, nimere mangga beye. sini gese gurun be haihabure, hoton be haihabure
잘하는 아프기 잘하는 몸. 너와 같이 나라 를 기울게 하고 성 을 기울게 하는

arbun de adarame hamire.[166] 【de šeng ling】 si tuwa, hiyan i angga[167] ingtori
모습 에 어떻게 미치겠느냐? 【得 勝 令】 너 보라 향 의 입 櫻桃

gese fularjambi. fun i gese oforo,[168] gu fiyahan de nikehebi. gincihiyan šeyen
같이 붉게 빛난다. 분 과 같은 코 瓊 瑤[169] 에 기댔다. 빛나는 순백의

ningge, šulhe ilhai gese cira. narhūn celmeringge, burga fodoho i gese
것 배 꽃과 같은 얼굴 가늘고 날씬한 버드나무 와 같은

—— ◦ —— ◦ —— ◦ ——

【안아락(雁兒落)】
옥천선(玉天仙)이 푸른 구름에서 내려왔는가 했더니,
진정으로 사랑스러운 사람아! 깨끗한 도량(道場)에 왔느냐?
나는 다추다병(多愁多病)의 몸이다.
너처럼 경국경성(傾國傾城)의 모습에 어찌 미치겠느냐?

【득승령(得勝令)】
너 보아라.
붉은 입술은 앵두같이 붉게 빛나고,
분 같은 코는 경요(瓊瑤)에 기댔다.
빛나는 순백의 배꽃 같은 얼굴,
가늘고 날씬한 버드나무 같은

165) 옥천선(玉天仙)은 천상(天上)의 선녀(仙女)를 가리키며 선녀와 같이 아름다운 여자의 비유로 쓰인다.
166) 경국경성모 다추다병신(傾國傾城貌 多愁多病身)을 표현한 것으로 중국 고대의 미인상은 경국지색의 미모에 병약하고 수심에 찬 모습이다.
167) hiyan i angga : 만한합벽(滿漢合璧)의 한어(漢語)에서는 단구(檀口)에 대응시키고 있는데 '붉고 아름다운 여인의 입술'을 가리킨다. hiyan이 tiyan이나 tan의 오기(誤記)일 가능성이 있다.
168) fun i gese oforo : 분비(粉鼻)로서 희고 사랑스러운 코를 가리킨다.
169) 경요(瓊瑤)는 아름다운 구슬을 가리킨다.

喬牌兒

大師年紀老 高座上也凝眺

有何見責 請来相見咱 張生見夫人畢

恐夫人見責 夫人云 追薦父母

無可相報 老僧一時應允了

有傲親 是上京秀才 央老僧帶一分齋

老僧一句話 敢禀夫人 父母亡後

苗條一團兒衠是嬌

妖嬈滿面兒堆着俏

[1:34b]

comboli, sunggeljeme ildamu. derei jalu saikan i manggi tuyembumbi.
허리 흔들리며 아름답다. 얼굴의 가득 아름다움 의 만 드러낸다.

haihū kanggili beye gubci nemeyen canggi sabumbi.
유연하고 날씬한 몸 전부 부드러움 만 보인다.

sakda hūwašan de emu gisun bi. gingguleme fu žin de donjibuki, fusihūn i
老 和尙 에게 한 말 있다. 존경하는 夫人 에게 들려주자 소인 의

niyamangga niyalma, ging hecen de simneme genere šusai, ama eniye akūha ci
친족의 사람 京 城 에 시험 보러 가는 秀才 父 母 돌아가심 에서

umai karularangge akū. sakda hūwašan de baime, emu ubu juktere jaka
전혀 보은할 것 없다. 老 和尙 에게 청하여 한 몫 제 지낼 것

nonggireo sere jakade, sakda hūwašan emu erin de alime gaiha. fu žin
더해 주시오 할 적에 老 和尙 한 때 에 받아들였다. 夫人

wakašara ayoo sembi. fu žin hendume ama aja jalin amcame karulara de,
비난 할까 어찌하리오 한다. 夫人 말하되 父 母 때문 追 善함[170] 에

ai wakašara babi. solifi acaki. jang šeng fu žin de acame wajifi.
무슨 질책할 바 있느냐? 초청해서 만나자. 張 生 夫人 에게 만나서 마치고.

【kiyoo pai el】 amba sefu se sakdacibe, den soorin de inu berefi šambi,
【喬 牌 兒】 큰 스승 늙었지만 높은 자리 에 도 어리둥절해서 본다.

—— ◦ —— ◦ —— ◦ ——

허리, 흔들리며 아름답다.
얼굴 가득 아름다움만 드러낸다.
유연하고 날씬한 몸
전부 부드러워 보인다.

"노승이 존경하는 부인께 할 말이 있습니다. 소인의 친척이 경성(京城)에 시험 보러 가는 선비인데, 부모님께서 돌아가신 때부터 전혀 보은할 길이 없었습니다. 노승에게 청하여 한 몫 제 지낼 것을 더해 달라하기에 노승이 바로 받아들였습니다. 그러나 부인께서 비난할까 두렵습니다."
한다. 부인이 말하기를
"부모를 위해 추선(追善)하는데 무슨 질책할 바 있겠습니까? 초청해서 만나도록 합시다."
장생이 부인과 만나고 나서.

【교패아(喬牌兒)】
대사(大師)는 늙었지만
높은 자리에서도 놀라 바라본다.

170) 추선(追善)은 죽은 사람의 명복을 빌며 그 기일 같은 때 불사(佛事)를 행하는 일을 가리킨다.

着小生心癢難撓

〔折桂令〕

看人將淚眼偷瞧

稔色人兒可意冤家怕人知道

鬧元宵

沒顛沒倒

勝似

做罄敲

〔甜水令〕

老的少的村的俏的

擧名的班首真呆僗

將法聰頭

gebu hūlara dalaha hūwašasa yala niorokoi menerefi, fa tsung ni
이름 부르는[171] 우두머리 和尙들 정말 얼이 빠지고 넋이 나가서 法 聽 의

hoto be king seme forimbi. 【tiyan šui ling】[172] sakdangge asihata, albatu
대머리 를 쾅 하고 친다. 【甜 水 令】 늙은이 젊은이들, 천한

ningge, hocikon ningge, beliyen belci gese arbušarangge, hacin i
이 멋있는 이 바보 미치광이 같이 행동하는 이 정월 대보름 의

dobori ci dabanahabi. saikan fiyangga niyalma, gūnin de icangga
밤 보다 넘쳤다. 아름답고 멋진 사람 마음 에 드는

hojo, niyalma sererahū seme niyalma be tuwambihede, yasai muke
미인, 사람 알아챌까 하며 사람 을 바라봄에 눈 물

gelerjeme hūlhame šame ofi. 【je gui ling】[173] buya bithei niyalma niyaman
머금고 훔쳐 바라보게 되고. 【折 桂 令】 小 書 生 심장

—— ◦ —— ◦ —— ◦ ——

창명(唱名)하는 우두머리 화상(和尙)들 진정으로 얼이 빠지고 넋이 나가서
법총(法聽)의 대머리를 쾅 하고 친다.

【첨수령(甛水令)】
늙은이와 젊은이,
천한 이와 멋있는 이,
바보 미치광이 같이 행동하는 이,
정월 대보름날 밤보다 넘쳤다.
아름답고 멋진 사람아,
마음에 드는 미인아,
사람들이 알아챌까 하여 바라보니
눈물 머금고 훔쳐 바라보는구나.

【절계령(折桂令)】
소생의 심장이

---

171) gebu hūlara : '창명(唱名)'을 풀이한 것으로 창명(唱名)은 승려가 염불하며 나무아미타불을 외우는 것을 가리킨다.
172) tiyan šui ling : 동양문고본에는 tiyan šui ing이 쓰였다.
173) je gui ling : 동양문고본에는 절화령(折花令)의 음차로 je kei ing으로 쓰였다.

貪看鶯鶯 燭滅香消

碧玉簫

行者不堪 燭影紅搖 香靄雲飄

點燭的頭陀可惱 燒香的

大師難學 把個慈悲臉兒朦着

淚珠兒似露滴 花梢

哭聲兒似鶯囀喬林

yojohošome wašarangge mangga. songgoro jilgan ing gasha den bujan de
근질거려 긁는 것 어렵다. 우는 목소리 鶯 鳥 높은 숲 에

jorgire gese. yasai muke tuherengge, silenggi ilhai subehe ci sekiyere
지저귐 같다. 눈 물 떨어지는 것 이슬 꽃의 끝 에서 방울지는 것

adali. amba sefu be alhūdarangge mangga. emu šar sere jilangga
같다. 큰 師父 를 본받는 것 어렵다. 한 애처롭게 자비로운

dere be dalihabi. ayan dabure teo to absi fancacuka. hiyan dabure
얼굴 을 감쌌다. 초 피우는 頭 陀[174] 얼마나 안타까우냐. 향 피우는

hing je hon faijima. dengjan i elden gerišeme, hiyan i šanggiyan gūrgilame,
行 者 매우 곤란하다. 등불 의 빛 흔들리며 향 의 연기 타오르며

ing ing be buyeme tuwahai ayan mukiyehe. hiyan gilgaha. 【bi ioi siyoo】[175]
鶯 鶯 을 그리워하며 보면서 초 꺼졌다. 향 사위었다.【碧 玉 簫】

—— ◦ —— ◦ —— ◦ ——

근질거려도 긁을 수 없다.
우는 목소리는 꾀꼬리가 높은 숲에서 지저귀는 것 같다.
눈물 떨어지는 것은 이슬이 꽃 끝에서 방울지는 것 같다.
대사(大師)를 본받기 어렵다.
애처롭게 자비로운 얼굴을 감쌌다.
초 피우는 두타(頭陀)는 얼마나 안타까우냐.
향 피우는 행자(行者)는 매우 곤란하구나.
등불의 빛 흔들리며
향의 연기 타오르며
앵앵을 그리워하며 보는 중에
초가 꺼졌다. 향이 사위었다.

---

174) 두타(頭陀)는 속세의 번뇌를 끊고 청정하게 불도를 닦는 수행, 또는 그 승려를 가리킨다.
175) bi ioi siyoo : 동양문고본, 북경도서관본에서는 bi ioi siyobo로 쓰고 있다.

争似無心好 我多情

人之好 你有心

行者又嚎 沙彌又哨 鴛鴦煞 你須不奪

暢懊惱 響璫ヒ雲板敲

他愁種心苗情思我猜着

我情引眉稍 心緒他知道

mini gūnin faitan i dube de tuyembuhe. mujilen i dorgi be tere saha,
나의 생각 눈썹 의 끝 에 드러났다. 마음 의 속 을 그 알았다.

terei jobošome mujilen de girkūha haji gūnin be, bi buhiyeme
그의 걱정하며 마음 에 전념한 사랑하는 생각 을 나 추측하여

bahanaha. absi akacuka gusucuke. yūn ban be tang tang seme guwembume
알았다. 얼마나 안타깝고 괴롭겠느냐. 雲 板 을 땡 땡 하고 울리도록

forime, hing je geli or sembi. šami geli ar sembi. si kemuni niyalmai
두드리고 行 者 도 오 한다. 沙弥 도 앗 한다. 너 언제나 사람의

amuran be durirakūci acambi. 【yuwan yang ša】 si mujilen de
좋아하는 것 을 빼앗지 않으면 마땅하다. 【鴛 鴦 煞】 너 마음 에

girkūhangge. hono mujilen girkūrakū oci sain bihe. mini gūnin
전념한 것. 오히려 마음 전념하지 않으면 좋았다. 나의 마음

—— ◦ —— ◦ —— ◦ ——

【벽옥소(碧玉簫)】
나의 마음 눈썹 끝에 드러나서,
내 심사를 그녀가 알았구나.
그녀가 걱정스럽게 마음을 다하여
사랑하는 마음을 나 추측하여 알았다.
얼마나 안타깝고 괴롭겠느냐.
운판(雲板)을 '땡땡' 하고 울리도록 두드리고
행자(行者)도 '오!' 한다.
사미(沙弥)도 '앗!' 한다.
너 언제나 사람이 좋아하는 것을 빼앗지 말아야 한다.

【원앙살(鴛鴦煞)】
너 유심(有心)함이 오히려 무심(無心)하면 좋았고

得早 道場散了 酩子裏各回家葫蘆提已到晚

鷄兒早叫 玉人兒歸去得疾 好事兒收拾

勞攘了一宵 月兒早沉 鐘兒早響

那里發付小生

張生云 再做一日也好

小姐回还宅 夫人 小姐 紅娘下 天明了也 請夫人

本 宣疏燒帋科云

蚕被無情惱

kebsehengge, aifini gūnin kebserakūngge (de icakūšabuha).
존재하는 것 이미 마음 존재하지 않은 것 (에 싫어하게 되었다).

fa ben, šu bithe hūlafi hoošan deijifi hendume abkai gerekebi. fu žin
法本 書 글 읽고 종이 태우고 말하되 하늘의 밝았다. 夫 人

siyoo jiyei bedereki. fu žin siyoo jiyei hūng niyang mariha.
小 姐 돌아가자. 夫人 小 姐 紅 娘 되돌아갔다.

jang šeng hendume jai emu inenggi araci inu sain kai.
張 生 말하되 다시 한 날 만들면 또 좋으니라.

buya bithei niyalma be aibade unggimbini.
小 書 生 을 어디에 보내느냐?

dobonio jobome burgišafi biya aifini tuheke. jung aifini foriha.
밤새 수고하며 혼란스럽고 달 벌써 졌다. 鐘 벌써 쳤다.

coko aifini hūlaha. gu i niyalma bedereme genehengge hahi. sain baita be
닭 벌써 울었다. 玉 의 사람 돌아 간 것 급하다. 좋은 일 을

wacihiyahangge erde. doocan facaha. hūlhikasaka meni meni boode bederefi, bilukasaka uthai gereke.
끝낸 것 이르다. 道場 파했다. 어물쩍 각자 집에 돌아가고 슬그머니 곧 밝았다.

—— ◦ —— ◦ —— ◦ ——

나 다정(多情)함이 이미 무정(無情)함에 괴롭구나.

법본이 글을 읽고 종이를 태우면서 말하기를
"날이 밝았으니 부인과 소저께서는 돌아가십시오."
부인, 소저, 홍랑 내려갔다.
장생 말하기를
"하루 더 하면 좋겠구나. 나는 어떻게 하면 좋으냐?"

밤새 수고하며 소란스럽더니
달이 벌써 졌다.
종이 벌써 쳤다.
닭이 벌써 울었다.
옥인(玉人)은 급히 돌아갔고,
법회는 벌써 끝났고,
도량은 파했다.
어물쩍 각자 집에 돌아가고
슬그머니 날이 밝았구나.

琴心第八章

賴婚第七章

請宴第六章

驚寺第五章

滿漢西廂記　卷二

manju nikan si siyang gi bithe. jai debtelin
滿 漢 西 廂 記 卷二

sy be golobuha sunjaci fiyelen
寺 를 놀라게한 다섯째 장

sarilame soliha ningguci fiyelen
잔치하며 초청한 여섯째 장

holbon be aifuha nadaci fiyelen
혼인 을 약속한 일곱째 장

kin i yarkiyaha jakūci fiyelen
거문고 로 유혹한 여덟째 장

—— ◦ —— ◦ —— ◦ ——

만한 서상기 권2

사찰(寺)을 놀라게 한 다섯 번째 장
잔치하며 초청한 여섯 번째 장
결혼 약속을 어긴 일곱 번째 장
거문고로 유혹한 여덟 번째 장

滿漢西廂記

何為哉 大小三軍 聽吾 號令

俺心中 想来 首将尚 然不正 俺獨

事 追薦 父親 多曾 有人 看見

寺 停喪 借居 前日二月十五 做好

西子太真之色 現在 河中府 普救

眉黛 青顰 蓮臉 生春 有傾國 傾城之容

探知 相國崔珏之女 驚匕

俺分 統 五千人 馬 鎮守 河橋

今天下 擾攘 主将 丁文 雅失 政

孫飛虎 領 辛子 上云 自家孫飛虎 的便是 方

警寺第五章

sy be golobuha sunjaci fiyelen
寺 를 놀라게한 다섯째 장

sun fei hū cooha wesifi hendume sun fei hū serengge bi inu. te
孫 飛 虎[176] 군사 올라서 말하되 孫 飛 虎 하는 이 나 맞다. 이제

abkai fejergi facuhūrame aššafi dalaha jiyanggiyūn ding wen ya dasan be
天 下 반란을 일으켜 主 將 丁 文 雅[177] 경권 을

ufarabuhabi. bi sunja minggan cooha be dendefi kadalame ho kiyoo i babe
잃게 했다. 나 5 천 군사 를 나누어 지휘하며 河 橋 의 곳을

seremšeme tuwakiyahabi. urahilame donjici siyang guwe tsui giyoo i sargan jui
방어하여 지켰다. 풍문으로 들으니 相 國 崔 珏 의 딸

ing ing yacin faitan yar seme fulgiyan cira eyerjembi. gurun haihara hoton
鶯 鶯 검푸른 눈썹 가느다랗고 붉은 얼굴 밝고 깨끗하다. 나라 기울게 하고 성

haihara arbun si dzy tai jen i bocoi adali sembi. ne ho jung fu i pu gio
기울게 하는 얼굴 西 子[178] 太 眞[179] 의 색과 같다 한다. 지금 河 中 府 의 普 救

sy de giran be taka sindafi tehebi. cananggi juwe biyai tofohon de sain
寺 에 주검 을 잠시 두고 머물렀다. 전에 2 월의 보름 에

baita weileme ini ama de amcame doocan arara de kejine niyalma sabuha
법회 열고 그의 부친 에 쫓아 祭 올림 에 잠깐 사람 보았다.

bihe. bi kimcime gūnici ujulaha jiyanggiyūn hono tob akū bade mini
나 살펴 생각하니 우두머리인 將軍 마저 바르지 않은 터에 나의

emhun aide isinambi. amba ajige ilan cooha mini fafun selgiyen be donji.
혼자 어디에 이르겠는가. 大 小 三 軍! 나의 布告 를 들어라.

—— ◦ —— ◦ —— ◦ ——

사찰(寺)을 놀라게 한 다섯 번째 장

손비호가 군사를 거느리고 올라와서 말하기를
"나는 손비호이다. 지금 천하에 반란을 일으켜 주장(主將) 정문아(丁文雅)가 실정(失政)하고 내가 5천 군사를 나누어 지휘하고 하교(河橋)를 방어하며 지켰다. 풍문으로 들으니 상국(相國) 최각(崔珏)의 딸 앵앵이 검푸른 눈썹은 가느다랗고 붉은 얼굴은 밝고 맑다 하였다. 나라를 기울게 하고 성을 기울게 하는 미모로, 서자(西子)와 태진(太眞) 같이 아름답다 한다. 지금 하중부(河中府)의 보구사(普救寺)에 부친의 주검을 잠시 모시고 머무르고 있다. 지난 2월 보름에 법회를 열고 그의 부친을 위해 제(祭)를 올릴 때 잠깐 앵앵을 보았다. 내가 살펴 생각하니 주장(主將)도 바르지 않는 터에, 나 홀로 어디에 머물겠는가. 대소삼군(大小三軍)아! 나의 포고를 들어라.

---

176) 손비호(孫飛虎)는 서상기에서 반란군의 수뇌의 이름이다.
177) 정문아(丁文雅)는 서상기에서 당시 혼감(渾瑊)의 군대를 감독하던 환관의 이름으로 손비호의 직계상사이다.
178) 서자(西子)는 춘추 시대 월(越)나라의 미인 서시(西施)이다.
179) 태진(太眞)은 양귀비(楊貴妃)의 호로 당 현종(唐玄宗)이 내려 주었다.

長老 俺 便同 到小姐 房前 商 議 去 俱下

夫人 慌上云 如此 却怎了 怎了

与夫人小姐 只索報知

要擄小姐為妻 老僧 不敢遺 悞

猶如 鐵桶 鳴 鑼 鞞 鼓 吶 喊 搖 旗

虎領半万賊兵 圍 住寺門

法本慌上云 禍事 到 誰想孫 飛

引卒 子下

平生願足

中府 擄 掠 鶯ヒ為妻 是我

人盡啣 枚 馬 皆 勒 口 連夜進兵河

niyalma tome moo ašu. morin i angga be gemu hūwaita. dobori dulime
사람 마다 나무 물어라.[180] 말 의 입 을 모두 묶어라. 밤 세워

ho jung fu i baru dosifi ing ing be oljilafi sargan obuki. ere mini
河 中 府 의 쪽 가서 鶯 鶯 을 빼앗아 아내 삼자. 이 나의

emu jalan i gūnin elehe sefi
한 평생 의 마음 만족했다 하고

cooha gaifi mariha.
군사 데리고 돌아갔다.

fa ben golohoi wesifi hendume jobolon i baita isinjiha. gūnihakū sun
法 本 놀라면서 올라서 말하되 우환 의 일 닥쳤다. 뜻하지 않게 孫

fei hū hontoho tumen hūlha cooha gaifi sy i duka be kahangge
飛 虎 半 萬 도적 군사 데리고 寺 의 문 을 둘러싼 것

selei hunio i adali. can forime tungken tūme geren kaicame tu elkime
철 통 의 같다. 징 울리고 큰 북 치고 여럿이 함성을 지르며 纛 휘두르며

siyoo jiyei be oljilafi sargan obumbi sembi.. sakda hūwašan gelhun akū
小 姐 를 빼앗아서 아내 삼겠다 한다. 老 和尙 감히

elhešerakū. fu žin
지체하지 않는다. 夫 人

siyoo jiyei de alanaki.
小 姐 에게 알리러 가자.

fu žin golohoi wesifi hendume te ainaci ojoro. ainaci ojoro.
夫 人 놀라면서 올라서 말하되 지금 어찌하면 될까. 어찌하면 될까.

jang loo muse sasa siyoo jeyei i boode genefi hebdeneki sefi gemu mariha.
長 老 우리 함께 小 姐 의 집에 가서 의논하러가자 하고 모두 되돌아갔다.

—— ◦ —— ◦ —— ◦ ——

병사들은 하무를 물어라. 말의 입에 재갈을 물려라. 밤 새워 하중부(河中府)에 가서 앵앵을 빼앗아 아내로 삼겠다. 이는 내 한 평생의 소원이다."

하고 말하며 군사 데리고 내려갔다.

법본 놀라면서 올라와서 말하기를

"우환이 닥쳤다. 갑자기 손비호가 반만(半萬) 군사를 데리고 절 문을 철통 같이 둘러쌓다. 징을 울리고 큰 북을 치고 여럿이 함성을 지르며 기 휘두르며 소저를 빼앗아서 아내로 삼겠다고 하는구나. 노승은 결코 지체하지 않고 부인과 소저에게 알리러 가겠다."

부인 놀라면서 올라와서 말하기를

"이 일을 어떻게 해야 할까. 어찌할까. 장로! 우리 함께 소저의 방에 가서 의논합시다."

하고 모두 내려갔다.

---

180) moo ašu ; '나무를 물어라'로 해석되는데 '하무를 물다'는 뜻으로 '하무'는 '군인이 떠들지 못하도록 입에 물리는 나무 막대'를 가리킨다.

滿漢西廂記 二

羅衣寬褪 能消幾個黃昏

早是多愁 那更殘春

懨々瘦損

仙呂 八声甘州 鶯々唱

怨東風

落花無語

是好句有情憐皓月

春天氣 好生傷感也 呵正

張生 神魂蕩漾 茶飯少進 況值暮

鶯々引紅々娘上云 前日道場親見

ing ing hūng niyang be gaifi wesifi hendume cananggi doocan de beye
鶯 鶯 紅 娘 을 데리고 올라서 말하되 전에 道場 에서 친히

jang šeng be sabufi dolo geri fari buda cai be cihakū. tere
張 生 을 보고 마음 황홀하여 밥 茶 를 원하지 않는다. 그

anggala jing niyengniyeri dubesilehe erin ofi absi akacuka, yala
뿐 아니라 바로 봄 저문 때 되서 몹시 애처롭다. 진정

irgebun jabšabufi gūnin amtangga oci genggiyen biya be narašambi.
詩 요행을 얻게하고 마음 홍미로우니 밝은 달 을 그리워한다.

ilha sihafi umaiserakū
꽃 지고 말없으니

dergi edun de gasambi.
동 풍 에 원망한다.

[siyan lioi]【ba šeng gan jeo】〔ing ing ni ucun〕 ališahai macume wasifi
[仙 侶]【八 聲 甘 州】〔鶯 鶯 의 노래〕괴로워하며 수척하여 내려와서

jing jobocuka labdu de geli adarame dubesilehe niyengniyeri de hamimbi.
진정 걱정하는 것 많음 에 또 어찌 저문 봄 에 미치겠느냐.

lo i etuku onco elgiyen oho. giyanakū udu farhūn gergin[181] be dosobumbi.
羅 의 옷 넓고 넉넉해졌구나. 얼마나 황혼 을 견디겠느냐.

——。——。——。——

앵앵이 홍랑을 데리고 올라와서 말하기를
"어제 도량(道場)에서 친히 장생을 보고는 마음이 울렁거려 밥과 차도 먹기 싫더니, 늦봄을 맞아 몹시 안타깝구나. 시구가 좋고 마음이 홍미로우니 밝은 달을 그리워한다. 꽃 지고 말없으니 동풍만 원망한다."

[선려(仙侶)]【팔성감주(八聲甘州)】〔앵앵창(鶯鶯唱)〕
괴로워하며 수척해져서 내려와
진정 걱정하는 것 많으니
또 어찌 저문 봄에 미치겠느냐?
비단 옷이 헐거워졌구나.
얼마나 황혼을 견디겠느냐?

181) farhūn gergin : farhūn gerhin, farhūn gerhen과 동일하다.

蝶粉乍沾飛絮雪

夜池塘夢曉　今朝欄檻辭春

風飄萬點正愁人　昨

極目行雲　況是落紅成陣

混江龍

梨花深閉門　莫去倚闌干

我只是風裊香烟不捲簾　雨打

bi damu edun de hiyan i šanggiyan hūrgibuci hida heterakū aga de
나 다만 바람 에 香 의 내 휘감게 되면 발 걷지 않고 비 에

šulhei ilha lasihibuci uce fita yaksiki. aiseme jerguwen de nikefi
배의 꽃 나부끼면 문 꽉 닫겠다. 어째서 난간 에 기대어

yabure tugi be hatahai šambi. 【hūn giyang lung】 tere dade sigaha fulgiyan[182)]
가는 구름 을 원망하며 보느냐. 【混 江 龍】 그 터에 진 붉은

sektebuhe. edun de tumen fiyentehe deyeme jing niyalma be akabumbi. sikse
깔렸다. 바람 에 만 잎 날아 正히 사람 을 한탄하게 한다. 어제

dobori omo cise de tolhikai gereke. enenggi jerguwen hashan de
밤 연못 에서 꿈을 꾼 채 밝았다. 오늘 난간 에서

niyengniyeri ci aljaha. gefehei fun de deyere talmahan i sirge latuha.
봄 에서 이별하였다. 나비의 粉 에 나는 버들개지 달라붙었다.

——。——。——。——

바람에 향내 휘감기면 발 걷지 않고
비에 배꽃 나부끼면 문 꽉 닫겠다.
어째서 난간에 기대어
가는 구름을 원망하며 바라보느냐?

【혼강룡(混江龍)】
저 곳에 붉은 꽃이 져서 깔렸구나.
바람에 만(萬) 잎 날려 정히 사람을 한탄하게 한다.
어제 밤 연못에서 꿈을 꾼 채 날을 샜다.
오늘 난간에서 봄을 이별하였다.
나비의 분에 나는 버들개지 달라붙었다.

---

182) '꽃'에 해당하는 단어가 만주문에서 발견되지 않는다. 번역상의 오류(誤謬)이다.

油葫蘆

翠被生寒壓繡裀 休將

這被兒熏得香ヒ的 小姐睡他 則個

紅娘云 小姐情思不快 我將

有幾多六朝金粉三楚精神

短柳絲長 隔花人遠天涯近

燕泥已盡落花塵 繫春情

cibin i feye de sihaha ilhai boihon be wacihiyame gamaha. niyengniyeri be
제비 의 집 에 진 꽃의 흙 을 모두 가져갔다. 봄 을

narašara gūnin foholon, fodoho i gargan golmin, ilha giyalame niyalma
그리워하는 생각 짧고, 수양버들 의 가지 길다, 꽃 가로막아 사람

aldangga, abkai buten hanci. ninggun gurun i aisin fun, ilan cu i oori
멀고 하늘의 끝 가깝다. 六 朝 의 金 粉[183], 三 楚[184] 의 精神

simen, giyanakū udu bi.
얼마나 있을까.

hūng niyang hendume siyoo jiyei gūnin mujilen ališara be dahame bi ere
紅 娘 말하되 小 姐의 마음 답답함 을 따라서 나 이

jibehun be sur seme hiyan i wa i fangšafi siyoo jiyei majige ergeki dere.
이불 을 향기롭게 향 의 내 의 피우고 小 姐 조금 쉬어라.

【io hū lu】 alha jibehun šahūrukan šeolehe sishe be gidahabi. ume hiyan
【油 葫 蘆】 閃緞 이불 찬 수놓은 요 를 눌렀다. 香

—— ◦ —— ◦ —— ◦ ——

제비집에 진 꽃의 흙을 모두 가져갔다.
봄을 그리워하는 마음은 짧고 수양버들의 가지는 길다.
꽃이 가로막아 사람은 멀고 하늘의 끝은 가깝다.
육조(六朝)의 금분(金粉), 삼초(三楚)의 정신(精神) 얼마나 있을까.

홍랑 말하기를
"아가씨의 마음이 답답한 것 같아 이불에 향기로운 향내 피웠으니 아가씨, 조금 쉬십시오."

【유호로(油葫蘆)】
섬단(閃緞) 이불이 차갑고 수놓은 요를 눌렀다.

---

183) 육조(六朝)는 남경(南京)에 도읍을 둔 오(吳), 동진(東晉), 송(宋), 제(齊), 양(梁), 진(陳) 여섯 나라를 가리키며 금분(金粉)은 여자들의 장식용 연분(鉛粉)으로 번화기려(繁華綺麗)를 형용하는데 육조(六朝) 시절 금릉(金陵)의 화려한 모습을 표현한 것이다.

184) 삼초(三楚)는 전국시대(戰國時代) 초(楚)나라의 땅을 셋으로 나눈 서초(西楚)・동초(東楚)・남초(南楚)를 가리키는데 이곳에서 훌륭한 선비가 많이 배출되었다고 한다. 지금의 황하(黃河)와 회수(淮水)에서 호남성(湖南省)에 이르는 지역이다.

鎮日價情思睡昏昏

登臨又不快 閒行又困

這些時坐又不安 立又不穩

為何玉堂人物難親近

自温存 分明錦囊佳句來勾引

蘭麝熏 便將蘭麝熏盡 我不解

jarin i fangšara. uthai hiyan jarin i akūmbume fangšakini. bi emhun
麝香 으로 피우지 마라. 곧 香 麝香 으로 마음을 다하여 피우게 하자. 나 혼자

wenjebume bahanarakū. iletu gecuheri fadu saikan gisun[185] i irkinju
따뜻하게 할 수 없다. 분명 비단 주머니 좋은 말 로 꼬드기러 온

manggi ainu gu i yamun i yebcungge niyalma de dosholome halnara
후 어찌 玉 의 堂 의 빼어난 사람[186] 에게 사랑하여 가까워지기

mangga ni. ere ucuri tecibe baibi elhe akū. ilicibe baibi
어려운가. 이 즈음 앉아도 단지 편하지 않다. 서도 단지

toktorakū. den de tafaci baibi sebjen akū. sula ilgašaci
안정되지 않는다. 높은 곳 에 올라도 단지 즐겁지 않다. 한가히 다녀도

baibi šadame inenggidari gūnin mujilen amgaha adali murhu farhūn.
단지 피곤하고 매일 마음 자는 것 같이 혼미하다.

—— ◦ —— ◦ —— ◦ ——

아직 난사향(蘭麝香)을 피우지 마라.
곧 난사향(蘭麝香)으로 마음을 다하여 피우게 하자.
나 혼자 따뜻하게 할 수 없다.
분명 금낭가구(錦囊佳句)로 꼬드기러 온 후
어찌 옥당(玉堂)의 존귀한 사람에게 가까워지기 어려운가?
요즘 앉아도 편하지 않다.
서도 안정되지 않는다.
높은 곳에 올라도 즐겁지 않다.
한가히 다녀도 피곤하고
매일 마음은 자는 것 같이 혼미하다.

---

185) 금낭가구(錦囊佳句)는 금낭가제(錦囊佳製)라고도 하는데 '비단 주머니 안에 있는 아름다운 시구(글)'를 뜻한다. 중국 중당(中唐) 때의 천재 시인 이하(李賀)는 27살로 요절하였는데 7살 때부터 문장을 지을 정도로 유명하였다. 《신당서(新唐書)》 〈이하전〉에 따르면, 이하는 날마다 등에 하나의 비단 주머니를 메고 다니다가 우연히 좋은 시구가 떠오르면 곧 시구를 지어 주머니 속에 넣었다고 한다.

186) 옥당인물(玉堂人物)로서 일반적으로 존귀한 선비를 가리킨다. 옥당(玉堂)은 송(宋)나라 태종(太宗)이 한림원(翰林院)에 옥당지서(玉堂之署)라는 사자(四字)를 하사하여 한림원의 별칭으로 쓰였다. 여기서 '옥당 인물'은 장 군서를 높여 부른 것이다.

你知道我 但見個客人慍的早嗔

不信俺女兒家折了氣分

梅香服侍得勤 老夫人拘繫得緊

那吒令

離身 這些時 他恁般隄備人 小

我但出閨門 你似影兒似不

天下樂

我依你搭伏定鮫綃枕頭兒上盹

【tiyan hiya lo】 bi sini gisun be dahafi giyoo siyoo cirku de nikefi
【天 下 樂】 나 너의 말 을 따라서 鮫 綃[187] 베개 에 기대어

sulaki. bi damu dorgi duka be tucimbihede si helmen i gese beyeci
자고 일어나자. 나 다만 안 문 을 나옴에 너 그림자 의 같이 몸에서

hokorakū. ere ucuri tere ai tuttu niyalma be seremšembi. ajige
떠나지 않는다. 이 즈음 그 어찌 그렇게 사람 을 막는가? 小

mei hiyang ni takūraburengge kicebe, sakda fu žin i jafatarangge cira,
梅 香 의 부려진 것 근면하고, 老 夫 人 의 단속하는 것 엄하고

ai geli bi sargan jui niyalma bime, dere girubure mujanggo. 【no ja ling】
어찌 또 나 여자 아이 사람 인데 체면 부끄럽기 사실이냐. 【那 吒 令】

si mimbe sarangge kai. damu emu tulergi antaha be sabume dule
너 나를 아느니라. 다만 한 바깥 손님 을 보며 진정

—— ◦ —— ◦ —— ◦ ——

【천하락(天下樂)】
너의 말을 따라서 교초(鮫綃) 베개에 기대어 잠깐 자고 일어나겠다.
다만 안쪽 문을 나오면
너는 그림자처럼 몸에서 떠나지 않는구나.
요즘 어머니는 어찌 그렇게 사람을 막는가?
어린 매향(梅香)이 시중드는 것 열심이고,
노부인의 단속하는 것 엄하니
어찌 나 딸인데 부끄럽게 하느냐?

【나타령(那吒令)】
홍랑아, 너는 나를 알지 않느냐.
외간 남자를 만나면 진정으로

187) 교초(鮫綃)는 남해(南海)에 산다는 전설 속의 교인(鮫人), 즉 인어가 짠다는 얇고 가벼운 비단이다. 남조(南朝) 양(梁)나라 때 임방(任昉)이 편찬한 『술이기(述異記)』에 따르면, 그것은 '용사(龍紗)'라고도 부르며, 그것으로 옷을 지어 입으면 물어 들어가도 젖지 않는다고 한다.

一合廻文 誰做針兒將線引

不但句兒句 我兩首新詩 便是

他清新 不但字兒真

鶻踏枝

的便親 我前夜詩依前韻 酬和

厭的倒褪 獨見了那人 兜

便見個親人

manggašahai uthai foskiyambihe. uthai niyamangga niyalma be acaha
부끄러워서 곧 애태웠다 곧 친족의 사람 을 만났다

seme eimekei amasi sosorombihe. damu tere niyalma be sabume baibi
해도 싫어하면서 뒤에 물러났다. 다만 그 사람 을 바라보며 단지

minde haji, mini cananggi yamji ši julergi mudan be dahame inde
나에게 친절하다. 나의 지난 저녁 詩 前 韻 을 따라 그에게

karu acabuhangge bolgo ice. 【ciyo ta jy】 hergen tomorhon i teile
보답 화답한 것 淸新하다.【鵲 踏 枝】 글자 명료할 뿐

akū. gisun neigen i teile akū. mini juwe meyen i ice ši uthai
아니라, 말 고를 뿐 아니라, 나의 두 首 의 새로운 詩 곧

emu defei hūi wen junggin ohobi. we ulme ofi tonggo be yarume
한 폭의 迴 文 비단[188] 됐다. 누가 바늘 되서 실 을 인도하여

—— ◦ —— ◦ —— ◦ ——

부끄러워하면서 애태웠다.
친척을 만나도 싫어하면서 뒤로 물러났다.
다만 그 사람을 바라보니 나에게 친절하다.
어젯밤 시(詩) 전운(前韻)을 따라
그에게 화답한 것이 청신(淸新)하다.

【작답지(鵲踏枝)】
글자 명료할 뿐만 아니라
말 고를 뿐만 아니라
나의 두 수(首)의 새로운 시(詩)
곧 한 폭의 회문금(迴文錦)이 되었다.
누가 바늘 되서 실을 인도하여

188) 회문금(迴文錦)은 '비단으로 회문(迴文)을 짜 넣다'라는 뜻으로, 구성이 절묘하고 문사(文詞)가 아름다운 문학작품을 비유하는 고사성어이다. 전진(前秦)의 두도(竇滔)가 먼 곳으로 유배되자 그의 아내가 회문(迴文)의 시를 지어 비단에 짜서 남편에게 보냈다. 順逆(순역), 縱橫(종횡) 어디로 읽어도 뜻이 통하므로 회문시(迴文詩)라고 불렀다.

滿漢西廂記 五

誰可憐你十年窓下無人問

便知你一天星斗煥文章

不由人口兒作念心兒印我

身兒俊一定性兒溫克情兒順

客薀藉人相你臉兒清秀

向東墻通個慇懃風流

寄生草

[2:5a]

dergi fu i baru kutur fatar be hafumbure ni 【gi šeng tsoo】 ildamu
동쪽 담 의 쪽 친밀함 을 통하게 하느냐.【寄 生 草】 풍류

yebcungge antaha. nesuken amtangga niyalma simbe tuwaci dere bolgo
손님아! 부드럽고 멋있는 사람아! 너를 보면 얼굴 맑고

gincihiyan bime beye girungga, toktofi banin necin bime gūnin akdun.
수려하고 몸 준수하며, 분명히 생김새 온화하며 생각 듬직하다.

niyalma esi seci ojorakū angga de jonome mujilen de hadambi. bi
사람 절로 입 에 늘 이야기하며 마음 에 둔다. 나

sini abkai gubci usiha oron i jerkišere šu yangse be sara gojime
너의 하늘의 모든 星 辰 의 눈부신 文 采 를 알지만

sini juwan aniya fa i fejile niyalma fonjihakū be we jilambi.
너의 십 년 窓 의 아래에서 사람 묻지 않는 것[189] 을 누가 애석히 여기느냐.

—— ◦ —— ◦ —— ◦ ——

동쪽 담으로 친밀함을 통하게 하느냐?

【기생초(寄生草)】
풍류 손님아!
부드럽고 멋있는 사람아!
너를 보면 얼굴 맑고 수려하고 몸 준수하며
생김새 온화하며 생각 듬직하다.
사람이 절로 입에 늘 이야기하며 마음에 둔다.
나는 네가 하늘의 모든 별처럼 눈부신 문채(文采)를 가진 것을 알지만
십 년 동안 창 아래에서 공부한 것을 사람들이 묻지 않은 것을 누가 애석히 여기느냐?

189) juwan aniya fa i fejile niyalma fonjihakū : 십년창하무인간(十年窓下無人間)으로 '십년 동안 부지런히 글공부를 해도 찾는 이가 없다'는 의미로 쓰인 것이다.

袖稍兒揾不住啼痕 一時去住無因
我魂離殼 這禍滅身
六幺序
兒 怎生是了也
我的孩
西子太真之色 要擄你去做壓寨夫人
道你眉黛青顰 蓮臉生春 有傾國傾城之容
今孫飛虎 領半萬賊兵 鬧住 寺門
鶯鶯見夫人科 夫人云 我的孩兒你知道麽 如
姐 夫人 為 何 請 長老直來到房門外 小
夫人法本同上獻門科 紅云

fu žin fa ben sasa wesifi duka toksire de hūng niyang hendume siyoo
夫人 法本 함께 올라서 문 두드림 에 紅 娘 말하되 小

jiyei fu žin ainu jang loo be solifi šuwe booi uce tule isibume gajihani.
姐 夫人 어찌 長 老 를 초청해서 곧장 집의 문 밖 이르게 하여 데려왔느냐.

ing ing fu žin be acaha manggi fu žin hendume jui haji, si sambio. sun
鶯 鶯 夫人 을 만난 후 夫 人 말하되 아이 사랑한다, 너 아느냐? 孫

fei hū te hontoho tumen hūlha cooha gaifi sy i duka be kafi
飛 虎 지금 半 萬 도적 군사 데리고 寺 의 문 을 에워싸고,

simbe yacin faitan yar seme fulgiyan cira eyerjembi. gurun haihara hoton
너를 검푸른 눈썹 가느다랗고 붉은 얼굴 윤이 난다. 나라 기울이고 성

haihara arbun. si dzy tai jen i boco bi seme simbe oljilame gamafi šancin i
기울게 하는 얼굴. 西 子 太 眞 의 색 있다 하며 너를 생포하여 데려가 山寨 의

boigoji obuki sembi. jui
부인 삼고자 한다. 아이

haji ainaci ojoro.
사랑한다. 어찌 해야 할까.

【lu yoo sioi】 mini fayangga beye ci aljaha. ere jobolon de beye mukiyembi.
【六 么 序】 나의 영혼 몸 에서 떨어졌다. 이 우환 에 몸 스러진다.

ulhi wahan i yasai muke be fume wajirakū. ne je geneci bici banjinarakū.
소맷 부리 로 눈 물 을 닦아 끝나지 않는다. 당장 가도 있어도 살아가지 못한다.

—— ◦ —— ◦ —— ◦ ——

부인이 법본과 함께 올라와서 문 두드리니, 홍랑이 말하기를
"아가씨! 부인께서 어째서 장로를 모시고 집 문 밖에 오셨을까요?"
앵앵이 부인을 만난 후 부인이 말하기를
"사랑하는 아이야, 너 아느냐? 손비호가 지금 5천 군사 데리고 절의 문을 에워싸고 '검푸른 눈썹은 가느다랗고 붉은 얼굴은 윤이 난다. 나라를 기울게 하고 성을 기울게 하는 미모로, 서자(西子)와 태진(太眞) 같이 아름답다 한다.'하며 너를 데려가 산채(山寨)의 부인 삼겠다고 한다. 사랑하는 아이야, 이 일을 어쩌면 좋을까."

【육요서(六么序)】
나의 영혼 몸에서 떨어졌다.
이 우환에 몸이 스러진다.
소맷부리로 눈물을 닦아도 그치지 않는다.
당장 거기에 가도 여기에 있어도 살아가지 못한다.

滿漢西廂記

眉黛青顰 蓮臉生春 傾國傾城

風聞胡云 道我

後

征雲冉〻 土雨紛〻

赤緊的先〻我的有福人 耳邊金鼓連天震

孤孀母子無投奔

進退無門 教我那窩兒人急偎親

dosici bedereci duka akū. meni uksura be hafirabuhai, niyamangga
들어와도 돌아가도 문 없다. 우리의 支族 을 곤경에 처하게 한 채, 친족

niyalma be baibuci emteli anggasi eme jui aibide dosime genere.
을 구하게 해도 고독한 과부 한 아이 어디에 들어 가겠는가.

hahi oyon de mini engšengge age akū oho kai. šan i da de tungken can
돌연 나의 복 있는 당신 죽었느니라. 귀 의 뿌리 에 북 징

abkai sasa durgembi. dain i tugi guksen guksen, buraki toron burgin
하늘의 함께 진동한다. 전쟁 의 구름 뭉게뭉게 먼지 분분하다.

burgin. 【mudan i amargi】 urahilame donjici bahai hendurengge mimbene[190].
【曲 의 後】 전해 들으니 함부로 말한 것 나를 지금

yacin faitan yaršeme fulgiyan cira eyerjembi. gurun haihara, hoton
검푸른 눈썹 가느다랗고 붉은 얼굴 윤이 난다. 나라 기울이고 성

—— ◦ —— ◦ —— ◦ ——

들어와도 돌아가도 문이 없다.
우리 지족(支族)을 곤경에 처하게 하고서 친족을 구한다 해도
고독한 과부와 아이는 어떻게 살아가겠는가.
복 받은 나의 남편 갑자기 죽었느니라.
귀뿌리에 북과 징 소리가 하늘에 진동한다.
전쟁의 구름 뭉게뭉게 일어나고
먼지가 분분하다.

【후편(後編)】
전해 들으니
검푸른 눈썹 가느다랗고 붉은 얼굴 윤이 난다.
나라 기울이고

190) mimbene : 일반 사전에서 확인되지 않는다. mimbe ne로 분리하면 '나를 지금'으로 풀이된다.

博望燒屯

天宮般蓋造 誰敢問 便做出諸葛孔明

恣情的擄掠人民 他將這

那廝於家於國無忠信

軍 半霎兒便待剪草除根

西子太真 把三百僧人 他半萬賊

haihara si dzy tai jen i adali. ilan tanggū hūwašan be ceni hontoho
기울이는 西 子 太 眞 의 같다. 삼 백 和尙 을 그들의 半

tumen hūlhai cooha dartai uthai orho be hadure, fulehe be geterembure
萬 도적의 군사 잠시 곧 풀 을 베고, 뿌리 를 제거시키는 것

gese obumbi sembi. tere ahasi boo de gurun de tondo akdun
같이 되게 한다 한다. 그 종들 집 에 나라 에 忠 信

akū. gūnin cihai niyalma irgen be oljilame tabcilambi. i enteke
없다. 마음대로 백성 을 빼앗는다. 그 이렇게

abkai gung ni adali weilehe be fonjire isiko.[191] uthai juku kung
하늘의 궁 과 같이 지은 것 을 묻겠느냐. 곧 諸葛 孔

ming ni gese bu wang ni isabuha be gilgabuki sembi.
明 과 같이 博 望[192] 의 모인 것 을 불사르게 하고자 한다.

—— ◦ —— ◦ —— ◦ ——

성 기울이는 서자(西子) 태진(太眞)과 같다.
삼 백 화상을 5천 군사가 풀을 베고, 뿌리를 제거하는 것처럼 죽이겠다 한다.
그 종 녀석들 집과 나라에 충성하는 마음이 없다.
마음대로 백성을 노략질한다.
그가 이렇게 천궁(天宮)처럼 지은 것을 신경이나 쓰겠느냐?
곧 제갈공명(諸葛孔明)처럼 박망(博望)에 모인 것을 불사르게 하고자 한다.

---

191) isiko : 일반 사전에서 확인되지 않는 어휘다. 만한합벽(滿漢合璧)의 한어(漢語)에서는 추문(瞅问)으로 대응시키고 있는데 '거들떠보겠느냐'의 뜻이다.

192) 박망(博望)은 삼국지에서 제갈공명이 화공(火攻)으로 조조와 적벽에서 싸울 때 하후돈(夏侯惇)을 물리쳤던 지명이다.

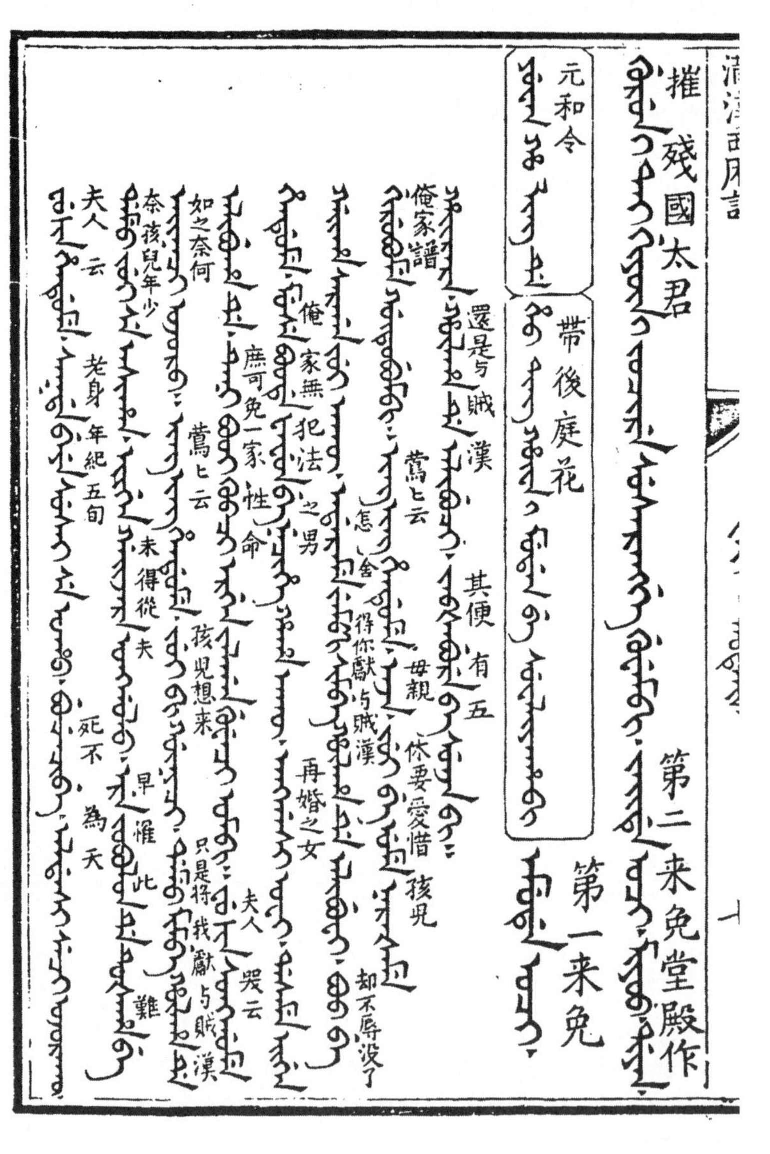

滿漢西廂記

摧殘國太君

第二来免堂殿作

第一来免

帶後庭花

元和令

還是与賊漢 其便 有五

俺家譜 鶯鶯云 母親 休要愛惜 孩兒

怎舍得你獻与賊漢 却不辱没了

俺家無犯法之男 再婚之女

庶可免一家性命 夫人哭云

如之奈何 鶯鶯云 孩兒想来 只是将我獻与賊漢

奈孩兒年少 未得從夫 早罹此難

夫人云 老身年紀五旬 死不為夭

fu žin hendume sakda beye susai se oho. bucecibe aldasi seci ojorakū
夫人 말하되 늙은 몸 오십 세 되었다. 죽어도 요절 하면 되지 않는다.

damu jui se asihan eigen gaijara onggolo ere jobolon de tušaha be
다만 아이 나이 젊고 남편 얻기 전에 이 근심 에 만난 것 을

ainaci ojoro. ing ing hendume jui bi gūnici damu mimbe hūlha de
어찌하면 하는가? 鶯 鶯 말하되 아이 나 생각하니 다만 나를 도적 에게

alibuha de teni booi gubci ergen jalgan guweci ombi. fu žin songgome
바침 에 비로소 집의 모두 목숨 수명 사면할 수 있다. 夫人 울며

hendume muse boode fafun be necihe haha akū. anggasi ofi dasame eigen
말하되 우리 집에 법 을 어긴 남자 없다. 과부 되어서 다시 남편

gaiha sargan jui akū, adarame jempi simbe hūlha de alibufi boo be
얻은 딸 없다. 어찌 차마 너를 도적 에게 바치고 집 을

girubume ūtubumbi. ing ing hendume aja jui be ume narašame
부끄럽게 하며 더럽히겠는가. 鶯 鶯 말하되 어머니 아이 를

hairara. hūlha de alibuci jabšabure ba sunja bi.
아쉬워하지 마세요. 도적 에게 바치면 이익 얻게 될 바 다섯 있습니다.

【yuwan ho ling de】【heo ting hūwa i mudan be suwaliyahabi】[193] emude oci
【元 和 令 에】【後 庭 花 의 곡 을 섞었다】 첫째 는

gurun i tai giyūn i jocire susarangge guwembi. jaide oci miyoo diyan
나라 의 太 君[194] 의 피해 입는 것 면한다. 둘째 는 廟 殿

——∘——∘——∘——

부인 말하기를

“나는 오십 세니 지금 죽어도 요절은 아니다. 다만 너는 어리고 시집도 못 갔는데, 이런 근심을 만났으니 어찌해야 하는가?”

앵앵 말하기를

“제가 생각하니, 저를 도적에게 바치면 집에 있는 사람들이 모두 목숨을 구할 수 있을 것입니다.”

부인 울며 말하기를

“우리 가문에 법을 어긴 남자도 없고, 과부 되어서 다시 남편을 얻은 아내도 없는데 어찌 너를 도적에게 바치고 가문을 부끄럽게 하며 더럽히겠느냐.”

앵앵 말하기를

“어머니, 저를 아끼지 마세요. 저를 도적에게 바치면 다섯 가지 이익이 있습니다.”

【원화령(元和令)에】【후정화(後庭花)의 곡을 섞었다】
첫째는 나라의 태군(太君)이 피해 입는 것을 면하고
둘째는 묘전(廟殿)이

193) suwaliyahabi : 초본에는 suwayahabi로 쓰였는데 오기(誤記)로 판단된다.
194) 태군(太君)은 관원의 모친에 대한 봉호(封號)이다.

伽藍火内焚
諸僧血汚痕

若鶯〻惜已身
不行從乱軍

莫崔家後代兒孫

第五来歡郎雖是未成人

第四来 先公的靈柩穩

灰塵

第三来 諸僧無事得安存

滿漢西廂記

hukun buraki ojoro ci guwembi. ilaci de oci geren hūwašasa de
먼지 티끌 됨 에서 면한다. 셋째 에 는 여러 和尙들 에게

baita akū ofi elhe ekisaka be bahambi. duici de oci nenehe
일 없고 평안함 조용함 을 얻는다. 넷째 에 는 先

gung ni giran taksimbi. sunjaci de oci hūwan lang udu hahardara
公 의 주검 남는다. 다섯째 에 는 歡 郞 비록 어른이 되지

unde bicibe inu tsui halangga booi amaga jalan i juse omosi
못하였지만 또 崔 姓의 집의 後 代 의 자손들

ombi. ing ing be aikabade mini beye be hairame facuhūn cooha be
된다. 鶯 鶯 을 만약 나의 몸 을 아껴 반란 군 을

daharakū oci giyei lan enduri tuwa de gilgambi. geren hūwašasa
따르지 않으면 伽 藍 神 불 에 사른다. 여러 和尙들

—— ◦ —— ◦ —— ◦ ——

먼지와 티끌이 되는 것을 면하고
셋째는 여러 화상들이 일 없이 평안하고 조용한 것을 얻고
넷째는 선공(先公)의 주검이 남고
다섯째는 환랑(歡郞)이 아직 어른이 되지 못하였지만 최(崔)씨 집안의 자손을 남길 수 있습니다.
만약 내 몸을 아껴 반란군을 따르지 않으면
가람(伽藍)신은 불에 타고
여러 화상들이

滿漢西廂記

你們得遠害全身

将屍櫬獻与賊人

套頭尋個自盡

果然辱沒了家門

俺不如白練

兒不留齬齕

待從軍

痛哉慈母親

柳葉兒

俺一家

先靈為細塵

可憐愛弟親

senggi biljambi. nenehe niyalmai giran fulenggi ombi. tangsu deo haji
피 물든다. 先 人의 주검 재 된다. 불쌍한 동생

jilakan seci gosingga ajai baili akacuka. 【lio ye el】 musei
가련하다 하니 어진 어머니의 은혜 안타깝다. 【柳 葉 兒】 우리의

booi gubci arda dorhon juse[195] seme funcerakū ombi. cooha be dahaki
집의 전부 철없는 일곱살 아이 해도 남지 않게 된다. 군사 를 따르고자

seci yargiyan i boo uce be girubume gūtubumbi. bi inemene
하면 진실로 家 門 을 부끄럽게 한다. 나 차라리

šanggiyan hanggisun be meifen de tabume beyebe araki. giran be hūlha de
흰 손수건 을 목 에 걸고 자살하자. 주검 을 도적 에게

alibuci suwe hono jobolon ci ukcafi beye yooni ombi.
내어주면 너희 다시 근심 에서 벗어나고 몸 온전히 된다.

—— ◦ —— ◦ —— ◦ ——

피로 물들고
선인(先人)의 주검이 재가 됩니다.
불쌍한 동생 사랑스럽고 가련하며
어진 어머니의 은혜를 갚지 못해 안타깝습니다.

【유엽아(柳葉兒)】
우리 집은 젖먹이 아이도 남지 않게 된다.
도적을 따르고자 하면 진실로 가문(家門)을 부끄럽게 한다.
내가 차라리 흰 손수건을 목에 걸고 죽겠다.
내 주검을 도적에게 내어주면
모두 다시 근심으로부터 벗어나고 몸도 지킬 수 있을 것이다.

---

195) arda dorhon juse : 만한합벽(滿漢合璧)의 한어(漢語)에서는 齠齔(초친)으로 대응시키고 있는데 '이를 갈 나이의 어린이'라는 뜻이다. 그런데 만주어에서 arda는 '경험이 없는 어린 아이'를 뜻하고 dorhon은 만주어에서 확인되지 않는 어휘로 몽골어에서 일곱을 뜻하는 dolugan의 차용어이다.

法本云 咱每同到法堂上 問兩廊下僧俗
有高見的 一同商
議個長策 同到科 夫人云 我的
孩兒 却是怎的 是你母親有一句話
本不捨得你 却是出於無奈
如今兩下衆人不問僧俗
但能退得賊兵的 你母親
做主 倒陪房奩 便欲把你送与他為妻
雖不門當戶對 還強如陷於賊人
夫人哭云 長老便在法堂上
將此言与我高叫著 我的孩兒只是苦了你也
本云 此計較可

fa ben hendume muse uhei fa tang de genefi juwe dalbai nanggin i fejergi
法 本 말하되 우리 모두 法 堂 에 가서 두 곁의 회랑 의 아래

hūwašan, an i niyalma de fonjiki. aika šumilame sarangge bici uhei
和尙 俗 人 에게 묻자. 만약 깊이 아는 이 있으면 전부

emu golmin arga be hebešeki sefi sasa isinaha. fu žin hendume jui
한 長 策 을 의논하자 하고 함께 도착했다. 夫 人 말하되 아이

haji. adarame ohode teni sain ombi. sini aja de emu gisun bi.
사랑스럽다. 어떻게 함에 비로소 좋을까. 너의 어머니 에게 한 말 있다.

yargiyan i simbe hairarakūngge waka. umainaci ojorakūci banjinahangge.
정말로 너를 아끼지 않는 것 아니다. 어찌할 수 없으면 살길 찾는 것이다.

te juwe dalbai nanggin i fejile, geren i dorgide an i niyalma hūwašan be
이제 두 곁의 회랑 의 아래, 여럿 의 안에 俗 人 和尙 을

ilgarakū. hūlhai cooha be bederebume muterengge bici aja bi
구별하지 않는다. 도적의 군사 를 물리칠 수 있는 이 있으면 어머니 나

salifi nememe tetun šumhan fudeme simbe uthai tede sargan obuki.
주관해서 먼저 혼수 보내어 너를 곧 그에게 부인 되게 하자.

udu duka uce teisu tehererakū bicibe kemuni hūlha de
비록 큰문 작은문 서로 맞지 않아도[196] 오히려 도적 에게

lifaraci[197] ai dalji. fu žin songgome hendume jang loo uthai fa
빠지면 무슨 관계냐. 夫 人 울면서 말하되 長 老 곧 法

tang de ere gisun be den jilgan i hūla. eniyei jui damu sinde sui
堂 에 이 말 을 큰 소리 로 외쳐라. 어머니의 아이 다만 너에게 죄

ohobi. fa ben hendume ere arga yala ombi.
되었다. 法 本 말하되 이 방법 정말로 된다.

—— ∘ —— ∘ —— ∘ ——

법본 말하기를
"우리 모두 법당(法堂)에 가서 양쪽 회랑의 아래에서 화상들과 속인(俗人)들에게 물어봅시다. 만약 깊이 아는 이가 있으면 책략을 의논하도록 합시다."
하고 함께 도착했다.
부인 말하기를
"사랑스러운 아이야, 어떻게 하면 좋을까. 내가 어머니로서 할 말이 있구나. 정말로 너를 아끼지 않는 것이 아니다. 어찌할 수 없으면 살 길이 생기는 것이다. 양쪽의 회랑 아래 여러 사람 사이에서 속인(俗人)과 화상을 구별하지 않겠다. 도적의 군사를 물리칠 수 있는 이 있으면 내가 주관해서 먼저 혼수를 보내 너를 그 사람에게 시집보내겠다. 비록 문당호대(門堂戶對)하지 않더라도, 오히려 도적에게 시집을 가면 무슨 소용이 있겠느냐."
부인이 울면서 말하기를
"장로께서는 곧 법당에 이 말을 큰 소리로 선포해주십시오. 내 딸아! 너만 희생되는구나."
법본이 말하기를
"이 방법이 제일 괜찮습니다."

---

196) duka uce teisu tehererakū : 문당호대(門堂戶對)의 의미로 문벌(門閥)이 서로 어슷비슷하며 결혼 조건이 서로서로 구비된 상대(相對)를 가리킨다.

197) 만주어 연결어미 -ci가 미완료상어미 -ra 뒤에서 분철되어 쓰이고 있다.

與英雄結婚姻 為秦晉

烟塵 到賠家門 情愿

立功勛 殺退賊軍 掃蕩

這一身 不揀何人 建

對人一言難盡 你便莫惜鶯鶯

母親你都為了鶯鶯身 你

青哥兒

【cing ge el】 aja si eiterecibe ing ing beyei jalin bodohoi, si
【青 哥 兒】 어머니 너 어떻든 鶯 鶯 자신의 때문 고려하여서 너

niyalmai baru emu gisun de wacihiyame muterakū. si ine mene ing
사람에게 한 말 에 끝낼 수 없다. 너 차라리 鶯

ing ni emu beyebe ume hairandara. yaya niyalma be ilgarakū. gung
鶯 의 한 몸을 소중히 여기지 마라. 전부 사람 을 구별하지 않는다. 功

faššan ilibume yabufi hūlhai cooha be wame bederebufi buraki
공적 세워 행하고 도적의 군사 를 죽여 후퇴하게 하고 먼지

toron be erime geterembuci boo boigon be bume fudefi cihangga
를 청소하면 家 産 을 주어 혼수하고 기꺼이

baturu mangga de niyaman jafafi cin jin adali oki.
영웅 에게 결혼해서 秦 晉[198] 같이 되자.

—— ◦ —— ◦ —— ◦ ——

【청가아(青哥兒)】
어머니 저를 생각해서,
사람들에게 한 말을 거둘 필요 없습니다.
차라리 저의 한 몸을 소중히 여기지 마십시오.
모든 사람을 구별하지 않습니다.
공적을 세워서 행하고
도적의 군사를 죽여 후퇴하게 하고
먼지를 청소하면
가산(家産)을 주어 혼수하고
기꺼이 영웅과 결혼해서
진진(秦晉) 같이 될 것입니다.

198) 진진(秦晉)은 진(秦)과 진(晉) 두 나라가 대대로 혼인(婚姻)을 하였다는 사실(事實)에서 양편의 우의가 두터움을 이르는 말이다.

不要你廝殺 你出去与賊頭說 夫人

請先生別換一個 張生云 你休慌

本云 老僧不會廝殺 先用着長老

既是您的 小生有計

便将小姐与他為妻 張生云

說下 但有退得賊兵的

若明 其計必成 夫人云 恰纔与長老

重賞之下必有勇夫 賞罰

夫人云 計將安在 張生云 稟夫人

云 稟夫人 這秀才便是前十五日附齋的敝親

兵之 計 何不問我 見夫人科 本

法本叫科 張生鼓掌上云 我有退

fa ben hūlaha manggi jang šeng falanggū dume wesifi hendume minde cooha
法本 부른 후 張 生 손바닥 치며 올라와서 말하되 나에게 군사

bederebure arga bi. ainu minde fonjirakū sefi fu žin be acaha fa
후퇴시킬 계책 있다. 어찌 나에게 묻지 않느냐 하고 夫人 을 만났다. 法

ben fu žin de alame ere šusai uthai cananggi tofohon i doocan de jihe
本 夫人 에게 아뢰되 이 秀才 곧 전에 보름 의 道場 에 온

niyamangga niyalma. fu žin hendume arga adarame. jang šeng hendume fu žin de
친족 사람. 夫人 말하되 방법 어떠한가. 張 生 말하되 夫人 에게

alaki. ujen šang ni fejile urunakū baturu haha bi sehebi. šang koro
아뢰마. 重 賞 의 아래 반드시 용맹한 남자 있다 하였다. 賞 罰

getuken oci arga urunakū mutebumbi. fu žin hendume teike jang loo i
분명하면 방법 반드시 가능하게 된다. 夫 人 말하되 방금 長 老 의

emgi gisurehe bihe. damu hūlhai cooha be bederebume muterengge bici
함께 말하였다. 다만 도적의 군사 를 물리칠 수 있으면

uthai ajige sargan jui be tede sargan obumbi sehe. jang šeng hendume
곧 어린 딸 을 그에게 부인 삼게 한다 했다. 張 生 말하되

unenggi uttu oci buya bithei niyalma de arga bi. neneme jang
정말 이러하면 小 書 生 에게 방법 있다. 먼저 長

loo be baitalambi. fa ben hendume sakda hūwašan afame bahanarakū.
老 를 이용한다. 法 本 말하되 老 和尙 싸우는 것 이해하지 못한다.

bairengge siyan šeng encu emke halareo. jang šeng hendume si ume
원하는 것 先 生 다른 한 사람 바꾸시오. 張 生 말하되 너

goloro. simbe afaburakū. si tucifi hūlha da de hendu. fu žin i
놀라지 마라. 너를 싸우게 하지 않는다. 너 나와서 도적 두목 에게 말하라. 夫 人 의

—— ◦ —— ◦ —— ◦ ——

법본이 선포한 후 장생이 손뼉을 치며 올라와서 말하기를
"저에게 군사를 물리칠 계책이 있습니다. 어찌 저에게 묻지 않았습니까?"
하고 부인을 만났다.
법본이 부인에게 아뢰되,
"이 선비는 바로 전날 보름에 도량에 왔던 친척입니다."
부인 말하기를
"방법이 무엇이냐?"
장생 말하기를
"부인께 아뢰겠습니다. 중상(重賞)의 아래 반드시 용맹한 남자 있다 하였습니다. 상벌(賞罰)이 확실하면 방법은 반드시 생기게 됩니다."
부인 말하기를
"방금 장로와 함께 말하였다. 도적의 군사를 물리칠 수 있으면 어린 딸을 당신의 부인으로 삼아도 좋다고 했다."
장생 말하기를
"정말 그렇다면 소생에게 방법이 있습니다. 먼저 장로를 이용하겠습니다."
법본 말하기를
"노승은 싸우지 못합니다. 부탁하건대 선생은 다른 사람으로 바꾸어주십시오."
장생 말하기를
"놀라지 마십시오. 당신을 싸우게 하지 않습니다. 당신은 나가서 도적 두목에게 말하십시오.

若果得白馬將軍肯來特 何慮有一百 係飛虎

必來救我 本云 稟夫人

我修書去

鎮守蒲關 兄統十万大軍 小生与他八拜至交

號為白馬将軍 姓杜名確 張生云

小生有一故人

一來孝服在身 本云 言後何如 二來与軍不利你去説

禮服 然後方送來与將軍 不爭便送來 改換

拜别相国靈柩

可按甲束兵退一箭之地 待三日功德圓滿

的命 小姐孝服在身 将軍要做女壻呵

gisun. siyoo jiyei beye de sinagan bi. jiyanggiyūn hojihon oki seci
말 小 姐 몸 에 상복 있다. 將軍 사위 되고자 하면

uksin cooha be gabtan i dubede bederebufi aliya. ilan inenggi doocan i
甲軍 을 화살 사정거리 의 끝에 후퇴시키고 기다려라. 삼 일 道場 의

baita jalufi siyang guwe ūren ci fakcara doroi dorolofi doroi
일 가득하고 相 國 靈柩 에서 헤어지는 예로 예하고 朝

etuku halafi teni jiyanggiyūn de benjici ombi. uthai uttu
服 바꾸어 곧 將軍 에게 보내오면 된다. 곧 이렇게

benjici emude oci beyede sinahi bi. jaide oci cooha de soroki
보내면 첫째 는 몸에 상복 있다. 둘째 는 군사 에게 기피하자

seme alana. fa ben hendume ilan inenggi oho manggi ainambi. jang šeng
하고 알리러 가라. 法 本 말하되 삼 일 된 후 어찌하는가. 張 生

hendume buya bithei niyalma de emu fe gucu bi. hala du gebu kiyo
말하되 小 書 生 에게 한 옛 친구 있다. 姓 杜 이름 確

colo suru morin i jiyanggiyūn sembi. ne juwan tumen amba cooha be
호 白 馬 의 將軍 한다. 지금 十 萬 大 軍 을

gaifi pu guwan furdan de seremšeme tuwakiyahabi. buya bithei niyalma
데리고 蒲 關 關門 에서 방어하며 지켰었다. 小 書 生

terei emgi dorolome falime guculehe be dahame bi bithe arafi
그의 함께 예하여 사귀어 친구된 것 을 따라서 나 글 지어

unggici urunakū mimbe aitubume jimbi. fa ben hendume fu žin de alaki.
보내면 반드시 나를 구하러 온다. 法 本 말하되 夫 人 에게 아뢰자.

unenggi suru morin i jiyanggiyūn be bahaci tanggū sun fei hū okini.
진실한 白 馬 의 將軍 을 얻으면 백 孫 飛 虎 되게 하자.

—— ◦ —— ◦ —— ◦ ——

부인의 말로는 소저가 상중에 있다고 합니다. 장군이 사위 되고자 한다면 갑군(甲軍)을 화살 사정거리만큼 멀리 후퇴시키고 기다리십시오. 삼일 동안 도량의 일이 많고, 상국(相國) 운구(運柩)에서 헤어지는 예를 하고, 조복(朝服)으로 옷을 바꾸어 입고 장군에게 보내면 됩니다. 지금 이렇게 보내면 첫째, 소저가 상복을 입고 있다. 둘째, 군사에게 물러가 있으라. 하고 알리러 가십시오."

법본 말하기를

"삼 일 지난 후에는 어떻게 합니까."

장생 말하기를

"소생에게 옛 친구 한 명이 있습니다. 성(姓)은 두(杜)이고, 이름은 확(確)이며, 호는 백마(白馬)장군입니다. 지금 십만 대군을 거느리고 포관(蒲關) 관문(關門)을 지키고 있습니다. 소생이 그와 함께 예하고 사귀어 친구가 되었으므로 편지를 써서 보내면 반드시 구하러 올 것입니다."

법본 말하기를

"부인께 말씀드립시다. 백마(白馬)장군을 얻으면 백 명의 손비호라 해도 상관없습니다.

滿漢西廂記 上

夫人請放心者 夫人云 如此多謝

先生 紅娘你伏侍小姐回去者

鶯鶯云 紅娘

真難得他也

諸僧伴 各逃生 衆家眷 誰

偢問 他不相識 橫枝兒着緊

非是他書生 叨議論

也自防玉石俱焚 甚姻親

ainarahū sembi. fu žin mujilen sidaraki. fu žin hendume uttu oci
어찌할까 한다. 夫人 마음 진정시키자. 夫人 말하되 이러하면

siyan šeng ambula baniha kai. hūng niyang si siyoo jiyei be eršeme
先 生 크게 감사하니라. 紅 娘 너 小 姐 를 모셔

bedere. ing ing hendume hūng niyang
물러가라. 鶯 鶯 말하되 紅 娘

entekengge be yargiyan i bahara de mangga.
이런 이 를 진실 로 얻기 에 어렵다.

geren[199] gucu hūwašasa meni meni ukanume utala booi anggala be we
모든 친구 和尙들 각각 서로 도망치니 이리 많은 가 족 을 누가

her har sembi. tere umai ishunde takarakū bime hetu dedufi[200]
거들떠보겠는가. 그 결코 서로 알지 못하여 가로 누워서

facihiyašambi. tere bithe i niyalma ofi hebe leolen de dalhūn ningge
초조해한다. 그 書 生 되서 議論 에 수다스러운 이

waka. inu gu wehe sasa gilgarahū seme beyebe seremšerengge, ai sadun
아니다. 또 玉 石 함께 사를까 하여 자신을 지키는 분이다. 무슨 사돈

—— ◦ —— ◦ —— ◦ ——

부인, 마음을 진정시키십시오."
부인 말하기를
"선생께 크게 감사하니라. 홍랑아! 너는 소저를 모시고 물러가거라."
앵앵 말하기를
"홍랑아! 이런 분은 진실로 얻기 어렵다."

【잠살미(賺煞尾)】[201]
모든 친구, 화상들이 서로 도망치니
이리 많은 가족을 누가 거들떠보겠는가.
그는 결코 서로 알지 못하고 상관없는 사람인데 초조해한다.
그는 서생(書生)이라서 의논(議論)할 때 잔소리하는 사람이 아니다.
또 옥석(玉石)이 구분이 안 될까 하여 자신을 지키는 분이다.
어떤 친척이

---

199) 초본에는 geren의 앞에 jiya ša wei 잠살미(賺煞尾)라는 곡명이 붙어 있다.
200) 횡지(橫枝)를 만주어로 직역한 것으로 '서로 상관이 없는 사람들'을 비유한 말이다.
201) 가토본과 동양문고본에는 없는 잠살미(賺煞尾)라는 곡명이 초본에는 있다.

快送鶯鶯出來 本云

法本叫去 請將軍打話 飛虎引卒子上云

紅娘下

鶯鶯引

敢橫掃了五千人

下燕書信

伏只他筆尖兒

權將這秀才儘

他真有出師表文

可憐咱見命在逡巡

濟不濟

niyaman seme mini ergen ne je oho be uttu šar sembini. mutecibe
하며 나의 목숨 절박하게 된 것 을 이렇게 측은하게 여기느냐. 할 수 있던

muterakū ocibe taka ere šusai cihai okini. tede yargiyan i cooha tucifi
할 수 없던 잠시 이 秀才의 뜻대로 하게 하자. 저곳에 진실로 出師

biyoo bithe. yan gurun be dahabuha jasigan bici ini ere fi i dubede
表 文[202] 燕 나라 를 항복시킨 편지[203] 있으면 그의 이 붓 의 끝에

uthai sunja minggan niyalma be lasihime geterembuci ombi
곧 五 千 사람 을 소탕하면 된다.

ing ing hūng
鶯 鶯 紅

niyang be gaifi mariha.
娘 을 데리고 돌아갔다.

fa ben hūlame hendume jiyanggiyūn be solifi gisureki. sun fei hū cooha
法 本 읽으며 말하되 將軍 을 청하여 대화하자. 孫 飛 虎 군사

gaifi wesifi hendume hasa ing ing be tucibume benju. fa ben hendume
데리고 올라서 말하되 빨리 鶯 鶯 을 내어 보내라. 法 本 말하되

—— ◦ —— ◦ —— ◦ ——

나의 목숨 절박하게 된 것을 이렇게 측은하게 여기겠느냐.
할 수 있든 할 수 없든 잠시 이 선비의 뜻대로 하게 하자.
저기에 진실로 출사표문(出師表文)과
연(燕)나라를 항복시킨 편지가 있으면
이 붓의 끝에 곧 오천(五千) 명을 소탕할 수 있으리라.

앵앵이 홍랑을 데리고 내려갔다.
법본이 큰 소리로 외치며 말하기를
"장군을 청하여 대화하자."
손비호가 군사를 데리고 올라와 말하기를
"빨리 앵앵을 내보내라."
법본 말하기를

202) cooha tucifi biyoo bithe : 제갈량의 출사표문(出師表文)을 풀이한 것이다.
203) 보연왕서(報燕王書)는 중국 춘추전국시대에 연나라의 유명한 장군 악의(樂毅)가 자기를 버린 연나라의 혜왕에게 보낸 편지로 군신(君臣)관계의 전범이 된 글로 제갈공명이 쓴 <출사표>의 기초가 되었다.

只有他可以去得 張生叫云

若把言語激着他 他却偏要去

他便必不肯 若央他

最要吃酒厮打 本云 俺這廚房下有一個徒弟喚作恵明

書已先修在此 只是要一個人送去

張生云 先生作速修了書着

法本云 賊兵退了也

虎引卒子下

恁般好性兒的女婿 教他招了者

我看你人人皆死 個個不存 你對夫人說去

既然如此 限你三日 若不送來

云云 虎云

將軍息怒 有夫人鈞命 使老僧來与將軍說

西廂記 上二

jiygnggiyūn jili be tohoroki. fu žin i gisun sakda hūwašang be takūrafi
將軍 화 를 진정하자. 夫人 의 말 老 和尙 을 보내서

jiayggiyūn de ala sefi uttu tuttu sehe manggi sun fei hū hendume
將軍 에게 알려라 하고 이리 저리 한 후 孫 飛 虎 말하되

unenggi uttu oci suwende ilan inenggi šolo bure. aikabade benjirakū
진실로 이러 하면 너희에게 삼 일 틈 주겠다. 만약 보내지

ohode bi suwembe yooni gisabumbi. emke seme funceburakū. fu žin de alana.
않으면 나 너희를 전부 섬멸하겠다. 하나도 남게 하지 않겠다. 夫 人 에게 알려라.

enteke nomhon sain hojihon kai. terebe angga
이 같은 온순하고 좋은 사위니라. 그를 허락하라

alja se sefi sun fei hū cooha gaifi mariha.
하라 하고 孫 飛 虎 군사 데리고 돌아갔다.

fa ben hendume hūlhai cooha gocikabi. siyan šeng hahilame bithe aracina.
法 本 말하되 도적의 군사 물러갔다. 先 生 급히 글 쓰려무나.

jang šeng hendume bithe aifini arafi ubade bi. damu emu benere niyalma
張 生 말하되 글 이미 써서 여기에 있다. 다만 한 보낼 사람

baibumbi. fa ben hendume meni budai boode emu šabi bi. gebu hūi ming
필요하다. 法 本 말하되 나의 주방에 한 제자 있다. 이름 惠 明

banitai nure omire becen dangšan[204] de amuran. aika tede baime gene seci
본성 술 마시고 입씨름 에 능하다. 만약 저곳에 구하러 가라 하면

nememe ojorakū. gisun i terebe nukibume ohode tere elemangga murtai[205]
오히려 되지 않는다. 말 로 그를 격분시키게 됨에 그 도리어 우겨

geneki sembi. damu tere oci geneci ombi. jang šeng hūlame hendume
가고자 한다. 다만 그 는 가면 된다. 張 生 불러 말하되

—— ◦ —— ◦ —— ◦ ——

"장군! 진정해라. 부인께서 노승을 보내어 부인의 말씀을 장군께 알리라 하였다."하고
이리저리 얘기한 후 손비호 말하기를
"진실로 이러하면 너희에게 삼 일 기한을 주겠다. 만약 보내지 않으면 너희를 전부 섬멸하여 하나도 남게 하지 않겠다. 부인께 말씀드려라. '이처럼 좋은 사위이니 허락하라.'"
하고 손비호가 군사를 데리고 돌아갔다.
법본 말하기를
"도적의 군사 물러갔습니다. 선생은 급히 편지를 쓰십시오."
장생 말하기를
"편지는 이미 썼습니다. 다만 보낼 사람이 필요합니다."
법본 말하기를
"절의 주방에 제자 한 명이 있습니다. 이름은 혜명입니다. 본성이 술을 잘 마시고 입씨름을 즐깁니다. 만약 저곳에 구하러 가라 하면 오히려 말을 듣지 않을 것입니다. 말로 그를 격분시키면 그는 도리어 우겨 가고자 할 것입니다."
장생 불러 말하기를

---

204) becen dangšan : 만한합벽(滿漢合璧)의 한어(漢語)에서는 廝打로 대응시키고 있는데 '서로 맞잡고 싸우다'는 의미이다. 그런데 만주어의 becen은 '말다툼하다'는 의미이고 dangšan은 일반 사전에서는 '지푸라기'로 쓰이고 있어서 문맥에 어울리지 않는다.

205) murtai : muritai의 오기(誤記)이다.

我便將烏龍尾鋼椽揝

了偏衫

殺人心逗起英雄膽

不禮梁皇懺

颩了僧帽

袒下

正宮

端正好

惠明

唱

不念法華經

惠明定要去

惠明云云

定要法

不許他去

其餘諸僧誰敢去得

只除厨下惠明

我有書

送与

白馬將軍

mini ere bithe suru morin i jiyanggiyūn de beneburengge. damu budai
나의 이 글 白 馬 의 將軍 에게 보내게 한 것이다. 다만

booi hūi ming ohode terebe unggirakū. gūwa hūwašasa we gelhun
주방의 惠 明 됨에 그를 보내지 않는다. 다른 和尙들 누가

akū genembi. hūi ming wesifi hendume hūi
감히 가겠는가. 惠 明 올라서 말하되 惠

ming bi murtai genembi. murtai genembi sehe.
明 나 우겨 가겠다. 우겨 가겠다 하였다.

[jeng gung] 【duwan jeng hoo】 〔hūi ming ni ucun〕 fa hūwa ging be hūlarakū
[正 宮] 【端 正 好】 〔惠 明 의 노래〕 法 華 經 을 읽지 않고

liyang hūwang can be dorolorakū. hūwašan i mahala be hūngsifi alamiha
梁 皇 懺[206] 을 예하지 않는다. 화상 의 모자 를 휘두르고 결머진

nerku[207] be sufi maktaha. niyalma waki seme gūnime dacun mangga[208] silhi gaitai
도롱이 를 벗어서 내던졌다. 사람 죽이자 하고 생각하고 예리하고 강한 담 갑자기

nukibufi bi uthai sahaliyan muduri uncehen i gese selei mukšan be
자극시켜서 나 곧 검은 용 꼬리 의 같은 쇠의 몽둥이 를

—— ◦ —— ◦ —— ◦ ——

"나의 이 편지는 백마(白馬) 장군에게 보내야 하는 것이다. 다만 주방의 혜명은 보내지 않을 것이다. 다른 화상들 중에서 누가 감히 가겠는가."
혜명 올라와 말하기를
"제가 반드시 가겠습니다. 반드시 가겠습니다."
하였다.

[정궁(正宮)] 【단정호(端正好)】 〔혜명창(惠明唱)〕
법화경(法華經)을 읽지 않고
양황참(梁皇懺)을 예하지 않는다.
승모(僧帽)를 휘두르고
걸머진 도롱이를 벗어서 내던졌다.
사람 죽이고자 하여
영웅의 담을 자극시켜서
나 검은 용꼬리와 같은 쇠몽둥이를

---

206) 양황참(梁皇懺)은 자비도량참법(慈悲道場懺法)으로 중국 중국 양(梁)나라 무제(武帝)가 황후 치씨(郗氏)를 제도하기 위하여 찬술하였다. 자비참도량(慈悲懺道場: 일명 참법)이란 밀교적인 경향의 불사(佛事)로써 모든 사람이 환희(歡喜)하는 마음을 내게 하여 천룡팔부(天龍八部) 등의 귀신을 섭복(懾服)시키고, 모든 적(敵)의 마음을 돌이키게 하고 환희심을 내게 하여 평화를 찾도록 하는 법(法)을 말한다.

207) nereku의 오기(誤記)이다. 근대국어 닐쿠(도롱이)의 차용어이다.

208) dacun mangga는 영웅으로 풀이된다.

腔子裡熱血權消渴

五千人也不索炙呼燀

是我敢

這些時吃菜饅頭

委是口淡

非是我貪

不

喚做打參

大踏步止曉得殺入虎窟龍潭

滾繡毬

非是我攙

不是我攬

知道他怎生

西廂記二 三

seferehe. 【gun sio kio】 bi latungga waka. bi dalhūn waka. ceni aibe
잡았다. 【滾 綉 毬】 나 간섭하는 이 아니다. 나 말 많은 이 아니다. 그들의 무엇을

doro be giyangnambi serebe sara. amba okson i gardašame damu wame
예의 를 講한다 하는 것을 안다. 큰 걸음 으로 급히 가서 다만 죽으러

tashai feye muduri tunggu de dosinara be sambi. bi doosi waka. bi
호랑이의 우리 용 소 에 들어가는 것 을 안다. 나 탐욕스러운 이 아니다. 나

felehun waka. ere ucuri sogi mentu jekei yargiyan i angga de amtan
무례한 이 아니다. 이 즈음 나물 만두 먹어서 진실 로 입 에 맛

baharakū. sunja minggan niyalma be šoloro bolara hakšara colara
내지 못했다. 오 천 사람 을 굽고 볶고 튀기고 지지고

inu joo. kenggeri dorgi halhūn senggi de taka kangkaha be suki.
또 말아라. 가슴 속 뜨거운 피 에 잠시 갈증 을 풀자.

―― ◦ ―― ◦ ―― ◦ ――

잡았다.

【곤수구(滾繡毬)】
나는 간섭하는 것을 좋아하는 이 아니다.
나는 말 많은 이도 아니다.
그들이 무슨 예를 강(講)하는지는 안다.
나는 큰 걸음으로 급히 가서 죽으러 호랑이굴, 용소(龍沼)에 들어가는 것을 안다.
나는 탐욕스러운 이가 아니다.
나는 무례한 이도 아니다.
요즘 나물 만두 먹어서 진실로 입에 맞지 않았다.
오 천 사람을 굽고 볶고 튀기고 지지겠다. 말리지 말아라.
가슴 속 뜨거운 피로 잠시 갈증을 풀자.

你休悞我也麽哥

你休悞我也麽哥

包殘餘肉

我把五千人做一頓饅頭餡

真調淡

我萬餘斤黑麵從教暗

粉添雜糝唆

黃虀臭豆腐

你們的浮㷮羹

寬片

吻吻令

肺腑內生忿先解饞

有甚醃臢

ufuhu duha eshun niyaman be neneme niolome jeki. ai nantuhūn sere
부아 창자 生 心 을 먼저 물리게 먹자. 무슨 비리다 할

babi. 【too too ling】 suweni tuwa de fuyebuhe šasihan de, onco
바 있는가. 【叨 叨 令】 너희의 불 에 끓인 국 에 넓은

justan i halu, hacingga amtan sindacibe jušuhun sogi, wahūn defu i
줄기 의 가루[209] 여러 맛 넣어도 신 나물[210] 臭 두부[211] 로

acabuhangge. yala amtan gūwancihiyan. bi tumen gin i sahaliyan ufa be
맞춘 것이다. 진정 맛 먹음직스럽지 않다. 나 만 斤 의 검은 밀가루 를

dahime dedubufi bi sunja minggan niyalma be emu erin i mentu do arambi.
반복하여 발효시켜서 나 오 천 사람 을 한 때 의 만두 소 만들겠다.

suwe mimbe tookaburahū agu, mimbe sartaburahū agu. do arafi
너희 나를 지연시킬라 형씨 나를 그르치게 할라 형씨. 소 만들고

—— ◦ —— ◦ —— ◦ ——

부아 창자 생심(生心)을 먼저 물리게 먹자.
무슨 비리다 할 바 있는가.

【도도령(叨叨令)】
너희가 불에 끓인 국에 관편분(寬片粉), 여러 맛 넣어도
신 나물, 취두부로 맞춘 것이다.
정말 먹음직스럽지 않다.
나 만 근 검은밀가루를 반복하여 발효시켜서
나 오 천 사람을 한 끼의 만두 소로 만들겠다.
너희 나를 지연시킬라. 형씨.
나를 그르치게 할라. 형씨.
소 만들고

---

209) onco justan i halu : 관편분(寬片粉)으로 칼로 넓적하게 썬 칼국수의 일종이다.
210) jušuhun sogi : 함채(咸菜)로 장아찌를 가리킨다.
211) 취두부(臭豆腐)는 냄새가 아주 특이한 발효 두부를 가리킨다.

旋教青塩醮

偏生要去

本云 惠明可

你真個敢去

張解元

不敢去

不用你去

你

倘秀才

你休問小僧敢去也那不敢

我要問大師真個用咱也不用咱

你道飛虎聲名賽虎般 那廝

能淫欲 會貪婪 誠何以堪

funcehe yali be uthai genggiyen misun de ijuki.
남은 고기 를 바로 淸 醬 에 바르자.

fa ben hendume weke hūi ming. jang giyei yuwan simbe baitalarakū. si
法本 말하되 어이! 惠 明아! 張 解 元 너를 부리지 않는다. 너

oci murime geneki sembi. maka si gelhun akū genembio. akūn.
는 우겨서 가고자 한다. 도대체 너 감히 가겠느냐. 아니냐.

【tang sio tsai】 si ume buya hūwašan i gelhun akū genere generakū be
【倘 秀 才】 너 小 和尙 의 감히 갈지 가지 않을지 를

fonjire. bi amba sefu de yargiyan i mimbe baitalara baitalarakū be
묻지 마라. 나 큰 師傅 에게 진실 로 나를 쓸지 쓰지 않을지 를

fonjiki. si fei hū i gebu algin be tasha de teherembi sembio. tere aha
물으마. 너 飛 虎 의 名 聲 을 호랑이 에게 알맞다 하느냐. 그 종놈

dufe buyen be mutere, doosi nantuhūn be bahanara dabala ai dabure babi.
음 욕 을 이루고, 탐욕스러움 을 알 뿐 무슨 헤아릴 바 있느냐?

—— ◦ —— ◦ —— ◦ ——

남은 고기를 바로 청장(淸醬)에 바르자.

법본 말하기를
"어이! 혜명아! 장해원이 너를 부리려고 하지 않는데 너는 우겨서 가고자 하는구나. 너 가겠느냐. 가지 않겠느냐."

【당수재(倘秀才)】
당신은 소승에게 감히 갈지 가지 않을지를 묻지 마십시오.
저는 큰 사부(師傅)에게 진실로 저를 쓸지 쓰지 않을 것인지를 묻겠습니다.
당신은 손비호의 명성이 호랑이에게 어울린다 합니까?
그 종놈이 음욕을 채우고,
탐욕스러움만 알 뿐
무슨 헤아릴 바 있습니까?

你真有善文

門胡掩 那裡管焚燒了七寶伽藍

的女不女 大白晝把僧房

男不男

戒刀新蘸 無半星兒土漬 別

我經文怕談 禪懶去叅

滾繡毬

衆師隨堂修行 却要与我送書

張生云 你出家人 怎不誦經持咒

jang šeng hendume si boo ci tucike niyalma, ging hūlarakū tarni ureburakū. geren
張 生 말하되 너 집 에서 나온 사람이다. 經 읽지 않고 진언 익히지 않는다. 여러

sefu i emgi tang de yabun dasarakū oso manggi ainu mini bithe be beneki sembi.
스승 의 함께 堂 에서 修行하지 않게 된 후 어찌 나의 글 을 보내고자 하느냐.

【gun sio kio】[212] bi ging giyangnara be eksembi.[213] doro be fonjire be bambi.
【滾 綉 毬】 나 經 講하는 것 을 싫어한다. 道 를 묻는 것 을 게으르다.

dabcilakū seleme be jakan hatafi heni majige mersen sebden akū. gūwa
비수 단검 을 요즘 담금질해서 약간 조금 얼룩 녹 없다. 다른 이

oci hehe seci hehe waka. haha seci haha waka. gehun inenggi šun de
는 여자 해도 여자 아니다. 남자 해도 남자 아니다. 밝은 날 해 에

hūwašan i uce be yoktakū dasimbi. nadan boobai kiyei lan enduri
和尙 의 문 을 당황해서 닫는다. 일곱 보배 伽 藍 神

tuwa de gilgara be dara mujanggao. sinde unenggi bithe de mangga
불 에 사르는 것 을 관여한 것 사실이냐? 너에게 진실로 글 에 잘하고

—— ◦ —— ◦ —— ◦ ——

장생 말하기를
"너는 출가한 사람인데 경도 읽지 않고 진언도 익히지 않는다. 많은 스승과 함께 당(堂)에서 수행하지 않는데 어찌 나의 편지를 보내고자 하느냐."

【곤수구(滾繡毬)】
저는 경(經)을 읽는 것을 싫어합니다.
도를 묻는 것을 게을리 하지만,
비수 단검은 담금질해서
조금도 얼룩과 녹이 없습니다.
다른 사람은 여자도 여자답지 못하고
남자도 남자답지 못합니다.
밝은 날에 해가 떠있어도 승방 문을 함부로 닫습니다.
칠보(七寶) 가람신(伽藍神)을 불에 사르는데 관여할 수 있겠습니까?
당신에게 진실로 글도 잘하고

---

212) gun sio kio : 동양문고본에서는 gun tio kio로 쓰였다.
213) eksembi : 만주 문어에서 ek sembi로 싫어하는 모습을 형용하는데 쓰는 말이다. 한청문감에서는 厭憎狀(한청07:49b), 일에 슬희여 ᄒᆞ다(한청08:35a)로 풀이하고 있다.

病壯行者將麪杖火叉擔着幾個小沙彌把幢幡寶蓋擎

白鶴子

還是要人幫扶着

張生云 你獨自法

勇無慙

我便有

要下這濟困扶危書一緘

能武人千里

西廂記 十四

cooha de mutere gucu minggan bade bifi ere kabuha be aitubure.
군사 에 성취하는 친구 천 리에 있어 이 막힌 것 을 돕는다.

tuksicuke be tohorombure emu jasigan be unggiki seci bi uthai
위험한 것 을 按撫하는 한 편지 를 보내자 하면 나 곧

baturulara dabala giruburakū.
용기를 낼 뿐 부끄럽게 하지 않는다.

jang šeng hendume si emhun genembio?
張 生 말하되 너 혼자 가느냐?

geli aika niyalma be aisilabumbio?
또 어떤 사람 을 돕게 하느냐?

【be ho dzy】 emu udu ajige šabisa de amba fangse, boobai sara be
【白鶴子】 한 몇 小 沙彌들 에게 幢旛 寶 蓋 를

tukiyebu. hesihedere hūwašasa de bireku mukšan damin moo be meiherebu.
바쳐들게 하라. 변변찮은 和尙들 에게 홍두깨 부지깽이 를 메게 하라.

―― ◦ ―― ◦ ―― ◦ ――

군사에 능력 있는 친구가
천 리에 있어 이 답답한 상황을 돕게 하겠습니다.
위험을 타계할 편지를 보내고자 하면
저는 곧 용기를 낼 뿐 부끄럽게 하지 않겠습니다.

장생 말하기를
"너 혼자 가겠느냐? 또 다른 사람이 도울 필요가 있겠느냐?"

【백학자(白鶴子)】
몇 사미(沙彌)승들에게 당번(幢旛) 보개(寶蓋)를 들게 하라.
변변찮은 화상들에게 홍두깨 부지깽이를 메게 하라.

琅々振山巖 脚踏得赤力々地軸搖

我聽一聽 古都々翻海波 喊一喊

明云 他敢不放我過去 你寬心

張生云 他若不放你過去 却待如何 惠

將賊兵探

你自立定脚 把衆僧安 我撞釘子

suwe teng seme ilicafi geren hūwašasa be tohorombu. bi hadahan[214] de
너희 딱 하며 일제히 서서 모든 화상들 을 按撫하라. 나 말뚝 에

cunggūšame hūlhai cooha de latunaki.
들이받으며 도적의 군사 에게 접근해 가겠다.

jang šeng hendume tere simbe heturefi dulemburakū ohode ainambi. hūi
張 生 말하되 그 너를 가로막아 통하게 하지 않음에 어찌하느냐? 惠

ming hendume tere ai gelhun akū mimbe heturefi dulemburakū. si mujilen
明 말하되 그 어찌 감히 나를 가로막아 통하지 못하게 하겠는가? 너 마음

sulakan.
편하게

sinda.
두어라.

bi emgeri hiralaci[215] fotor seme mederi boljon ubašara gese, emgeri
나 한 번 흘겨보면 부글부글 하며 바다 물결 뒤집는 것 같고 한 번

kaicaci ar seme alin hada durgembi. bethe fehure de tur seme na i
소리 지르면 앗 하며 산 바위 흔들린다. 발 밟음 에 쾅 하며 地 의

——∘——∘——∘——

너희는 일제히 서서 모든 화상들을 안무(按撫)하라.
나는 말뚝에 들이받듯이 도적의 군사에게 접근해 가겠다.

장생 말하기를
"그가 너를 가로막아 지나가지 못하게 하면 어찌하겠느냐?"
혜명 말하기를
"그가 어찌 감히 나를 가로막아 지나가지 못하게 하겠습니까? 마음 편히 먹으십시오."

한 번 흘겨보면 부글부글 하며 바다 물결 뒤집는 것 같고
한 번 소리 지르면 앗 하며 산 바위 흔들립니다.
발로 밟으면 쾅 하며 지축이

214) hadahan : 만한합벽(滿漢合璧)의 한어(漢語)에서는 정자(釘子)로 대응시키고 있다. 정자(釘子)는 '말뚝, 못'의 의미와 함께 비유적으로 쓰이는 '장애, 장애물, 걸림돌'의 의미와 '매복한 비밀 공작원, 밀정'의 의미가 있다. 만주어에서는 '말뚝'의 의미를 갖는 hadahan으로 번역하였기 때문에 '말뚝에 들이박다'라는 직역체의 문장이 되었다. 의역하면 '장애물을 들이박다'로 풀이된다.

215) hiralaci : hiracaci의 오기(誤記)로 판단된다.

你却到幾時可去

張生云 我今将書与你

将脚尖 撞 大的扳過来把髑髏 砍

近的順着手把戒刀釤 小的提起来

遠的破開步将鉄棒颩 手攀得忽剌〻天関撼

sihiyakū kelfišembi. gala fasire de kanggūr seme abkai furdan aššambi.
軸 흔들린다. 손 매달림 에 쿵 하며 하늘의 관문 움직인다.

aldanggangge be emu okson sandalafi selei mukšan i lasihiki.
먼 사람 을 한 걸음[216] 벌리고 쇠의 몽동이 로 휘두르자.

hancingge be galai ici dabcilakū seleme i asihiyaki. buyasingge be
가까운 사람 을 손의 따라 단도 칼 로 도려내자. 작은 사람 을

den tukiyefi bethei dubei fesheleki. ambakasingge be gocime gajifi
높이 올려서 발의 끝으로 차자. 큰 사람 을 끌어 내어

hoto be saciki.
두개골 을 자르자.

jang šeng hendume bi te bithe be sinde
張 生 말하되 나 곧 글 을 너에게

buki. si atanggi ofi teni genembi.
주겠다. 너 언제 되어 곧 가는가.

—— ◦ —— ◦ —— ◦ ——

흔들리며
손으로 매달리면 쿵 하며 하늘의 관문 움직입니다.
먼 놈은 한 방에 쇠몽둥이로 휘두르고
가까운 놈은 단도로 도려내겠습니다.
작은 놈은 높이 올려서 발끝으로 차고
큰 놈은 끌어내어 두개골을 자르겠습니다."

장생 말하기를
"곧 편지를 주겠다. 언제 가겠느냐?"

---

216) '한 방에'를 '한 걸음 벌리고'라는 만주식 표현을 사용하였다.

便提刀仗劍 誰勒馬

就死也無憾

不學那惹草粘花没掂三

我從来斬釘截鉄常居一

打熬成不厭天生敢

耍孩兒

我從来駁ㄝ劣ㄝ

勢不曾忐忑忑ㄝ

【šuwa hai el】 bi daci pulu pala banjiha. umai tuksiteme geleme sarkū.
【耍 孩 兒】 나 본래 우직하게 태어났다. 결코 두려워하여 모른다.

koikašahai dalhūdahai abkai banjibuha felehun be sesherakū
어우러져 치면서 잔소리하면서[217] 타고난 무례함 을 무릅쓰고

mutebuhe. bi daci hadahan be lasha sele be mokso obure adali.
성취시켰다. 나 본래 말뚝 을 자르고 쇠 를 절단 시킨 것 처럼

kemuni emu songko dabala. tere orho be necime ilha be jafašame
항상 한 흔적 뿐이다. 그 풀 을 희롱하며 꽃 을 쥐고[218]

melerjeme oyomburakūngge be alhūdarakū. udu bucecibe inu
두려워 피하거나 대수롭지 않은 것 을 본받지 않는다. 비록 죽어도 또

kororakū. uthai loho jangkū jafara dargiyara dabala. we morin
서러워하지 않는다. 곧 허리칼 큰 칼 잡고 빼어들 뿐이다. 누가 말

—— ◦ —— ◦ —— ◦ ——

【사해아(耍孩兒)】
저는 원래 우직하게 태어났습니다.
결코 두려워하지 않습니다.
참고 견디면서 타고난 과감함으로 성취합니다.
저는 말뚝을 자르고 쇠를 절단시킨 것처럼 항상 한결 같습니다.
풀을 희롱하며 꽃을 붙잡고
두려워 피하거나 사소한 것을 본받지 않습니다.
비록 죽어도 서러워하지 않습니다.
허리의 큰칼 잡고 빼어들 뿐입니다.
누가 말

217) koikašahai dalhūdahai : '치고 떠들면서', 또는 '치고 볶으면서'의 의미로 만한합벽(滿漢合璧)의 한어(漢語)에서는 타오(打熬)로 대응시키고 있는데 '참고 견디다, 단련하다'의 뜻이다.

218) orho be necime ilha be jafašame : 야초념화(惹草拈花)로 남자가 여자를 집적거리고 유혹하며 희롱하는 것을 가리킨다.

滿漢西廂記

半世羞慚

便是言詞賺

一時紕繆

你張解元也乾将風月擔

胡撲掩

若是杜将軍不把干戈退

吃苦辭甘

你休只因親事

停驂

我從来欺硬怕軟

tatašame yabure be jibgešembi? bi daci etenggi be gidašame uhuken de
끌며 가는 것 을 꾸물대느냐? 나 본래 강력함 을 얕보고 약함 에

anabumbi. gosihon be alime jancuhūn be marambi. si ume damu niyaman i
진다.[219] 쓴 것 을 받고 단 것 을 멀리한다.[220] 너 다만 혼사

baita turgunde balai mimbe fasire.[221] aikabade du jiyanggiyūn agūra
때문에 함부로 나를 매달지 마라. 만약 杜 將軍 武器

hajun be bedereburakū ohode jang giyei yuwan sini edun biya inu
를 철수시키지 않게 됨에 張 解 元 너의 風 月 도

baibi mekele ombi. uthai faksi gisun i holtokini. emu erinde
단지 헛되이 된다. 곧 감언이설 로 속게 하자. 한 때에

holbome falicibe hontoho jalan yertecun tuwambi.
연결하여 맺어도 반 평생 부끄럽게 본다.

—— ◦ —— ◦ —— ◦ ——

끌며 가는 것을 주저하겠습니까?

저는 본래 강한 것을 얕보고 약한 것에 지며,
쓴 것을 받고 단 것을 멀리합니다.
혼사 때문에 나를 마음대로 추측하지 마십시오.
만약 두(杜) 장군이 적을 철수시키지 못한다면
장해원 당신의 풍월도 헛되이 될 것입니다.
감언이설로 속여 한 때 이어져 결혼하더라도 반평생을 부끄럽게 볼 것입니다.

---

219) nggi be gidašame uhuken de anabumbi : 기경파연(欺硬怕軟)으로 관우(關羽)가 이른바 윗사람에게 오만하면서도 아랫사람에게는 잔인하지 않고, 강자를 업신여기면서도 약자를 능멸하지 않은 의기(義氣)이다.

220) 만한합벽(滿漢合璧)의 한어(漢語)에서는 가토본, 동양문고본에서는 흘고불감(吃苦辭甘)으로, 초본에서는 '끽고사감(喫苦辭甘)'으로 쓰였다. '쓰면 먹고 달면 사양한다'는 뜻이다.

221) balai mimbe fasire : 만한합벽(滿漢合璧)의 한어(漢語)에서는 호박엄(胡撲掩)으로 대응시키고 있는데 '마음대로 추측하지 마라'의 뜻이다.

一封 雄兵即来 鱗魚連夜飛馳去 書

張生云 老夫人 分付小姐放心

那半萬賊兵 先嚇破膽

遥見英雄俺 你看

伏佛力吶一聲喊 綉幡開

你助我威神三通鼓

收尾

我去也

bi genembi
나 간다

sefi
하고

【amargi uncehen】 si mini enduri horon de aisilame tungken
【 收尾 】[222] 너 나의 神 威[223] 에 도와 북

ilanggeri tū. fucihi hūsun de ertufi emgeri kaica. šeolehe
세 번 쳐라. 佛 力 에 의지해서 한 번 소리쳐라. 수놓은

fangse be milarabufi gorokici mini fafuršara be sabukini. suwe tuwa.
幡子 를 전개시켜 먼 곳에서 나의 열심히 하는 것 을 보게 하자. 너희 보아라.

hontoho tumen hūlhai cooha aifini golohoi silhi fusejehebi.
반 만 도적의 군사 이미 놀라서 쓸개 터졌다.

jang šeng hendume sakda fu žin siyoo jiyei be mujilen sulakan sinda se. ere
張 生 말하되 老 夫人 小 姐 를 마음 약간 편히 놓으라 하라. 이

bithe isiname baturu cooha uthai jimbi. mujuhu nimaha i jasigan[224]
글 다다라 용감한 군사 곧 온다. 잉어 물고기 의 편지

—— ◦ —— ◦ —— ◦ ——

"가겠습니다." 하고

【수미(收尾)】
당신은 나의 신위(神威)에 도와서 북을 세 번 치고,
부처님의 힘에 의지해서 한 번 소리쳐 주시오.
수놓은 번자(幡子)를 전개시켜 먼 곳에서 내가 열심히 하는 것을 보게 하십시오.
너희는 보아라.
반만(半萬) 도적의 군사 이미 놀라서 쓸개가 터졌구나.

장생 말하기를
"노부인! 소저에게 마음을 편히 놓으라 하십시오. 이 편지가 다다르면 용감한 군사가 곧 올 것입니다. 잉어의 편지가

222) 초본에는 후미(後尾)로 되어 있고 다른 판본에는 수미(收尾)로 되어 있다. 곡패(曲牌) 이름으로 투수(套數)를 마무리하는 미성(尾聲)의 하나로 살미(煞尾), 수살미(隨煞尾)라고도 한다. 앞에 살(煞)을 사용한 뒤에 미구(尾句)로 이 형식을 사용하기 때문에 수미(收尾)라는 명칭으로 불린다. '수미(收尾)'는 '꼬리를 거두다'는 의미로 '마무리하다'는 의미이다. 미(尾), 미성(尾聲), 수살(隨煞)로도 부른다.

223) 위신(威神)은 부처가 가진, 인간의 지식으로는 헤아릴 수 없는 영묘하고도 불가사의한 힘을 가리킨다.

224) 악부시집(樂府詩集)에 실린 음마장성굴행(飮馬長城窟行)이라는 노래 가사에 나오는 잉어 뱃속에서 나왔다는 편지 이야기는 서쪽 변방 먼 길을 떠난 남편을 향한 부인의 근심과 그리움을 전하는 내용이다.

[2:17b]

dobori dulime deyeme genefi suru morin i jiyanggiyūn abka ci wasinjime
밤 새어 날아 가고 흰 말 의 將軍 하늘 에서 내려 와

jimbi sefi gemu mariha. du jiyanggiyūn cooha gaifi sasa wesifi
온다 하고 모두 돌아갔다. 杜 將軍 군사 데려와 함께 올라서

hendume mini hala du, gebu kiyo, tukiyehe gebu giyūn ši, da susu wargi
말하되 나의 姓 杜, 이름 確 字 君 實, 고향 西

lo i niyalma. ajigan i fonde jang giyūn šui i emgi emu tacikū de bithe
洛 의 사람. 어릴 때에 張 君 瑞 의 함께 한 학당 에서 글

hūlaha bihe. amala bithe be waliyafi coohai erdemu be urebure jakade
읽었다. 후에 글 을 버리고 군사의 재능 을 익힐 적에

tere aniya simneme coohai juwang yuwan baha. tušan wargi be dailara amba
그 해 시험보아 군사의 壯 元 받았다. 직위 서쪽 을 정벌하는 대

jiyanggiyūn cooha be kadalara yuwan šuwai ofi juwan tumen i geren be gaifi
將軍[225] 군사 를 관리하는 元 帥 되어 10 만 의 여럿 을 데리고

pu guwan furdan de seremšeme tuwakiyahabi. ho jung fu ci jihe urse de
蒲 郡 關所 에서 방어하였다. 河 中 府 에서 온 사람들 에게

fujurulaci giyūn šui deo be pugio sy de bi sembi. mimbe tuwanjirakūngge
조사하니 君 瑞 弟 를 普 求 寺 에 있다 한다. 나를 보러오지 않으니

maka ai gūnin biheni. jakan ding wen ya dasan be ufarabufi cooha be
과연 무슨 생각 있는가. 근래 丁 文 雅 정권 를 잃고 군사 를

gūnin cihai sindafi irgen niyalma i boo be gidaname tabcilambi. giyan i
마음대로 놓아 백성 사람 의 집 을 약탈한다. 당연히

cooha ilifi geterembufi jai erde buda jeci acambihe. damu yargiyan
군사 일으켜 섬멸하고 다시 아침 밥 먹으면 마땅하다. 다만 진실

——∘——∘——∘——

밤새 날아가서 백마 장군이 하늘에서 내려올 것입니다."
하고 모두 내려갔다.

두(杜) 장군이 군사를 데리고 함께 올라와서 말하기를
"저의 성(姓)은 두(杜), 이름은 확(確)이며 자(字)는 군실(君實)이고, 고향은 서락(西洛)이다. 어릴 적 장군서(張君瑞)와 함께 한 학당에서 글을 배웠다. 후에 글을 버리고 군사의 재능을 익혀서 그 해 시험보아 장원(壯元)을 받았다. 직위는 정서대원수(征西大將軍)이다. 군사를 관리하는 원수(元帥)가 되어 10만 군사를 데리고 포군(蒲郡) 관소(關所)에서 방어하였다. 하중부(河中府)에서 온 사람들에게 조사하니 군서(君瑞) 아우가 보구사(普求寺)에 있다 한다. 그런데 나를 보러오지 않는 것은 어째서인가? 근래 정문아(丁文雅)가 정사(政事)를 잃고 군사를 마음대로 풀어놓아, 백성의 집을 약탈한다고 한다. 그렇다면 마땅히 군사를 일으켜 그들을 섬멸하고 다시 아침밥을 먹으면 될 것이나

225) wargi be dailara amba jiyanggiyūn : 정서대장군(征西大將軍)을 뜻한다.

清漢西廂記

有 從容 張君瑞

圍住寺門 欲刼故臣崔相国女為妻

僧人 今有孫飛虎作亂 將半万賊兵

那里做奸細者 俺不是奸細 俺是普救寺

進來 惠云 杜云 兀那和尚你是

卒 提 住報科 惠入跪科 杜確云 着他

這里杜將軍轅門 俺闖入去

惠唱 上云 俺離了普救寺 早至蒲關

開轅門坐科

報者

寺 今日升帳 看有甚軍情來

不敢遲次 昨又差探子

tašan getuken akū be dahame gelhun akū foihorilarakū, sikse geli
거짓 명확하지 않음 을 따라서 감히 경솔히 하지 않는다. 어제 또

mejige gaime niyalma unggihe. enenggi yamun de tucifi ai hacin i coohai
소식 얻으러 사람 보냈다. 오늘 衙門 에 나가서 무슨 종류 의 군사의

nashūn boolanjire be tuwaki seme
정황 보고하러 오는 것 을 보자 하고

yamun i duka be neifi tehe.
衙門 의 문 을 열고 앉았다.

hūi ming wesifi hendume bi pu gio sy ci aljafi goidahakū pu guwan de
惠 明 올라와서 말하되 나 普 求 寺 에서 떠나서 늦지 않게 浦 關 에

isinjiha. uba du jiyanggiyūn i yamun i duka kai. bi bireme dosinaki
도착했다. 여기 杜 將軍 의 衙門 의 문 이다. 나 부딪쳐서 들어가자

seme dosire de cooha jafafi boolaha manggi du kiyo hendume terebe
하고 들어감 에 군사 잡아서 알린 후 杜 確 말하되 그를

dosimbu. hūi ming dosifi niyakūraha. du kiyo hendume ere hūwašan
들여라. 惠 明 들어와서 무릎을 꿇었다. 杜 確 말하되 이 和尙

si ya ba i giyansi. hūi ming hendume bi giyansi waka. bi pu gio sy i
너 어느 곳 의 奸細냐? 惠 明 말하되 나 奸細 아니다. 나 普 求 寺 의

hūwašan inu. te sun fei hū facuhūrafi hontoho tumen hūlha
和尙 이다. 지금 孫 飛 虎 난을 일으켜 반 만 도적

cooha be gaifi sy i duka be kafi akū oho amban, tsui siyang guwe i
군사 를 데리고 寺 의 문 을 에워싸고 죽은 관리 崔 相 國 의

sargan jui be durifi sargan obuki serede sula yabure antaha jang
딸 을 빼앗아 처 삼자 함에 遊客 張

―― ◦ ―― ◦ ―― ◦ ――

진위가 명확하지 않기 때문에 감히 경솔히 행동하지 않고 있다. 어제 또 소식을 얻으러 사람을 보냈다. 오늘은 아문(衙門)에 나가서 어떤 군사가 정황을 보고하러 오는지 보겠다."

하고 아문(衙門)의 문을 열고 앉았다.

혜명이 올라와서 말하기를

"보구사에서 출발해서 늦지 않게 포관(浦關)에 도착했다. 여기가 두(杜) 장군의 아문(衙門)이구나. 돌진해서 들어가자."

하고 들어가니 군사들이 그를 잡아서 알리니,

두확(杜確) 말하기를

"그를 관아에 들여라."

혜명 들어와서 무릎을 꿇었다.

두확(杜確) 말하기를

"화상아! 너는 어느 곳의 첩자이냐?"

혜명 말하기를

"저는 첩자가 아닙니다. 저는 보구사의 화상인데 지금 손비호가 난을 일으켜 반만(半萬) 군사를 데려와 절의 문을 에워싸고 돌아가신 대신(大臣) 최상국(崔相國)의 딸을 빼앗아 처를 삼겠다하니 유객(遊客)인

即樾 覲謁 以叙 間濶 路途 疲

便道河中 辞家赴京

風雨之夕 念不能忘

自違 犀表 寒暄 再隔

仁兄 大人大元帥 麾下 頓首再拜 奉書君實

同学小弟張珙

杜拆念云

是我兄弟 快將 他的書来 惠叩頭遞書科

左右的放了 這和尚者 張 君瑞

觧倒懸 之危 杜云

奉 書使俺 遞至麾 下 望大人速

giyūn šui bithe arafi mimbe takūrafi tu i fejile alibumbi. fudasihūn
君 瑞 글 지어 나를 파견하여 纛 의 아래 바친다. 거꾸로

lakiyabuha tuksicuke be amba niyalma hūdun aitubureo. du kiyo hendume
걸려 있는 위험[226] 을 大 人 빨리 구해주시지요. 杜 確 말하되

hashū ici ergi urse ere hūwašan be sinda. jang giyūn šui serengge
왼쪽 오른 쪽 무리 이 和尙 을 풀어라. 張 君 瑞 하는 이

mini deo. hasa tere bithe be gaju. hūi ming hengkilefi bithe alibuha.
나의 아우. 빨리 그 글 을 가져와라. 惠 明 예하고 글 바쳤다.

du kiyo neifi tuwaci
杜 確 열고 보니

bithei gisun
글의 말

emu tacikūi buya deo jang gung hengkileme dahime dorolome giyūn ši
同學의 小 弟 張 珙 절하고 다시 예하며 君 實

gosingga ahūn, amba niyalma amba yuwan šuwai i tu i fejile bithe
어진 형 大 人 大 元 帥 의 纛 의 아래 글

alibuha. wesihun cira ci aljaha ci halhūn šahūrun be juwenggeri
바쳤다. 尊 顔 에서 이별함 에서 덥고 차가움[227] 을 두 번

hetuhe. edun agai yamji gūninjara be onggome muterakū. bi jakan
지냈다. 바람 비의 저녁 그리워함 을 잊을 수 없다. 나 곧

boo ci aljafi ging hecen de genere de ho jung ni ba jugūn i ildun
집 에서 나와서 京 城 에 감 에 河 中 의 땅 길 의 편리함

ofi darime acanafi kiduha jongko be gisureki sehe bihe. jugūn
되어서 들러서 만나러 가서 그리워하고 사모한 것 을 말하자 하였다. 路

장군서(張君瑞)가 편지를 써서 나를 보내 독(纛)의 아래 바치는 것입니다. 절박한 위기에 있으니 대인(大人)께서는 빨리 구해 주십시오."
두확(杜確) 말하기를
"좌우의 군사들은 이 화상을 풀어주어라. 장군서는 나의 아우이다. 빨리 그 편지를 가져오너라."
혜명이 예를 행하고 편지를 바쳤다.
두확(杜確)이 편지를 열어 보니,
'동학(同學)의 아우 장공(張珙)이 절하고 다시 예하며 군실(君實) 어진 형, 대인(大人) 대원수(大元帥)의 독(纛) 아래 글을 바칩니다. 존안(尊顔)과 이별하고 계절이 두 번이나 지나갔습니다. 비바람이 치는 저녁이면 더욱 생각나서 잊을 수가 없었습니다. 집을 떠나 경성(京城)으로 가는 길에 하중(河中)으로 가는 것이 편해서 잠깐 들러서 만나 뵙고 그리워 한 얘기를 나누고자 하였습니다.

226) fudasihūn lakiyabuha tuksicuke : 도현지위(倒懸之危)로 거꾸로 매달린, 즉 매우 절박한 위기를 가리킨다.
227) halhūn šahūrun : 한훤(寒暄)으로 날씨의 춥고 더움을 말하는 인사이다.

滿漢西廂記 十九

風雲 變色 夙承 古人 方叔 召虎

專制一方 咄叱所 臨

命 真反不計 伏惟 仁兄 仰受 節 鉞

自恨乎 生手無縛雞 區區 徼

不勝憤懣 便當甘心

將遲無礼 誰無弱息 遽見狼狽

何期暴 容見其 桀 着 擁 衆 五千

持 喪 小閒 戒 暫 僦 安居

故臣崔公 身後 多累

几 席之下 忽直弄 兵

不為憂也 輕 裝 小 頓 乃在 蕭寺

頓 忽 擱 採薪 昨 巳 粗 愈

on de cukuhe šadaha dade gaitai nimeku tušafi jakan majige yebe
程 에 피곤하고 지친 터에 갑자기 병 들고 곧 약간 좋게

ofi hūwanggiyarakū oho. weihuken aciha be simacuka miyoo de
되어서 관계없이 되었다. 가벼운 짐 을 적막한 廟 에

ebubuhebi. tehe iliha baci holkonde[228] dain tucinjire be we gūniha?
내려놓았다. 앉은 일어선 곳에서 순간에 전쟁 일어남 을 누가 생각했겠는가?

akū oho amban tsui gung akū oho amala jobocun ambula ofi
죽은 관리 崔 公 죽은 후 근심 크게 되어서

giran be gamame genere de olhocuka be donjifi taka boo turifi tehe
주검 을 가져 감 에 두려워함 을 듣고 잠시 집 빌려서 머물렀다.

bihe. doksin antaha[229] banin saikan be sabufi sunja minggan geren be gaifi
포악한 손님 용모 아름다움 을 알고 五 千 여럿 을 데리고

dorakūlame yabuki sembi. wede juse sargan akū? gaitai uttu
무례히 굴고 가자 한다. 누구에게 아이들 부인 없겠는가? 갑자기 이렇게

hafirabure jakade alimbaharakū gingkame fancambi. uthai ainaki
핍박당할 적에 견딜 수 없이 우울하며 화가 난다. 곧 어찌하고자

seci kororongge beyede banitai coko jafara bengsen akū. ser sere
해도 슬퍼하는 것 자신에게 선천적으로 닭 잡을 능력 없다. 미미한

heni ergen be hono aiseme gūnici gosingga ahūn wesihun jiyei
조그만 생명 을 또 어찌할까 생각하니 사랑하는 형 위로 節

yuwei be alifi cohome emu dere be kadalambi. i tak seme foroho
鉞[230] 을 받고 임명 받아 한 지역 을 관리한다. 그 탁 하고 돌린

ici edun tugi boco gūwaliyambi. daci julgei niyalma fang šu šoo
쪽 바람 구름 색 변한다. 본래 옛 사람 方 叔 召

—— ◦ —— ◦ —— ◦ ——

노정(路程)에 피곤하고 지친 터에 갑자기 병이 들었다가 곧 괜찮아졌습니다. 가벼운 짐을 적막한 절에 내려놓았는데, 잠시 머물던 곳에서 갑자기 전쟁이 일어날 것이라고 누가 생각했겠습니까? 대신(大臣) 최공(崔公)이 돌아가신 후 문제가 생겨서 주검을 모시고 갈 수 없게 되어 최공 댁이 잠시 방을 빌려서 머물렀습니다. 그런데 강도가 최공 댁 소저의 아름다움을 알고 오천 군사를 데려와 무례히 굴고 가려고 합니다. 갑자기 이렇게 핍박당하니 참을 수 없을 만큼 슬프고 화가 납니다. 그러나 어떻게 하고자 하여도 슬프게도 저는 선천적으로 닭을 잡을 능력조차 없습니다. 미미하고 조그만 생명을 어떻게 해야 하나 생각하니 사랑하는 형이 위로부터 절월(節鉞)을 받고 임명 받아서 한 지역을 관리합니다. 휙 하고 돌린 쪽 바람과 구름 색이 변합니다. 본래 옛사람

---

228) tehe iliha ba : '앉고 서던 곳'인데 '머물던 곳'의 의미를 가리킨다.

229) 폭객(暴客)은 '강도, 무뢰한'으로 여기서는 손비호를 가리킨다.

230) 절월(節鉞)은 절부월(節斧鉞)로서 황제가 관원과 장수에게 내어 주던 절과 부월. 절(節)은 수기(手旗)와 같고, 부월(斧鉞)은 도끼 같이 만든 것으로 군령(軍令)을 어긴 자에 대한 생살권을 상징(象徵)하였음.

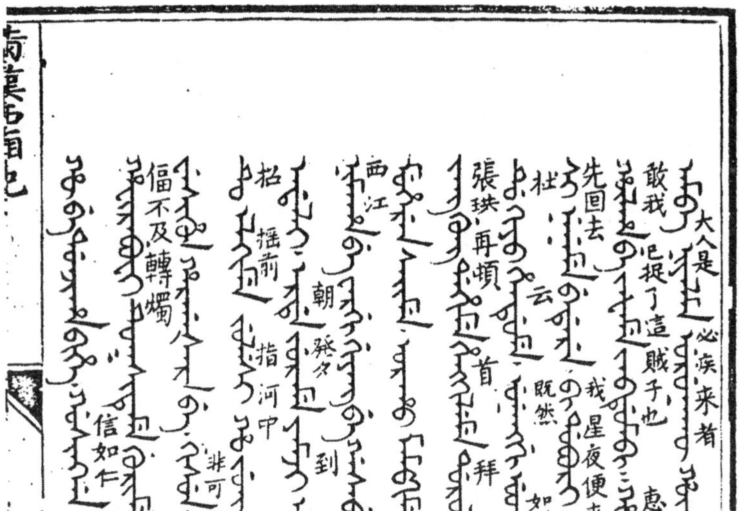

大人是 必疾来者 下

敢我 把捉了這賊子也 惠云 寺中十分 緊急

先回去 我星夜便来 北及 你到寺裏 時

杜 云 既然 如此 我就傳令 和尚你

張珙再頓首拜 二月十六日書

西江 伏乞台照不宣

朝 發夕 到 崔公九泉亦 當啣結

使我 涸鮒 不恨

摇 指河中 譬如疾雷

拈 摇前 非可言 諭 万祈

倘不及轉燭 仰望垂手

信如仁兄 实乃不愧 令弟 危

hū be donjiha bihe. gosingga ahūn oci yala teherešembi.[231] deo ne
虎[232] 를 들었다. 어진 형 은 정말로 필적한다. 아우 지금

hafirabufi tuksiteme gurime jailame jabdurakū ohobi. gala joolafi
핍박당하고 두려워해서 옮겨 피할 여유가 없이 되었다. 팔짱 끼고

wesihun hargašara be gisun de wacihiyame muterakū. tumenggeri bairengge
위 우러러봄 을 말 에 다 할 수 없다. 만 번 바라는 것

tu elkime julesi ho jung i baru jici duibuleci hahi akjan i
纛 휘두르며 앞쪽 河 中 의 쪽 오면 비교하면 급한 우레 의

adali. erde jurame yamji isinjire be dahame mini gese faha yun i
같다. 일찍 출발하여 저녁 도착함 을 따라서 나의 같이 목마른 바퀴자국 의

nimaha be wargi giyang be gasaburakū obuci tsui gung uyun šeri fejile inu
물고기[233] 를 西 江 을 원망하지 않게 하면 崔 公 九 泉[234] 아래 또

muheren saime orho mampime karulambi dere. bairengge wesihun bulekušereo.
環 銜 草 結하여 보은하리라.[235] 원하건대 높이 통촉하소서.

jang gung dahime hengkileme doroloho. juwe biyai juwan ninggun i jasigan sehebi.
張 珙 다시 절하고 예하였다. 2 월의 10 6 의 편지 하였다.

du kiyo hendume unenggi uttu oci bi uthai fafun selgiyembi. hūwašan
杜 確 말하되 정말 이러 하면 나 곧 법 반포할 것이다. 和尙

si neneme bedere. bi dobori inenggi akū genembi. si sy de isinadala bi
너 먼저 돌아가라. 나 밤 낮 없이 간다. 너 寺 에 도달하도록 나

hūlha be jafame jabdumbi. hūi ming hendume sy i dorgi ne je ohobi.
도적 을 잡아서 정리할 것이다. 惠 明 말하되 寺 의 안 급하게 되었다.

amba niyalma urunakū hūdun jidereo sefi mariha.
大 人 반드시 빨리 오소서 하고 돌아갔다.

—— ◦ —— ◦ —— ◦ ——

방숙소호(方叔召虎)를 말하지만 어진 형은 정말로 그에 필적합니다.
아우는 지금 핍박당하고 두려워 옮겨 피할 여유가 없이 되었습니다. 팔짱 끼고 하늘 쳐다보는 것을 말로 다할 수 없습니다. 만 번 바라건대 독(纛) 휘두르며 앞쪽에 있는 하중(河中)에 빠른 우레와 같이 와주십시오. 아침 일찍 출발해서 저녁에 도착하여 나처럼 학철부어(涸轍鮒魚)가 서강(西江)을 원망하지 않게 해준다면, 최공(崔公) 구천지하(九泉之下)에서 또 결초함환(結草啣環)하여 보은할 것입니다. 원하건대 높이 통촉하여주시옵소서. 장공(張珙) 다시 절을 하고 예를 행합니다. 2월 16일에 편지 올립니다.'
두확이 말하기를
"정말로 이렇다면 내가 곧 법을 반포하겠다. 화상아, 너는 먼저 돌아가거라. 나도 밤낮 없이 가겠다. 네가 절에 도착하기 전에 내가 도적을 잡아서 정리할 것이다."
혜명이 말하기를
"절이 위급하게 되었으니 장군께서는 반드시 빨리 오십시오."
하고 돌아갔다.

---

231) teherešembi : teheršembi와 동일한 단어이다.

232) 방숙소호(方叔召虎)는 주나라 선왕(宣王)의 뛰어난 신하들이었다. 선왕은 주나라의 11대 왕으로 아버지 여왕(厲王)이 망명하자 소공(召公)의 집에 숨어 있다가 주공(周公)과 소공(召公)의 도움으로 즉위하였다. 정치에 힘써 명재상 윤길보(尹吉甫)에게는 북방의 오랑캐인 험윤(玁狁)을, 방숙(方叔)과 소백호(召伯虎)에게는 남쪽 오랑캐인 형만(荊蠻), 회이(淮夷)를 정벌하게 하였다.

233) 涸轍鮒魚(학철부어)는 수레바퀴 자국의 고인물에 있는 붕어라는 뜻으로 몹시 곤궁하거나 위급한 처지에 있는 사람을 비유해 이르는 말이다. 《莊子 外物》 편에 나오는 고사로 수레바퀴 자국에 괸 물에 있던 붕어가 물 몇 잔만 떠다가 살려 달라고 하는데 2,3일 안으로 가는 길에 서강(西江)의 맑은 물을 잔뜩 길어다 주겠다고 했다는 고사이다.

234) 구천(九泉)은 죽은 뒤에 넋이 돌아간다는 곳을 가리킨다.

235) 結草啣環(결초함환)은 은혜(恩惠)를 잊지 않고 기필코 보답(報答)하겠다는 고사성어로서 함환(啣環)은 한나라 때의 양보(楊寶)의 이야기다. 양보는 일곱 살 때에 화음산 북쪽에서 부상당한 꾀꼬리 한 마리를 집으로 가져와 치료하여 날려 준 적이 있었다. 그 후 양보가 성장하여 꿈을 꾸었는데 꿈길에서 나타난 꾀꼬리가 자신을 서왕모(西王母)의 사자라고 밝히고 입에 물고 있던 하얀 구슬 네 개를 양보에게 바치며 "앞으로 당신의 자손들은 모두가 여기 있는 흰 구슬처럼 귀하게 될 것입니다."라고 말했다.

滿漢西廂記 二

杜傳令云 大小三軍 聽我號令

就點中雄吾千人馬 星夜

起發 直指河中府普救寺 救我

兄弟走一遭 衆應云得令俱下

孫引卒齊上云

怎麼了 怎麼了 白馬爺已來了 我們都下馬卸甲投戈

跪倒 悉憑爺已發落也 杜引卒上云

你們做甚麼 都下馬卸甲 投戈跪倒

你指望我饒你們也 也罷 上將孫飛虎一人

砍首號令 其餘不頗的

都歸農去 頗的 開報花名

我与你安插者 賊俱下

du jiyanggiyūn fafun selgiyeme hendume amba ajige ilan cooha mini fafun
杜 將軍 법 반포하고 말하되 大 小 三 軍 나의 號

šajin be donji. dulimbai ing ni sunja minggan cooha be tucibufi dobori
令 을 들어라. 中 雄[236] 의 5 천 군사 를 파견해서 밤

inenggi akū jurafi šuwe ho jung fu pu gio sy de genefi mini
낮 없이 출발해서 너희 河 中 府 普 求 寺 에 가서 나의

deo be aitubuki. geren je sefi yooni mariha.
아우 를 구하자. 모두 예 하고 전부 돌아갔다.

sun fei hū cooha gaifi sasa ekšeme wesifi hendume suru morin i mafa jihebi.
孫 飛 虎 군사 데려와 함께 서둘러 올라서 말하되 白馬 의 어르신 왔다.

ainaci ojoro. ainaci ojoro. muse gemu morin ci ebufi uksin sufi agūra waliyafi
어찌하면 되는가. 어찌하면 되는가. 우리 모두 말 에서 내려서 갑옷 벗고 무기 버리고

niyakūrahabi. suwembe guwebure be erembi dere. okini. damu sun fei hū be
무릎 꿇었다. 너희를 방면시킴 을 바라니라. 그리하자. 다만 孫 飛 虎 를

teile uju sacifi fafun selgiyeki. tereci tulgiyen cihakūngge oci
만 머리 베고 법 포고하겠다. 그에서 밖에 원하지 않는 이 는

yooni usin de bedere. cihangga oci gebu hala be
모두 밭 에 물러나라. 원하는 이 는 이름 姓 을

arafi benju. bi suwembe icihiyanjaki. hūlha yooni mariha.
써서 보내라. 나 너희를 적절히 처리하겠다. 도적 전부 돌아갔다.

—— ◦ —— ◦ —— ◦ ——

두(杜) 장군이 법을 반포하고 말하기를
"대소삼군(大小三軍)아! 나의 호령(號令)을 들어라. 중웅(中雄)의 5천 군사를 파견하여 밤낮 없이 하중부(河中府)의 보구사에 가서 나의 아우를 구하자."
모두
"예."
하고 전부 내려갔다.
손비호가 군사들을 데리고 함께 서둘러 올라와서 말하기를
"백마(白馬)의 장군이 왔다. 어떡해야 하는가. 어떡해야 하는가."
우리 모두 말에서 내려서 갑옷 벗고 무기를 버리고 무릎을 꿇었다.
"너희를 방면시키기를 바란다면 그렇게 하겠다. 다만 손비호만 머리 베고 법을 포고하겠다. 그 밖에 원하지 않는 자는 모두 밭으로 물러나라. 원하는 자는 이름과 성(姓)을 써서 보내라. 내가 너희를 적절히 처리하겠다."
도적들이 전부 내려갔다.

236) dulimba-i ing : 중간을 나타내는 dulimba와 속격어미 i, 그리고 雄의 음차 ing으로 분석된다. dulimbai ing을 만한합벽(滿漢合璧)의 한어(漢語)에서 가토본과 동양문고본에서는 중웅(中雄)으로, 초본에서는 중권(中權)으로 쓰였다.

小弟 賤恙 偶作 所以 失謁

敢 問賢弟 因甚不至我 處 張生云

致累受驚 敢 辭 万死

杜云 狂賊 跳梁 有失防禦

自分必死 今日之 命 实 蒙 再造

杜与 夫人 相見 拜 科 夫人云 孤 寡窮途

不及過訪 万乞 恕罪

近在 鄰 治 杜云 正闘行旌

日 見面 乃如夢中 今

生 云 自別 台顏 矣 聽教

敢是 我 哥哥到也 杜確与張生相見拜 科 張

張生 上云 山門外 暴雷 似 声 喈

夫人 法本 上云 下 書 兩日 不見 回音

fu žin fa ben wesifi hendume bithe jasifi juwe inenggi ofi ainu umai mejige
夫人 法 本 올라서 말하되 글 부쳐서 2 일 되었는데 어찌 전혀 소식

akū ni? jang šeng wesifi hendume miyoo i duka i tule jilgan akjan i adali.
없느냐? 張 生 올라서 말하되 廟 의 문 의 밖 소리 우레 의 같다.

ainci mini ahūn jihebi dere. du kiyo jang šeng ni emgi dorolome acaha. jang
아마 나의 형 왔으리라. 杜 確 張 生 의 함께 예하여 만났다. 張

šeng hendume wesihun cira be fakcaha ci tacibure be donjihakū goidaha. enenggi
生 말하되 尊 顔 을 이별함 에서 가르침 을 듣지 못한 지 오래되었다. 오늘

dere acahangge uthai tolgin i adali. du giyo hendume sini bisire babe donjici
얼굴 만난 것 곧 꿈 의 같다. 杜 確 말하되 너의 있는 곳을 들으면

šurdeme hanci tehebi sembi. beye bahafi acanjihakū. tumenggeri bairengge
주변 가까이 살았다 한다. 자신 알아서 보러 오지 못했다. 만 번 비는 것

giljame gamareo. du kiyo fu žin i baru dorolome acaha. fu žin hendume emhun anggasi
이해해 주십시오. 杜 確 夫人 의 쪽 예하여 만났다. 夫人 말하되 외로운 과부

jugūn de mohofi toktofi bucerengge bihe. enenggi ergen bahangge yargiyan i dasame
길 에서 지쳐서 분명히 죽은 이 이었다. 오늘 목숨 구한 것 진실 로 다시

banjibuha kesi. du kiyo hendume balama hūlha balai facuhūrame dosome seremšere be
살게 한 은덕이다. 杜 確 말하되 미친 도적 함부로 반란을 일으켜 견디고 방어함 을

ufarabufi golondure de isibuhangge tumen jergi bucere ci jailaci ojorakū.
그르치게 하여 일제히 놀람 에 이르게 한 것 만 번 죽음 에서 피하면 안 된다.

gelhun akū mergen deo de fonjiki. ai turgunde mini tubade genehekū. jang šeng
감히 지혜로운 아우 에게 묻자. 무슨 까닭에 나의 그곳에 가지 않았냐. 張 生

hendume buya deo i fusihūn nimeku holkonde fukderere jakade tuttu tuwanara be
말하되 작은 아우 의 하찮은 병 문 득 재발할 적에 그렇게 보러가기 를

—— ◦ —— ◦ —— ◦ ——

부인과 법본이 올라와서 말하기를
"편지 써서 보낸 지 이틀이나 지났는데 어째서 전혀 소식이 없는가."
장생 올라와서 말하기를
"절의 문 밖의 소리가 우레와 같다. 분명 나의 형이 왔으리라."
두확(杜確)이 장생과 함께 예를 하여 만났다.
장생(張生) 말하기를
"존안(尊顔)을 이별하고 가르침을 듣지 못한 지 오래되었습니다. 오늘 얼굴 보게 된 것이 마치 꿈과 같습니다."
두확(杜確) 말하기를
"네가 있는 곳을 들으니 주변 가까이에 있다고 했는데, 스스로 알아서 보러 오지 못했다. 만 번 비니 이해해다오."
두확(杜確)이 부인의 쪽을 보고 예를 행하여 만났다.
부인 말하기를
"외로운 과부가 길에서 지쳐서 분명히 죽었을 것입니다. 오늘 저희의 목숨을 구한 것은 진실로 다시 살게 한 은덕입니다."
두확(杜確) 말하기를
"도적들이 함부로 반란을 일으켰는데, 방어하는 것을 그르쳐 일제히 놀라게 하였으니 만 번 죽어야 마땅합니다."
"감히 지혜로운 아우에게 묻겠다. 무슨 이유로 내가 있는 곳에 오지 않았는가?"
장생 말하기를
"아우의 하찮은 병이 문득 재발하여 보러가지

下

望旛開 唱凱歌 馬離普救 獻金鐙

杜騎馬料

不敢久留 兄 恐防軍政

異日却来拜賀

張生云 下官尚須料理

適間 投誠五千人

杜云

老身尚有處分 安排茶飯者

老夫人下官自当作伐

夫人云

彌月後 便叩謝 杜云 恭喜賀喜

又為 小弟意思成大礼

夫人 昨日許以女相配

不敢仰勞仁兄執柯

今日便應面仁兄去 却

ufarabuha. enenggi uthai gosingga ahūn be dahame geneci acambihe. damu
못하였다. 오늘 곧 어진 형 을 따라서 가면 맞다. 다만

fu žin sikse angga aljafi sargan jui be bumbi sehebi. gelheun akū gosingga
夫人 어제 허락해서 딸 을 준다 하였다. 감히 어진

ahūn be jobobume jala oburakū. buya deo i gūnin de dorolon be šanggabufi
형 을 고생시켜 중매인 되게 하지 않겠다. 작은 아우 의 생각 에 예의 를 이루게 하여

biya jaluka amala dorolome karulaki sembi. du kiyo hendume urgun kai.
달 가득한 후 예하여 보은하자 한다. 杜 確 말하되 기쁘구나.

urgun kai. sakda fu žin fusihūn hafan giyan i jala oci acarangge. fu žin hendume
기쁘구나. 老 夫人 변변찮은 관리 당연히 중매인 되면 마땅하다. 夫 人 말하되

sakda beye kemuni icihiyanjara babi. taka cai buda be dagila serede du kiyo
늙은 몸 항상 적절히 처리할 바 있다. 잠깐 茶 飯 을 준비해라 함에 杜 確

hendume jakan dahaha sunja minggan niyalma be fusihūn hafan icihiyame
말하되 마침 항복한 5 천 사람 을 변변찮은 관리 거두어

tebure unde. encu inenggi jai urgun de dorolome jiki. jang šeng hendume
처리하지 못했다. 다른 날 다시 기쁨 에 예하러 오마. 張 生 말하되

gosingga ahūn be gelhun akū goidame biburakū. coohai dasan sartaburahū.
어진 형 을 감히 오래 되어 있게 하지 않겠다. 軍 政 그르치게 할라.

tu kiyo morilaha. morin pu gio ci aljafi aisin i tufun toksime
杜 確 말 탔다. 말 普 求[237] 에서 출발해서 金 의 鐙[238] 두드리며

niyalma pu guwan be hargašame etehe
사람 浦 關 을 바라보며 승리한

ucun be uculembi. mariha.
노래 를 부른다. 돌아갔다.

—— ◦ —— ◦ —— ◦ ——

못하였습니다. 오늘 바로 어진 형을 따라서 가려고 합니다. 다만 부인께서 어제 딸을 주겠다고 허락하셨습니다. 감히 어진 형을 고생시켜 중매인이 되게 하지 않겠습니다. 아우의 생각에 답례로 한 달 후에 예를 갖춰 보은하고자 합니다."
두확(杜確) 말하기를
"기쁘구나. 기쁘구나. 노부인, 하관(下官)이 당연히 중매인을 하겠습니다."
부인 말하기를
"노신(老身)이 적절히 처리하겠습니다."
"잠깐 차반(茶飯)을 준비해라."
하니 두확(杜確)이 말하기를
"마침 항복한 5천 사람을 하관(下官)이 거두어 처리하지 못했습니다. 다른 날에 다시 축하하러 오겠습니다."
장생 말하기를
"어진 형을 감히 오래 있게 하지 않겠습니다. 군정(軍政)을 그르치지 마십시오."
두확(杜確)이 말을 탔다. 말이 보구사에서 출발해서 금등자(金鐙)을 두드리고 사람은 포관(浦關)을 바라보며 승리한 노래를 부른다.
내려갔다.

237) 초본(抄本)에서는 pu gio sy, 즉 보구사(普求寺)로 쓰였다.
238) 금등(金鐙)은 붉게 칠한 장대 끝에 도금한 등자를 거꾸로 붙인 의장(儀仗)이다.

本 下

先生得聞 張生下

仍舊来老僧方丈裏攀話著

孫飛虎 小生感謝你不盡也 本 云

無端豪家傳烽火 巧為襄王送雨雲

去書院裏去也

張生别法本云 小生收拾行李

是必来者 夫 人下

明日畧備茾酌 着紅娘来請先生

自今先生休在寺裏下 便移来家下書院内安歇

夫人云 先生大恩不可忘也

fu žin hendume siyan šeng ni amba baili be onggoci ojorakū. ereci
夫人 말하되 先 生 의 큰 은혜 를 잊으면 안 된다. 이로부터

julesi siyan šeng sy de tatara be joo. uthai meni bithei boode
앞으로 先 生 寺 에 머무르기 를 그만두어라. 곧 우리 書 院에

gurinjifi teki. cimaha albatu sarin dagilafi hūng niyang be unggifi
옮겨 와서 머물자. 내일 조촐한 잔치 준비하고 紅 娘 을 보내어

siyan šeng be solinambi. urunakū jidereo sefi fu žin mariha.
先 生 을 초대하러 가겠다. 반드시 오소서 하고 夫 人 돌아갔다.

jang šeng fa ben i baru fakcara doro arafi hendume buya bithei niyalma
張 生 法 本 의 쪽 떠나는 예 하고 말하되 小 書 生

aciha fulmiyen be icihiyafi bithei boode genembi. fili fiktu akū
行李 를 정리하고 書 院에 간다. 이유 없이

etenggi niyalma holdon tuwa dekdebufi lak seme siyang wang ni jalin aga tugi benjihe.[239]
강도 봉화 일으키고 바로 襄 王 의 때문 雲雨 보냈다.[239]

sun fei hū buya bithei niyalma sinde baniha buhe seme wajirakū. fa ben
孫 飛虎 小 書 生 너에게 감사 주었다 하여 끝나지 않는다. 法 本

hendume siyan šeng šolo bahaci kemuni an i sakda hūwašan i fang
말하되 先 生 틈 얻으면 항상 평소대로 老 和尙 의 方

jang de leoleme jidereo sefi jang šeng mariha. fa ben
丈 에 論하러 오소서 하고 張 生 돌아갔다. 法 本

mariha.
돌아갔다.

—— ◦ —— ◦ —— ◦ ——

부인 말하기를
"선생의 큰 은혜를 잊으면 안 됩니다. 이제부터 앞으로 선생은 절에 머물지 마십시오. 곧 우리 서원(書院)에 옮겨 와서 머무르도록 하십시오. 내일 조촐한 잔치를 준비하고 홍랑을 보내어 선생을 초대하러 가겠습니다. 반드시 오십시오."
하고 부인 내려갔다.
장생 법본에게 떠나는 예를 하고 말하기를
"소생은 행리(行李)를 정리하고 서원(書院)에 가겠습니다. 이유 없이 강도가 봉화(烽火)를 일으켜서 바로 양왕(襄王)의 덕분에 운우(雲雨)를 보냈습니다. 손비호! 너에게 감사했다고 해도 한이 없다."
법본 말하기를
"선생, 틈이 나면 평소대로 늙은 화상의 방장(方丈)에 담론(談論)하러 오십시오."
하고 장생 내려갔다.
법본(法本)도 내려갔다.

---

239) 운우무산(雲雨巫山)으로 전국 말년에 초나라 懷王(회왕)이 운몽(雲夢)을 여행하다가 고당(高糖)에 투숙하여 꿈을 꾸었다. 태양의 신 염제(炎帝)의 딸인 운우(雲雨)의 신 요희(摇姬)가 나타나 "소첩(小妾)은 무산에 사는 여인 인데 전하께서 고당에 납시었다는 말씀을 듣자옵고 枕席(침석: 잠자리)을 받들고자 왔나이다" 왕은 기꺼이 운우지정(雲雨之情)을 나누었다. "소첩은 앞으로도 무산에 살며 아침에는 구름이 되고 저녁에는 비가 되어 양대(陽臺) 아래에 머물러 있을 것이옵니다" 여인은 홀연히 사라지자 왕은 꿈에서 깨어났다. 왕은 그곳에 사당을 세우고 조운묘(朝雲廟)라고 이름 지었다. 회왕(懷王)의 아들 양왕(襄王)이 아버지의 우화를 듣고 요희(摇姬)를 사모하게 되었다. 양왕(襄王)도 이곳을 여행하여 똑 같은 꿈을 꾸었다. 후세에 요희(摇姬)를 무산신녀(巫山神女)라 부르게 되었다.

片時掃盡

半萬賊兵捲浮雲

中呂 粉蝶兒 紅娘唱

紅娘上云 須索早去者

老夫人着俺請張生

我的紅娘也呵

等至這早晚不見来

天未明便起身

直

張生上云

夜来老夫人說使紅娘来請我

請宴第六章

sarilame soliha ningguci fiyelen
잔치하며 초청한 여섯째 장

jang šeng wesifi hendume sikse sakda fu žin hūng niyang be takūrafi,
張 生 올라서 말하되 어제 老 夫 人 紅 娘 을 보내서

mimbe solinjimbi sehe. abka gerere onggolo uthai ilifi, aliyahai
나를 초청하러 온다 했다. 하늘 밝기 전에 즉시 일어나서 기다려도

ertele umai jiderakū. ainahani.
여태 결코 오지 않는다. 어째서냐?

mini ere hūng niyang ya.
나의 이 紅 娘 아?

hūng niyang wesifi hendume sakda fu žin mimbe
紅 娘 올라서 말하되 老 夫 人 나를

jang šeng be solina sehe. erdeken i geneki.
張 生 을 초대하러 가라 했다. 빨리 가자.

[jung lioi]【fen diyei el】〔hūng niyang ni ucun〕 hontoho tumen hūlhai
[中 呂] 【粉 蝶 兒】〔紅 娘 의 노래〕 半 萬 도적의

cooha be neore tugi hetehe gese. dartai andande erime geterembufi,
군사 를 떠도는 구름 걷히는 것 같다. 잠깐 사이에 청소하여 깨끗하게 하여서

잔치하며 초청한 여섯 번째 장

장생이 올라와서 말하기를
"어제 노부인께서 홍랑을 보내 나를 초청하러 온다 했다. 하늘이 밝기도 전에 일어나서 기다렸는데 여태 오지 않는구나.
어째서냐? 홍랑아!"
홍랑이 올라와서 말하기를
"노부인께서 나보고 장생을 초청하러 가라 했다. 빨리 가자."

[중려(中呂)]【분접아(粉蝶兒)】〔홍랑창(紅娘唱)〕
반만(半萬) 도적의 군사가
뜬구름 걷힌 것 같구나.

再不要西廂和月等

薄

今日東閣黎明開

醉春風

所望無成

倒是一緘書

為了媒証

張君瑞合當欽敬

前日

陳水陸

俺一家兒死裏重生

只擄舒心的列仙靈

[2:22b]

meni booi gubci bucefi dahūme weijuhe. damu mujilen sidaraka
우리의 집의 모두 죽다가 다시 살아났다. 다만 마음 평온한

turgunde, enduri ūren be faidafi, fucihi nirugan lakiyara gese.
때문에 仙 靈 을 벌려놓고 부처 그림 걸은 것 같다.

jang giyūn šui be uthai gingguleme kunduleci acambi. cananggi
張 君 瑞 를 곧 공경하며 대접하여 마땅하다. 지난 날

erehunjehengge mutehekū. hono emu fempi bithe, nememe jala situ
늘 원한 것 이룰 수 없다. 또 한 통 글 도리어 혼약

oho. 【dzui cun fung】 enenggi dergi leose be farhūn suwaliyame
되었다. 【醉 春 風】 오늘 東 閣 을 黎明[240]에

neihe. jai wargi ashan de biyai sasa aliyarakū oho. nekeliyen
열었다. 다시 西 廂 에서 달의 함께 기다리지 않게 되었다. 얇은

잠깐 사이에 청소하여 깨끗하게 해서
우리 집안의 모두가 죽다가 다시 살아났다.
마음 평온해져서 선령(仙靈)을 벌려놓고 불화(佛畫)를 걸은 것 같다.
장군서를 공경하며 대접하여야 마땅하다.
지난날에는 항상 원하는 것을 이룰 수 없었지만
한 통의 편지가 도리어 혼약이 되었구나.

【취춘풍(醉春風)】
오늘 동각(東閣)을 여명(黎明)에 열었다.
다시 서상(西廂)에서 달과 함께 기다리지 않게 되었구나.
얇은

240) farhūn suwaliyambi : '어둠이 섞이다'는 뜻으로 '여명(黎明)'을 가리킨다.

隔窗兒咳嗽一聲

幽僻處可有人行

點蒼苔白露泠泠

脫布衫

可早書院裏也

綉簾風細

綠窗人靜

你好寶鼎香濃

衾單枕有人温

你早則不泠泠

jibehun emteli cirku de wenjere niyalma baha. si ainci fundehun
이불 외로운 베개 에 데울 사람 얻었다. 너 아마 쓸쓸하고

simacuka akū oho. si hojo. boobai dabukū de, hiyan burgašame
허전하지 않게 되었다. 너 아름답다. 보배 화로[241] 에 향 피어오르며

šeolehe tuhebuku i edun ler seme, niowanggiyan fa de niyalma cib sembi.
자수한 주렴 의 바람 나울대고 綠 窓[242] 에 사람 고요하다.

dule bithei booi
진정 書 院[243]

hūwa de isinjiha ni.
에 이르렀느냐.

【to bu šan】 dalda wai bade niyalma maka feliyembio. niokji de wasika
【脫 布 衫】 幽僻한 곳에 사람 과연 다니겠는가? 蒼苔[244] 에 내린

šanggiyan silenggi gelmerjembi. fa giyalame emgeri kaksiki.
白露 밝게 빛난다. 窓 사이에 두고 한번 기침 하자.

—— ◦ —— ◦ —— ◦ ——

이불과 외로운 베개를 데울 사람 얻었다.
너는 아마 쓸쓸하고 허전하지 않게 되었다.
너 아름답다, 보배 화로에 향 피어오르며
수놓은 주렴이 바람에 나울대고
녹창(綠窓)에 인적이 고요하다.

"이제 서원에 이르렀구나."

【탈포삼(脫布衫)】
유벽(幽僻)한 곳에 사람이 과연 다니겠는가?
푸른 이끼에 내린 백로(白露)가 밝게 빛난다.
창 앞에 서서 한번 기침하자.

241) 보정(寶鼎)은 보배롭고 귀중한 솥을 가리킨다.
242) 녹창(綠窓)은 부녀자가 거처하는 방으로 규방을 가리킨다.
243) 서원(書院)을 bithei booi hūwa라고 하였다. 아래에서는 bithei boo를 서원(書院)이라고 번역하였다.
244) 창태(蒼苔)는 '푸른 이끼'로 한청(13:16a)에서는 '믈속 돌에 잇기'라고 하였다.

爛淨 角帶鬧黄鞓

烏紗小帽耀人明 白

我道不及萬福先生

乂手躬身礼数迎

小梁州

他啓朱唇急来荅應

是我 張生開門相見科

張生云 是誰 紅娘云

西廂記 二三

jang šeng hendume we biheni. hūng niyang hendume
張 生 말하되 누가 있었느냐. 紅 娘 말하되

bi kai. jang šeng uce neifi ishunde acaha.
나 이다. 張 生 문 열고 서로 만났다.

tuwaci fulgiyan femen gakarafi ebuhu sabuhū fonjimbi.
바라보니 붉은 입술 열고 황망히 묻는다.

【siyoo liyang jeo】 gala jolafi, beye mehufi doronggo yangsanggai okdoro de,
【小 梁 州】 손 모으고, 몸 굽히고 정중하고 곱게 맞이함 에

bi umai siyan šeng tumen hūturi seme hendume jabdurakū ohobi.
나 전혀 先 生 萬 福 하며 말하되 겨를 없었다.

yacin ša i bokšokon mahala[245] niyalma de jerkišeme eldekebi. der
鴉青 紗 의 정돈된 모자 사람 에 눈부시게 빛났다. 눈처럼

sere sijigiyan[246] gincihiyan. weihei tohan[247] be suwayan uše de hadahabi.
襴衫 깨끗하다. 뿔 띳돈 을 황색의 가죽띠 에 붙였다.

—— 。—— 。—— 。——

장생이 말하기를
“누가 있느냐.”
홍랑이 말하기를
“저입니다.”
장생이 방문을 열고 서로 만났다.

바라보니, 붉은 입술 열고 황망히 묻는다.

【소양주(小梁州)】
손을 모으고, 몸을 굽혀 정중하고 곱게 맞이하니
‘선생, 만복(萬福)하십시오’하고 말할 겨를이 없었다.
오사모(烏紗小帽)가 눈부시게 빛나며
눈처럼 하얀 난삼(襴衫)이 깨끗하고,
뿔로 된 띳돈을 황색의 가죽띠에 달았다.

---

245) 오사소모(烏紗小帽)는 벼슬아치들이 관복을 입을 때에 쓰던 사모(紗帽)를 가리킨다. 검은 사(紗)로 만들어서 오사모(烏紗帽)라고 하기도 하는데 여기에서 아청색의 모자는 ‘오사모(烏紗帽)’를 가리키는 것이다. 원(元)나라 이후 진사(進士)도 사모를 썼기 때문에 관원의 상징이 되었다. 청(淸)나라에서는 벼슬아치들이 홍영모(紅纓帽)를 썼지만 관례대로 오사모(烏紗帽)는 관원의 상징으로 남았다.

246) 백란(白襴)은 옛 선비들이 입던 난삼(襴衫)으로 상하의가 붙어 있는 옷이며 지금의 장삼 또는 두루마기 형태의 옷이다. 가토본, 동양문고본에서는 백란(白爛)으로 쓰였지만 초본에서는 백란(白襴)으로 쓰였다.

247) tohan : toohan 띳돈으로 조복(朝服)의 띠에 붙이던 납작한 장식, 또는 관복 입을 때에 칼 차려고 띠에 달던 갈고리 모양의 쇠붙이다. 품계에 따라 서각(犀角), 금, 은을 썼다. 만한합벽(滿漢合璧)의 한어(漢語)에서는 각대(角帶)로 대응시키고 있는데 각대(角帶)는 벼슬아치가 예복에 두르는 띠를 통틀어 이르던 각띠를 칭한다. 띄ㅅ돈(한청11:09a) 띄ㅅ돈(방언2:22b)

上小樓

我不曾出聲 他連忙答應

張生云 小生便去

紅娘云 奉夫人嚴命

留情

性 我從來心硬 一見了也

休說引動鶯鶯 據相貌憑才

後

衣冠濟楚那更龐兒整

【mudan i amargi】 etuku mahala ter tar sere dade derei giru ele
【曲 의 後】 衣 冠 정연한 터에 용모 더욱

saikan. ing ing ede aššaha sere anggala ere banin wen enteke
좋다. 鶯 鶯 이에 움직였을 뿐 아니라 이 외모 이런

erdemu muten de bi daci mujilen mangga bicibe, sabume inu
재능 에 나 원래 마음 단단하지만, 보니 또

dolo buyembi.
마음 원한다.

hūng niyang hendume fu žin i gisun be alifi jihe.
紅 娘 말하되 夫 人 의 말 을 알리러 왔다.

jang šeng hendume buya bithei niyalma uthai genembi.
張 生 말하되 小 書 生 즉시 가겠다.

【šang siyoo leo】 bi umaisere[248] onggolo, tere ebuhu sabuhū jabumbi.
【上 小 樓】 나 전혀 말하기 전에 그 급히 대답한다.

—— ◦ —— ◦ —— ◦ ——

【후편(後編)】
의관이 정연하고 외모는 더욱 준수하다.
앵앵이 이에 마음이 움직였을 뿐만 아니라
이런 외모며 이런 재능이니
나도 원래 마음이 굳으나,
보니 또 마음이 끌리는구나.

홍랑이 말하기를
"부인의 말을 알리러 왔습니다."
장생이 말하기를
"제가 즉시 가겠습니다."

【상소루(上小樓)】
내가 말하기도 전에
그가 급히 대답한다.

---

248) umaisere : umai sere를 연철한 것이다.

後

第一来為壓驚　第二来

此席為何　可有別客

張生云　敢問紅娘姐

隨鞭鐙

令　先是五臟神　願

喏々連聲　秀才們聞道請　似得了將軍

早飛去鶯々跟前　姐々呼之

aifini ing ing ni jakade deyeme genefi gege sembime emdubei
벌써 鶯 鶯 의 옆에 날아 가서 아가씨 하며 오로지

je je sembi. šusai sa, solimbi sere be donjime uthai jiyanggiyūn i
예 예 한다. 秀才 들, 초청한다 함 을 듣고 곧 將軍 의

fafun be donjiha adali. sunja somishūn i enduri afanggala šusiha
명령 을 들은 것 같다. 五 臟 의 神 이미 채찍

tufun[249] de takūrabuki sembi.
등자 에 부려지게 하고자 한다.

jang šeng hendume hūng niyang gege de, gelhun akū
張 生 말하되 紅 娘 아가씨 에게 감히

fonjiki. ere sarin ai turgun. gūwa antaha bio.
묻자. 이 잔치 무슨 이유냐. 다른 손님 있는가?

【mudan i amargi】 emude oci, goloho be tohorombure jalin. jaide oci
【 曲 의 後 】 첫째애 는 놀란 것 을 안정시킬 이유. 둘째에 는,

—— ◦ —— ◦ —— ◦ ——

벌써 앵앵의 옆에 날아가서,
'아가씨'라고 하며
오로지 '예 예' 한다.
서생들을 초청한다는 얘기를 듣고
마치 장군의 명령을 들은 것 같다.
오장(五臟)의 신이 이미 채찍과 등자에 부려지기 원한다.

장생이 말하기를
"홍랑 아가씨에게 감히 묻겠습니다. 무슨 일로 이런 잔치를 하는 것이며 다른 손님들도 계십니까?"

【후편(後編)】
첫 번째는 놀란 가슴을 안정시키기 위함이고
두 번째는

249) 편등(鞭鐙)은 말채찍과 등자로 마구(馬具)를 비유한다.

酸丁 下工夫 把頭顱挣 已滑倒 蒼蠅

回顧影 文魔秀士 風吹

則見他謹依来命 又来

請貴人和鶯ㄷ匹娉 滿庭芳

不受人情 避衆僧

為謝承 不請街坊 不會諸親

baniha bure turgun. adaki boo be helnehekū. niyaman hūncihin be
감사 줄 이유 이웃 집 을 초청하러가지 않았다. 친척 동족 을

isabuhakū. doroi jaka be alime gaijarakū. geren hūwašasa be
모이게 하지 않았다. 禮 物 을 받아 갖지 않는다. 여러 和尙들 을

jailabufi, wesihun niyalma be solifi ing ing ni emgi holbome acabuki
피하게 하고, 貴 人 을 초대해서 鶯 鶯 의 함께 결혼하고자

sembi. tuwaci i solinjiha de nekulahabi. 【man ting fang】 geli amasi
한다. 보면 그 초청하여 온 것 에 뜻대로 되었다. 【滿 庭 芳】 또 뒤로

julesi helmen be hoilacambi.[250] bithe de berebuhe šusai,[251] edun de
앞으로 그림자 를 두리번거린다. 글 에 어리둥절해진 秀士, 바람 에

gocimbuha usun. kiceme uju be ijifi, derguwe niolhūdame
어리석은[252] 고지식한 이.[253] 힘써 머리 를 빗어서 파리 미끄러져

—— ◦ —— ◦ —— ◦ ——

감사하기 위함입니다.
이웃을 초청하지도 않았고
친척도 모이게 하지 않았습니다.
예물도 받지 않고
화상들도 모두 자리를 피하게 하고,
귀인(貴人)을 초대해서,
앵앵 아가씨와 함께 결혼시키고자 합니다.
초청하러 온 것을 보니 뜻대로 되었구나.

【만정방(滿庭芳)】
다시 앞뒤로 자신의 그림자를 둘러본다.
글에만 정신 팔린 선비
어리석은 고지식쟁이
힘써 머리를 빗어서
파리가 미끄러져

---

250) helmen be hoilacambi : 고영(顧影)으로 자신의 형체와 그림자를 둘러본다는 뜻이다. 정용수(2006:246)에서는 보감(寶鑑)에 "그림자를 돌아본다는 것은 글귀신이 글을 잘하게 해 주거나 귀신이 생긴 것을 자긍한 것이다."라고 설명하고 있다. 범어에서 '불도에 정진하는 사람의 수행을 방해하는 자를 이른다'

251) bithe de berebuhe šusai : 문마(文魔)로서 서치(書癡 : 글 읽기에만 온 정신을 쏟고 다른 일은 돌보지 않는 어리석음, 또는 그런 사람을 조롱하는 말)를 가리킨다.

252) edun de gocimbuha : 풍흠(風欠)으로 '미치다, 어리석다'의 의미로 쓰인다.

253) usun : 산정(酸丁)으로 가난하고 고리타분한 선비를 비꼬는 말이다.

世間草木是無情

百事精

不比一無成

百無成

快活三

這人一事精

封鎖過陳倉米數升

盖好過七八甕蔓菁

酸溜ヒ螫得人牙疼

安排定

光油ヒ耀花人眼睛

tuhembi. elden gilmarjara de, niyalmai yasa jerkišeme ilganambi.
쓰러진다. 광택 번들거림 에 사람의 눈 부셔 아른거린다.

seshun usun de niyalmai weihe niniyarame nimembi. giyan fiyan i icihiyafi,
징그러움 에 사람의 이빨 찔러 아프다. 분명히 처리해서

udu moro fe je bele[254] be fempileme yooselaha. nadan jakūn tamse menji be
몇 되 묵은 좁쌀 을 봉하여 잠가두었다. 7 8 단지 蔓菁 을

gingguleme dasiha. 【kuwai ho san】 enteke niyalma, emu baita de mangga
소중하게 여겨 덮어두었다.【 快 活 三】 이런 사람, 한 일 에 잘한다

oci, tanggū baita de mangga. emke be muteburakū. tanggū be
하면, 백 일 에 잘한다. 한개 를 할 수 없는 것 백 을

muteburakūngge de duibuleci ojorakū. jalan de orho moo de
할 수 없는 것 에 비교하면 안 된다. 세상 에 풀 나무 에

—— ◦ —— ◦ —— ◦ ——

쓰러진다.
광택 번들거려 눈이 부셔 아른거린다.
징그러워 이를 꽉 깨물어 아프다.
잘 처리해서 몇 되 묵은 좁쌀을 봉하여 잠가두었다.
예닐곱 단지의 만청(蔓菁)을 소중하게 여겨 덮어두었다.

【쾌활삼(快活三)】[255]
이런 사람, 한 가지 일을 잘하면,
백 가지 일을 잘한다.
한 가지 이루지 못한 것을
백 가지 이루지 못한 것에 비교하면 안 된다.
세상 초목에

---

254) fe je bele : 진창미(陳倉米)로서 곳집 속에 오래 쌓여 묵은 쌀을 가리킨다. 비장(脾臟)을 따뜻하게 하고 위(胃)를 다스려 번갈(煩渴)과 설사를 치료하는 데 쓴다.
255) 쾌활삼(快活三)이 초본에서는 쾌화삼(快和三)으로 되어 있다.

常要擔閣了人性命 他的
多情 若遇佳人薄倖
夜々成孤另 曾聞才子
天生聰俊 打扮又素淨
生後生 怎免相思病
猶有相兼並 朝天子 這

[2-26a]

gūnin akū bime, hono kamcime banjirengge bi. 【coo tiyan dzy】[256] ere
마음 없다 해도, 또 어우러져 살아가는 것 있다.【朝 天 子】 이

bithei niyalma seci asihata, adarame kidure nimeku be akū obume
書 生 하면 젊은이들, 어찌 상사병 을 없이 되게

mutembi. banitai sure hocikon bime, miyamihangge geli gincihiyan
할 수 있느냐? 천성 영리하고 아름다우며, 치장한 것 도 화려하고

bolgo. dobori dari emhun simeli de dosombio. donjici erdemungge
깨끗하다. 밤 마다 홀로 쓸쓸함 에 견디는가? 들으니 재주 있는

saisa ambula bailingga sembi. aika saikan niyalma i gūnin keike de
선비 매우 다정하다 한다. 만약 아름다운 사람 의 마음 薄情 에

teisulebuci, kemuni niyalmai ergen be sartabume jocibumbi. terei
마주치게 되면, 언제나 사람의 생명 을 그르쳐 해친다. 그녀의

—— ◦ —— ◦ —— ◦ ——

마음이 없다고 해도,
또 어우러져 살아가는 것이 있다.

【조천자(朝天子)】
이 서생(書生)은 젊은이다.
어찌 상사병을 면할 수 있겠는가?
본성이 총명하고 아름다우니,
치장한 것도 윤이 나고 깨끗하다.
밤마다 홀로 쓸쓸함을 견딜 수 있겠는가?
들으니 재주 있는 선비가 매우 다정하다 한다.
만약 아름다운 사람의 마음이 박정(薄情)함에 마주치게 되면,
언제나 사람의 생명을 그르쳐 해친다.
그녀의

256) coo tiyan dzy : 초본에는 co tiyan dzy로 쓰였다.

今日如何鋪設 小生豈輕造 那边

張生云 敢問紅娘姐

好煞人無乾淨

端詳可憎

前交鴛頸

鶯ヒ 那曾慣經 你索欵ヒ輕ヒ燈

四边静

只是今宵歡慶 軟弱

信行 他的志誠 你今夜親折證

滿漢西廂記

akdun yabun, terei unenggi gūnin be si ere dobori beye cendeme
성실한 행동, 그녀의 진실한 마음 을 너 이 밤 자신 시험하여

duilembikai. 【sy biyan jing】 damu ere yamji i urgun sebjen, uhuken
증명하느니라. 【四 邊 靜】 다만 이 저녁 의 희열 연약하고

niyere ing ing, aika silkabume dulembuheo. si kemuni elheken
여린 鶯 鶯, 어찌 경험을 쌓아 겪었느냐? 너 늘 천천히

nuhakan i dengjan i juleri meifen halgifi, hataburu be ceceršeme
조용히 등잔 의 앞에서 목 감고 밉살스러운 이 를 꽉 껴안고

cincila. ai hacin i sain seme bolokon akū dere!
자세히 보아라. 아무리 좋다 해도 깨끗하지 않으리라.[257)]

jang šeng hendume gelhun akū hūng niyang gege de fonjiki. tubade
張 生 말하되 감히 紅 娘 아가씨 에게 묻자. 그 곳에

enenggi adarame dasatame faidahabi. buya bithei niyalma ai yokto i
오늘 어떻게 준비하며 차렸느냐? 小 書 生 무엇 때문 으로

—— ◦ —— ◦ —— ◦ ——

성실한 행동,
그녀의 진실한 마음을
네가 오늘밤에 스스로 시험하여 증명해보리라.

【사변정(四邊靜)】
다만 오늘저녁의 희열을
연약하고 여린 앵앵이,
어떻게 경험을 쌓고 겪었겠느냐?
당신은 늘 천천히 조용히
등잔 앞에서 목을 감고,
아름다운 사람을 꽉 껴안고 자세히 보아라.
아무리 좋다 해도 이보다 깨끗하지 않으니라!

장생이 말하기를
"감히 홍랑 아가씨에게 묻겠습니다. 오늘 어떻게 준비하며 차렸습니까? 제가 무엇 때문에

257) 만한합벽(滿漢合璧)의 한어(漢語)에서는 호살야무간정(好煞也無干淨)으로 대응시키고 있는데 '아무리 끝내려 해도 끝나지 않느니라'의 뜻이다.

兩行是孔雀春風輭玉屏

正中是鴛鴦夜月銷金帳

請先生切勿推稱

遣妾莫消停

一霎時良辰美景

夫人

要孩兒

俺那邊落紅滿地

胭脂冷

〔2-27a〕

uthai genere.
곧 가는가?

【šuwa hai el】 meni tuba sigaha ilha na de jalufi, fiyan gūwaliyaka
【耍 孩 兒】 우리의 저곳 시든 꽃 땅 에 가득하고, 낯빛 바뀌었다.[258)]

bihe. tartai andande sain inenggi, saikan arbun oho. fu žin
순식간에 좋은 날 아름다운 풍경 되었다. 夫 人

fusihūn beyebe takūrafi ume elhešere sehe. siyan šeng ainara
천한 몸을 보내서 늦지 말라 했다. 先 生 어떻든

ume siltame anatara. tob dulimbade sese šeolehe ijifun niyehe
거절하지 말라. 바로 한가운데에 금실 자수한 원앙

dobori biyai jampan lakiyahabi. juwe ergide, tojin niyengniyeri
밤 달의 장막 걸었다. 양 쪽에 공작 봄

—— ◦ —— ◦ —— ◦ ——

바로 가야합니까?"

【사해아(耍孩兒)】
우리 그곳은 떨어진 꽃이 땅에 가득하여 낯빛이 변했었는데
순식간에 좋은 날, 아름다운 풍경이 되었습니다.
부인께서 미천한 몸을 보내서 늦지 말라 하였습니다.
선생님은 어떻든 거절하지 마십시오.
한가운데에는 금실 수놓은 원앙, 야월(夜月)의 장막을 걸었습니다.
양쪽에 공작

258) fiyan gūwaliyaka bihe : 만한합벽(滿漢合璧)의 한어(漢語)에서는 연지랭(胭脂冷)으로 대응시키고 있는데 '스스로 가련하다고 생각하다'는 뜻이다.

聘不見爭 親立便成 新

怎生好見夫人

在客中 卻是 小生

無一縣財礼

張生云 敢問紅娘姐

鷹瑟鸞 笙

一對ㄷ鳳簫象板

下邉合歡令

〔2:27b〕

edun de debsire gu i gese huwejen cahabi. wala hūwaliyambume
바람 에 날갯짓하는 옥 의 같은 병풍 쳤다. 아랫녘 소리 어울려

acabure mudan deribume juru juru funghūwang ni ficakū, sufan i
맞춘 가락 시작하며 쌍 쌍 鳳凰 의 簫[259] 코끼리 의

weihe i carki, niongniyaha i še, luwan i šeng ficambi.
상아 의 拍板[260] 거위 의 瑟[261] 鸞 의 笙[262] 분다.

jang šeng hendume gelhun akū hūng niyang gege de fonjiki. buye bithei
張 生 말하되 감히 紅 娘 아가씨 에게 묻자. 小 書

niyalma yabure antaha ofi, heni majige doroi jaka akū. adarame
生 행인 되서 조금도 禮 物 없다. 어떻게

ohode teni fu žin de,
함에 비로소 夫 人 에게

acaha de sain?
만남 에 좋으냐?

jafan[263] nemšerakū. niyaman i baita ilihai andande mutebumbi. ice
納幣[264] 탐하지 않는다. 혼사 곧 바로 할 수 있다. 새로운

—— ◦ —— ◦ —— ◦ ——

봄바람에 날갯짓하는 옥 같은 병풍을 쳤습니다.
아랫녘에서는 소리 어울려 맞춘 가락 시작하여
쌍쌍의 봉소(鳳簫), 코끼리 상박(象拍),
안슬(雁瑟), 난생(鸞笙) 붑니다.

장생이 말하기를
"감히 홍랑 아가씨에게 묻겠습니다. 소생이 나그네인지라 조금도 예물 될 만한 것이 없습니다. 어떻게 부인을 만나 뵙는 것이 좋겠습니까?"

【사살(四殺)】[265]
예물을 탐하지 않습니다.
혼사는 바로 치를 수 있습니다.
새로운

---

259) 봉소(鳳簫)는 참대로 봉황의 날개 모양으로 만든 고전(古典) 악기(樂器)의 한 가지이다.
260) 상판(象板)은 여섯 개의 얇고 긴 판목을 모아 한쪽 끝을 끈으로 꿰어, 폈다 접었다 하며 소리를 내는 박판(拍板)의 한 가지이다.
261) 안슬(雁瑟)은 중국 고대 아악기의 하나로 앞은 오동나무로 만들고 뒤는 밤나무로 만들어 25줄을 매었다.
262) 난생(鸞笙)은 선계에서 연주되는 대나무 악기로 만물이 소생하는 소리를 낸다고 한다.
263) 초본에는 jafan의 앞에 si ša 사살(四煞)이라는 곡패(曲牌)의 명칭이 쓰여 있다.
264) 납폐(納幣)는 혼인 때 신랑집에서 신부집으로 예물을 보내는 일 또는 그 예물을 가리킨다.
265) 가토본과 동양문고본에는 없는 '사살(四殺)'이 초본에는 있다.

滿漢西廂記 … 二八

舉將能 你

成就一世前程 想是臧鬆功

真傒倖 不費半絲紅線

他不卧看牽牛織女星

鳳乘鸞客 怕

婚燕爾天排定 生成是一双跨

[2:28a]

holbon yengsi sarin serengge, abkai toktobuhangge. suwe banitai emu
배우자 혼인잔치 하는 것 하늘의 혼담을 정한 것 너희들 타고난 한

juru funghūwang be kangnara, luwan gasha be yalure antaha. tese
쌍 鳳凰 을 올라타고 鸞 새 를 타는 손님이다.[266] 그들

gūwaidame dedufi, nio lang, jy nioi usiha be tuwarakū jalin
기대어 누워서 牛 郎[267] 織 女 별 을 보지 않는 까닭

ainu jobombi. yala absi jabšan, hontoho sirge fulgiyan tonggo be
어째서 걱정하느냐. 참으로 얼마나 행운이냐. 반 줄 붉은 실[268] 을

fayahakū. emu jalan i julergi on be šanggabuha. ainci hūlha be
낭비하지 않았다. 한 세상 의 앞 길 을 성취되었다. 분명 도적 을

mukiyebuhe gung, jiyanggiyūn be tucibuhe muten bisire be dahame, sini
섬멸한 功 將軍 을 천거한 능력 있음 을 따라서 너의

—— ◦ —— ◦ —— ◦ ——

부부가 혼인잔치를 하는 것은 하늘이 혼담을 정한 것입니다.
당신들은 타고난 한 쌍 봉황을 올라타고 난(鸞)새를 타는 손님입니다.
그들이 기대어 누워서 견우, 직녀별을 보지 않는 것을 어째서 걱정하십니까?
참으로 얼마나 행운입니까?
반줄의 홍선(紅線)도 필요하지 않았습니다.
일생의 앞길을 성취하셨습니다.

【삼살(三殺)】[269]
분명 도둑을 섬멸한 공과,
장군을 천거한 능력이 있으므로
당신의

---

266) emu juru funghūwang be kangnara, luwan gasha be yalure antaha : 과봉승난(跨鳳乘鸞)으로 한(漢)나라 유향(劉向)의 열선전(列仙傳)에 따르면 농옥(弄玉)의 남편인 소사(蕭史)는 진 목공 때 사람으로 퉁소를 잘 불어 <봉명(鳳鳴)> 이란 곡을 남겼고, 그 소리로 공작과 흰 학을 불러들일 수 있었다고 한다. 어느 날 진 목공의 딸 농옥이 소사에게 연정을 품었고, 목공은 딸을 소사와 맺어 주었다. 소사는 농옥에게 퉁소를 가르쳤고 몇 년 뒤 농옥은 퉁소로 봉황의 울음소리를 낼 수 있었는데, 봉황이 집으로 날아오자 목공이 봉황대(鳳凰臺)를 만들어 주었다. 농옥과 소사 부부는 봉황대에 올라가서 살다가 어느 날 농옥과 소사가 각각 봉(鳳)과 용을 타고 부부가 함께 봉황을 따라 승천하여 신선의 세계로 갔다고 한다. 아름다운 부부은 인연을 맺거나 좋은 배우자를 얻기 위한 비유에 쓰인다.

267) 우랑(牛郎)은 견우(牽牛)를 가리킨다.

268) 홍선(紅線)은 '붉은 실'로 신랑 집에서 신부 집에 보내는 예물, 곧 빙례(聘禮)를 가리킨다.

269) 가토본, 동양문고본과 초본에 없는 '삼살(三殺)'이 한문본에는 있다.

先生無伴等 並無繁冗

青登 夫人只一家

那見珠圍翠遶 不出黃卷

萬兵 自古文風威

是鶯娘心下十分順 總為君瑞胸中百

兩般功効如紅定 先

ere juwe hacin i gung faššan, fulgiyan sujei hejehe adali. tere
이 두 종류 의 功 공적 붉은 비단으로 약혼하는 것[270] 같다. 그

anggala ing gegei mujilen asuru icangga. eiterecibe giyūn šui i
뿐 아니라 鶯 아가씨의 마음 매우 맞다. 대개 郡 瑞 의

tunggen i dolo tanggū tume cooha bisire turgun. julgeci šu tacin
가슴 의 속 백 만 병사 있었기 때문이다. 예로부터 文 風

wesihun sehengge, ya tana hadaha gecuheri hūsihangge. suwayan afaha
번성한다 하는 것 어느 진주 박은 망룡단[271] 두른 것[272] 黃 卷

niowanggiyan dengjan ci tucikekūni. fu[273] žin gadana emu boo seci,
青 燈[274] 에서 나오지 않았느냐? 夫 人 단지 한 집 하면,

siyan šeng de gucu hoki akū. umai largin facuhūn akū bime,
先 生 에게 친구 동료 없다. 전혀 복잡하지 않으며

—— ◦ —— ◦ —— ◦ ——

이 두 종류의 공적은 붉은 비단으로 약혼한 것과 같습니다.
그뿐만 아니라 앵앵 아가씨의 마음에 들었습니다.
대개 군서의 가슴 속에 백 만 병사가 있었기 때문입니다.
예로부터 문풍(文風)이 번성하는 것,
어느 진주(那見珠) 박은 망룡단을 두른 것은
황권청등(黃卷青燈)에서 나오지 않았습니까?

【이살(二殺)】[275]
부인은 단지 한 집안 식구뿐이고,
선생에게도 친구나 동료가 없습니다.
전혀 번거롭지 않으며

---

270) fulgiyan sujei hejehe : 홍정(紅定)으로 옛날 약혼할 때 남자 측에서 여자 측에 주는 금·은 머리장식 따위의 약혼 예물을 가리킨다. 한청문감(3:32a)에 'hejembi'는 '결혼을 정하고 잔치를 베푸는 것'으로, 방언집석(2:1a)에는 '송채ᄒᆞ다'로 되어 있는데 송채(送綵)는 '혼인 때 신랑의 집에서 신부의 집으로 청색과 홍색의 채단을 보낸다'는 의미이다.

271) 망룡단(蟒龍緞)은 용무늬가 있는 비단을 가리킨다.

272) ya tana hadaha gecuheri hūsihangge : 주위취요(珠圍翠繞)로 여자의 복식이 화려한 것을 표현하는 것으로 비취나 구슬 등의 장신구를 가득히 몸에 달다는 뜻이다.

273) 초본에는 fu 앞에 el ša 이살(二煞)이라는 곡패(曲牌)의 이름이 쓰여 있다.

274) 황권청등(黃卷青燈)은 등불을 켜고 책을 벗삼아 살아가다, 푸른빛의 등불과 누렇게 바랜 책으로, 고생스럽게 공부하는 생활을 가리킨다.

275) 가토본, 동양문고본에는 없는 '이살(二煞)'이 초본에는 있다.

收尾

先生休作謙 夫人專意等

小生隨後便來

張生云 既如此 紅娘姐且先行一步

即便同行

夫人的命 不須推托

廻避他無是無非廊下僧

真幽靜 立等你有恩有義心中客

yargiyan i bokšokon bolgo. sini gese bailingga jurgangga mujilengge
진실 로 그윽하고 조용하다. 너의 같은 다정한 의리 있는 마음 있는

antaha be, ilihai aliyame, tere tede akū ede akū nanggin i
손님 을 서서 기다리며, 그 저기 없이 여기 없이[276] 회랑 의

fejergi hūwašasa be gemu jailabuha. fu žin i gisun, ume anatame
아래 화상들 을 전부 피하게 했다. 夫 人 의 말 거부하며

siltara. uthai sasa yooki.
거절하지 말라. 곧 같이 가자.

jang šeng hendume uttu oci hūng niyang gege, emu okson
張 生 말하되 이러 하면 紅 娘 아가씨 한 걸음

nene. buya bithei niyalma dahanduhai uthai jimbi.[277]
먼저 가라. 小 書 生 바로 곧 온다.

【uncehen be bargiyaha】 siyan šeng ume anahūnjara. fu žin hing seme
【 收尾 】 先 生 겸양하지 말라. 夫 人 간절히

—— ∘ —— ∘ —— ∘ ——

정말로 그윽하고 조용합니다.
당신 같은 은혜 있고, 의리 있고, 마음 있는 손님을 서서 기다리며,
여기저기 없이 회랑 아래쪽 화상들을 모두 피하게 했습니다.
부인의 말을 거부하며
거절하지 마십시오.
바로 같이 갑시다.

장생 말하기를
"그러면 홍랑 아가씨, 한 걸음 먼저 가십시오. 소생도 바로 가겠습니다."

【수미(收尾)】
선생은 겸양하지 마십시오.
부인께서 간절히

276) tede akū ede akū : 만한합벽(滿漢合璧)의 한어(漢語)에서는 '무시무비(無是無非)'로 대응시키고 있는데 '한가하게 아무런 일이 없다'는 것을 비유한다.

277) jimbi : '오겠다'는 의미인데 문맥상으로는 '가겠다'라는 뜻으로 만주어에서는 화자가 행위의 결과를 중심으로 표현하여 국어에서 '가다'를 사용해야 할 환경에서 '오다'로 표현한다.

暗昧虎将起 朝雲

央 法 本做好事 起爲 也 惟頭龍 天德 法 而

我 改 日空 閑 索 破十貫 足 錢

孫飛虎 你真是我大恩人也 多 虧了他

两杯酒 便去 卧房裏 做親笑科 又云 飲

張生你來了也 俺鶯鶯做一對兒

此反我到得夫人那里 夫人道

張生云 紅娘去了 小生拽上書院門者

休使紅娘再来請

自古道恭敬不如從命

aliyahabi. julgeci, gungneme kundulengge, hese dahara de isirakū.
기다렸다. 예로부터 공경하며 존경하는 것, 말 따르는 것 에 미치지 않는다[278]

sehebi. ume hūng niyang be dahūme solinjibure.
했다. 紅 娘 을 다시 초대하러 오게 하지 마라.

jang šeng hendume hūng niyang genehe. buya bithei niyalma bithei booi uce be
張 生 말하되 紅 娘 갔다. 小 書 生 書 院의 문 을

dasiki. bodoci, bi fu žin i jakade isinaha manggi, urunakū hendume
닫자. 생각하면 나 夫人 의 곁에 도착한 후 반드시 말하되

jang šeng si jihebio. mini ing ing ni emgi juru oho be dahame, udu
張 生 너 왔느냐. 나의 鶯 鶯 의 같이 짝 됨 을 따라, 여러

hūntahan nure omifi, dorgi boode holbome gene sembi sefi injehe. geli
작은 잔 술 마시고, 안 방에 짝지으러 가라 한다 하고 웃었다. 또

hendume sun fei hū si, unenggi mini amba bailingga niyalma, ere sini kesi de
말하되 孫 飛虎 너 사실 나의 큰 恩 人. 이 너의 은혜 에

kai. bi gūwa inenggi jabduha de, inemene juwan ulcin tesu. jiha fayafi,
이다. 나 다른 날 여유가 있었음 에 차라리 10 貫 채워라. 錢 써서

fa ben de baifi, sain baita weileme tede doocan araki. damu buyerengge muduri
法 本 에 청해서, 法會 하고 그에게 제 올리자. 다만 원하는 것 용

abka ci ferguwecuke aga[279] be selgiyeme, butui tasha jiyanggiyūn de karulame erde
하늘 에서 기묘한 비 를 전하며 몰래 호랑이 將軍 에게 보답하며 아침에

—— ◦ —— ◦ —— ◦ ——

기다렸습니다.
예로부터, 공경하며 존경하는 것은 명에 따르는 것에 미치지 않는다고 했습니다.
홍랑을 다시 초대하러 오게 하지 마십시오.

장생이 말하기를
"홍랑이 갔구나. 서원(書院)의 문을 닫자."
생각해보니, 내가 부인의 곁에 도착하면 반드시 말하기를
"장생아, 너 왔느냐. 우리 앵앵과 같이 짝이 되었으니, 술을 한두 잔 마시고 안방에 짝지으러 가라 할 것이다."
하고 웃었다. 또 말하기를
"손비호, 너는 사실 나의 큰 은인이구나. 이것은 너의 은혜이다. 내가 언젠가 여유가 있을 때 차라리 10관의 충분한 돈을 써서 법본에게 청해서 법회를 하고 제를 올리겠다. 다만 원컨대 용이 하늘에서 법우(法雨)를 내려 몰래 호랑이 장군에게 보답하며 아침

278) julgeci, gungneme kundulengge, hese dahara de isirakū : 만한합벽(滿漢合璧)의 한어(漢語)에서는 공경부여종명(恭敬不如從命)로 대응시키고 있는데 '상대방을 공경하는 것보다는 차라리 그의 뜻을 따르는 것이 더 낫다'는 뜻이다. 주로 상대방의 의사에 따라 호의나 선물을 받을 때 쓰는 인사치례에 쓰인다.
279) ferguwecuke aga : 법우(法雨 : 佛法을 비에 비유하는 말)를 가리킨다.

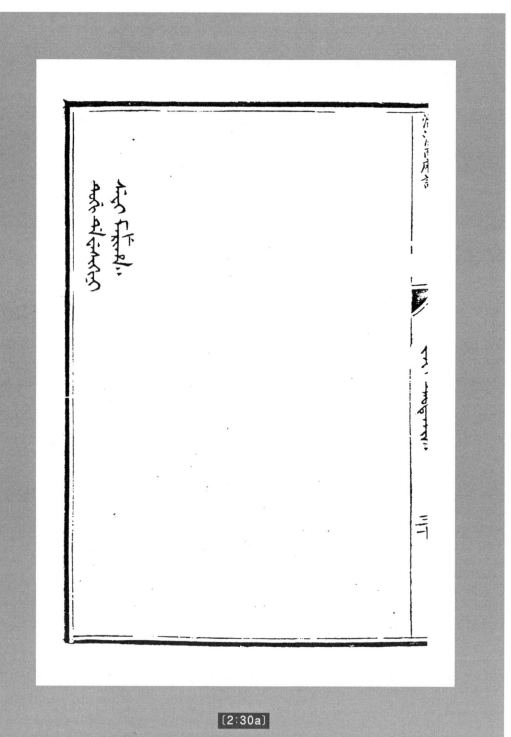

〔2:30a〕

tugi de wesikini
구름 에 오르게 하자

seci mariha.
하며 돌아갔다.

—— ◦ —— ◦ —— ◦ ——

구름에 오르게 하자."
하며 내려갔다.

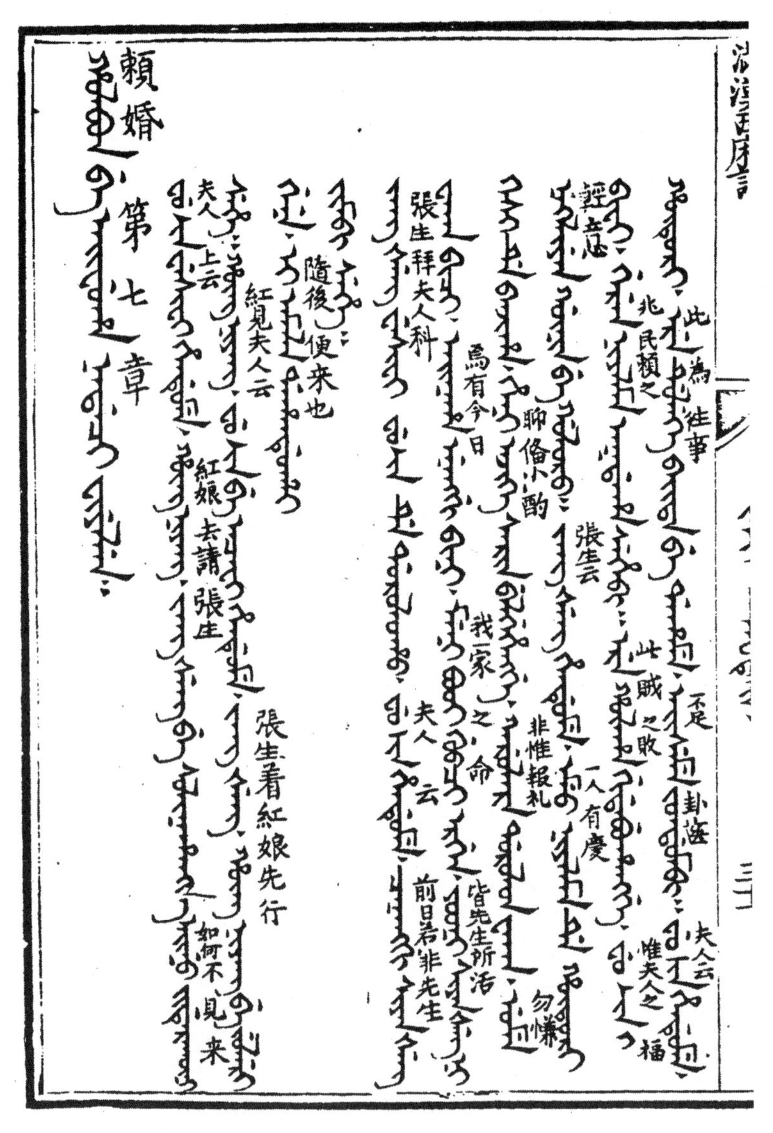

[2:31a]

holbon be aifuha nadaci fiyelen.
결혼 을 식언한 일곱째 장

fu žin wesifi hendume hūng niyang jang šeng be solinahangge ainu jiderakūni
夫 人 올라와서 말하되 紅 娘 張 生 을 초청하러간 것 왜 오지 않느냐

sehe. hūng niyang fu žin be acafi hendume jang šeng hūng niyang be juleri
했다. 紅 娘 夫 人 을 만나서 말하되 張 生 紅 娘 을 먼저

gene. i emhun dahanduhai
가라. 그 혼자 바로

jimbi sehe.
온다 했다.

jang šeng wesifi fu žin de doroloho. fu žin hendume cananggi siyan šeng
張 生 올라와서 夫 人 에게 예하였다. 夫 人 말하되 지난번 先 生

waka bici ainaha enenggi bini? meni booi gubci ergen yooni siyan šeng ni
아니면 어떻게 오늘 있는가? 나의 집의 모든 생명 전부 先 生 의

kesi de banjiha. heni ajige sarin belgehengge, karulara dorolon waka. ume
은혜 에 살았다. 정말 조금 잔치 준비한 것, 보답하는 예 아니다.

nekeliyen gūnin be goloro. jang šeng hendume emu niyalma de hūturi
작은 성의 를 피하지 말라. 張 生 말하되 한 사람 에게 복

bifi geren niyalma akdaha sehebi. ere hūlha gidabuhangge fu žin i
있고 여러 사람 의지했다 하였다. 이 도적 패하게 된 것 夫 人 의

hūturi, ere duleke baita be dahame aiseme jondombi. fu žin hendume
복이다. 이 지난 일 을 따라 왜 말을 꺼내느냐? 夫 人 말하되

—— ◦ —— ◦ —— ◦ ——

결혼 약속을 어긴 일곱 번째 장

부인이 올라와서 말하기를
"홍랑이 장생을 초청하러 갔는데 왜 오지 않느냐?" 했다.
홍랑이 부인을 만나서 말하기를
"장생이 저보고 먼저 가라고 하였습니다. 그가 혼자 바로 오겠다고 했습니다."
장생이 올라와서 부인에게 예를 하였다.
부인이 말하기를
"지난번에 선생이 아니었으면 어떻게 오늘이 있겠는가? 내 집의 모든 사람들이 전부 선생의 은혜 덕분에 살았다. 정말 작게 잔치를 준비한 것이니 보답하는 예에 미치지 않는다. 작은 성의를 피하지 말라."
장생이 말하기를
"한 사람에게 복이 있고 여러 사람이 의지했다 하였습니다. 도적이 패하게 된 것은 부인의 복입니다. 지난 일을 가지고 왜 말을 꺼내십니까?"
부인이 말하기를

双調 五供養 鶯ㄴ唱

若不是張解元

鶯ㄴ云 双懸日月照華筵

迅掃風烟盡淨

請 組科

夫人喚紅娘

張生告坐科

道不得個恭敬不如從命

夫云

小子祇当侍立 爲敢冴

夫人對坐

生把夫人酒科

夫人云 先生請坐

張生云

長者賜 不敢辞

立飲科 張

將酒來

先生滿飲此一杯

張生云

nure gaju. siyan šeng jalu emu hūntahan omiki. jang šeng hendume
술 가져오라. 先 生 가득 한 잔 마시자. 張 生 말하되

ungga niyalma buci ai gelhun akū marambi sefi ilihai omiha. jang
웃어른 주시면 어찌 감히 사양할까 하고 선 채 마셨다. 張

šeng fu žin de darabure de fu žin hendume siyan šeng teki. jang šeng
生 夫人 에게 술을 권함 에 夫人 말하되 先 生 앉자. 張 生

hendume juse be dahame dalbade ilire giyan, ai gelhun akū fu žin i
말하되 아이들 을 따라 곁에 서 있는 도리이다. 어찌 감히 夫人 의

bakcilame tembi. fu žin hendume inu gingguleme kundulengge hese
마주하여 앉느냐? 夫人 말하되 또 우러러보며 공경하는 것 명령

dahara de isirakū sehe manggi jang šeng baniha bufi tehe.
따르는 것 에 충분하지 않다 한 후 張 生 사례하고 앉았다.

fu žin hūng niyang be hūlafi
夫人 紅 娘 을 불러서

siyoo jiyei be solinabuha.
小 姐 를 부르러 가게 했다.

ing ing wesifi hendume edun buraki be dasihiyame erifi bolgo na
鶯 鶯 올라와서 말하되 風 煙[280] 을 털며 청소해서 淨 土[281]

tucike. šun biya juru lakiyabufi eldengge sarin de fosoko.
드러났다. 해 달 쌍 걸려 있고 눈부시게 술자리 에 비추었다.

[šuwang diyoo]【u gung yang】〔ing ing ni ucun〕aika jang giyei yuwan
[雙 調]【五供 養】〔鶯 鶯 의 노래〕만약 張 解 元

—— ◦ —— ◦ —— ◦ ——

"술을 가져오너라. 선생, 가득 한 잔 마시자."
장생이 말하기를
"웃어른께서 주시면 어찌 감히 사양하겠습니까?" 하고 선 채 마셨다.
장생이 부인에게 술을 권하니 부인이 말하기를
"선생, 앉아라."
장생이 말하기를
"어린 사람은 곁에 서 있는 것이 도리입니다. 어찌 감히 부인과 마주하여 앉겠습니까?"
부인이 말하기를
"우러러보며 공경하는 것은 명령을 따르는 것에 미치지 못한다."하니 장생이 사례하고 앉았다.
부인이 홍랑을 불러서 소저를 부르러 가게 했다.
앵앵이 올라와서 말하기를
"풍연(風煙)을 쓸어 다채로운 정토(淨土)가 드러났다. 해와 달이 쌍으로 걸려 있고 눈부시게 술자리에 비추었다."

[쌍조(雙調)]【오공양(五供養)】〔앵앵창(鶯鶯唱)〕
만약 장해원

---

280) 풍연(風煙)은 바람에 흩날리는 연기와 먼지를 가리킨다.
281) 정토(淨土)는 부처와 보살(菩薩)이 사는 곳으로, 번뇌의 구속에서 벗어난 아주 깨끗한 세상을 가리킨다.

今日起，得早也

紅娘云 小姐

欽敬呵當合

喒全家禍 殷勤呵正禮

他救了

花香細 捲起東風簾幙

排酒菓 列笙歌 篆烟微

別一個怎退干戈

[2:32a]

waka bici gūwa yaya seme adarame agūra hajun be bederebume mutembi.
아니면 다른 누구 해도 어떻게 무기 를 물러나게 할 수 있느냐?

nure tubihe tukiyefi kumun ucusi[282] faidaha. dabukū i hiyan yar seme
술 과일 바치고 악사 늘어놓았다. 향로 의 향 가늘고

ilha i wa sur sembi. dergi edun de hida wadan be heteki. i muse
꽃 의 향 그윽하다. 東 風 에 주렴 막 을 걷자. 그 우리

booi gubci jobolon be aitubuha kai. kuturcerengge tob doro
집의 모든 괴로움 을 도왔느니라. 따르는 것 바른 예의

kundulerengge yala giyan.
공경하는 것 진짜 도리.

hong niyang hendume siyoo jiyei
紅 娘 말하되 小 姐

enenggi ilihangge erde kai.
오늘 일어난 것 이르구나.

—— ◦ —— ◦ —— ◦ ——

아니라면
다른 누가 무기를 물러나게 할 수 있느냐?
술과 과일을 바치고
악사(樂士)를 늘어놓았다.
향로의 향이 가늘고
꽃의 향이 그윽하다.
동풍(東風)에 주렴 막을 걷자.
그가 우리 집의 모든 괴로움을 도왔느니라.
따르는 것은 바른 예의이고
공경하는 것은 진짜 도리이다.

홍랑 말하기를
"소저, 오늘 일찍 일어나셨군요."

282) ucusi는 ucun의 복수형으로 판단된다.

紅云 姐洗手 我覷小姐臉兒 吹弾得破

小姐梳粧早畢也

若不是驚覺人呵 猶壓着綉衾卧

将指尖兒輕輕的貼了鈿窩

拂拭了羅衣上粉香浮污

恰纔向碧紗窓下畫双蛾

新水令

【sin šui ling】 teike niowanggiyan ša i fa i fejile juru faitan be
【新 水 令】 마침 청색 紗 의 창 의 아래 雙 蛾[283] 를

niruha. lo i etukui fun i hiyan de toktoho buraki be isihime
그렸다. 羅 의 의복의 粉 의 향 에 붙은 티끌 을 흔들어

dasihiyafi simhun i dubei elheken i šenggin i gidakū be latubuha.
털고 손가락 의 끝으로 천천히 鈿窩[284] 를 붙였다.

aikabade niyalma be getebuheku bici kemuni šeolehe jibehun de
만약 사람 을 깨우지 않았으면 아직 자수한 이불 에

gūwaidame dedumbihe.
드러누워 자고 있었다.

hūng niyang hendume siyoo jiyei ijime miyamime aifini wajihabi. siyoo
紅 娘 말하되 小 姐 머리 빗으며 화장하며 벌써 끝났다. 小

jiyei gala oboki dere. bi siyoo jiyei i dere be tuwaci fulgiyeci
姐 손 씻으리라. 나 小 姐 의 얼굴 을 보니 불면

—— ◦ —— ◦ —— ◦ ——

【신수령(新水令)】
마침 청색 사창(紗窓)의 아래에서 고운 눈썹을 그렸다.
비단(羅) 옷의 분향에 붙은 티끌을 흔들어 털고
손가락 끝으로 천천히 전와(鈿窩)를 붙였다.
만약 사람이 깨우지 않았으면
아직도 수놓은 이불에 누워 자고 있었으리라.

홍랑이 말하기를
"소저, 머리 빗고 화장하는 것이 벌써 끝났군요. 소저, 손 씻으세요. 제가 소저의 얼굴을 보니 훅 불고

283) 쌍아(雙蛾)는 미인의 고운 눈썹을 가리킨다.
284) šenggin i gidakū : 전와(鈿窩)로 이마에 붙이는 머리 장식을 뜻한다.

除非說我相思為他 他相思為我

我做一個夫人便做得過

喬木查

不當一個信口開合 知他命福是如何

吹彈得破 你那裡休聒

你看沒查沒利謊僂儸 道我宜梳粧的臉兒

小姐真乃天生就一位夫人

張生你好有福也

〔2:33a〕

fitheci niltaljambi. jang šeng si absi hūturingga.
튕기면 벗겨진다.[285] 張 生 너 몹시 복이 있다.

siyoo jiyei yargiyan i abkai hesebuhe emu fu žin kai.
小 姐 진실 로 하늘의 부여한 한 夫人 이라.

si[286] tuwa. yolo yokto akū bahai febgiyembi. mimbene miyamigan de
너 보라. 쑥스럽게 되는대로 헛소리 한다. 나를 지금 단장 에

acara dere be fulgiyeci fitheci niltajambi sembi. si lor sere
어울리는 얼굴 을 불면 튕기면 벗겨진다 한다. 너 재잘재잘하는 것

joo. anggai ici biyadar seci acarakū. terei hesebun hūturi be
그만두어라. 입의 따라서 종알종알 하면 안 된다. 그의 天運 福 을

ainambahafi sara? bi fu žin oci ainci kemuni ombi. 【kiyoo mu ja】
어떻게 알겠냐? 나 夫人 되면 아마 늘 가능하다.【喬 木 査】

mini kidure gūnirengge terei jalin seci terei kidure gūnirengge
나의 그리워하는 것 그의 때문 하면 그의 그리워하는 것

—— ◦ —— ◦ —— ◦ ——

한번 튕기면 곧 부서질 것 같습니다. 장생은 정말로 복이 있습니다. 소저는 진실로 하늘이 내린 부인입니다."

【후(後)】[287]
너 보아라. 쑥스럽게 되는대로 헛소리 하는구나.
내가 지금 화장한 얼굴을 보고 불고 튕기면 부서질 것 같다 하는구나.
너 재잘재잘하는 것 그만두어라.
입이 가는대로 종알종알 하면 안 된다.
그의 천운과 복을 어찌 알겠느냐?
나 부인되면 아마 늘 잘 할 수 있으리라."

【교목사(喬木査)】
내가 그리워하는 것이 그 때문이라 하면
그가 그리워하는 것은

285) fulgiyeci fitheci niltaljambi : 취탄득파(吹彈得破)로 한 번 불고 한 번 튀기면 곧 부서질 것 같다는 의미로 얼굴 피부가 매우 아름답다는 것을 가리킨다.
286) 초본에는 si 앞에 mudan i amargi 후(後)가 쓰였다.
287) 가토본, 동양문고본에는 없는 mudan i amalgi(曲의 後)가 초본에는 있다.

便消得你家緣過活

況他舉將除賊

亦不到兩當一弄成合

親你好心多

攙箏琵

我雖是賠錢貨

這酬賀理當酬賀

俺毋

從今日相思 都較可

mini jalin. enenggi kidure gūnirengge ainci gemu yebe ombidere.
나의 때문. 오늘 그리워하는 것 분명 모두 좋게 되리라.

ere karu urgun ararangge yala karu urgun arara giyan, aja si
이 보답 축하하는 것 진정 보답 축하하는 도리 어머니 너

jaci mujilen geren. 【giyoo jeng pa】 bi udu ulin tucire fusi
매우 마음 썼다. 【攪 箏 琶】[288] 나 비록 지참금 내는 못된 딸

bicibe inu juwe be emgeri de ondome šanggabume[289] acabuci acarakū
이지만 또 둘 을 한 번 에 무리해서 성사시키며 만나게 하면 마땅하지 않았다.

bihe. tere anggala tere jiyanggiyun gajifi hūlha be geterembuhe be
그 뿐 아니라 그 將軍 데려와서 도적 을 해치우게 했음을

dahame uthai sini boigon hethe banjire were be alici ombi.
따라서 곧 너의 基業 생계 를 누릴 수 있다.

—— ◦ —— ◦ —— ◦ ——

나 때문이다.
오늘은 그리워하는 것이 분명 전부 잘 될 것이다.
이렇게 연회를 여는 것이 진실로 보답하는 도리이다.
어머니, 당신 매우 마음을 쓰셨습니다.

【교쟁파(攪箏琶)】
내가 아무리 지참금을 내는 못된 딸이지만
혼사와 답례를 한 번에 무리해서 성사시키려 하면 안 된다.
하물며 그가 장군을 데려와서 도적을 해치웠으므로
당신의 재산과 생계를 누릴 수 있는 것이다.

---

288) 교쟁파(攪箏琶)가 초본에서는 교쟁파(攪抮琶)로 쓰였는데 오기(誤記)로 판단된다.
289) 혼사와 답례를 함께 치르는 것을 의미한다.

誰想他識空 便的靈心兒 早瞧破

咱撞見鶯〻科

張生云 小生更衣

我洗目轉秋波

門外簾前 未將小脚兒那

慶宣和

的妳〻忒慮過 恐怕張羅

你費甚麽 便結綵蘿 休波 省錢

sini ai fayaha seme uthai hūntahan holboburengge.[290] jobai.[291] jiha
너의 무엇 썼다 하며 곧 잔 교환하는 것이냐? 마라. 돈

malhūšara mama jaci seoleku dabaha. damu asaha fasaha de ekšembi.
아끼는 노부인 매우 너무 걱정했다. 다만 바삐 서두른다.

【king siowan ho】 duka i tule hidai juleri ajige bethe gurinjere
【慶 宣 和】 문 의 밖 주렴의 앞으로 작은 발 옮겨 가기

onggolo mini yasa ai onggolo irgašame sabuha.
전에 나의 눈 바로 추파를 던지며 보았다.

jang šeng hendume buya bithei niyalma etuku be halaki
張 生 말하되 小 書 生 옷 을 갈아입자

sefi bi ing ing be tunggalaci sehe bici.
하고 나 鶯 鶯 을 우연히 마주치면 했더니

terei jaka šolo be enderakū sure mujilen aifini feciteme
저의 기회 를 속지 않고 풀어진 마음 벌써 간파하고

—— ∘ —— ∘ —— ∘ ——

당신이 무엇을 썼다고
잔을 교환하게 하려는 것이냐?
하지마라.
돈(錢) 아끼는 어머니 매우 염려가 지나치구나.
바삐 서두르는구나.

【경선화(慶宣和)】
문 밖
주렴 앞으로
작은 발을 옮겨 가기 전에
나의 눈이 바로 추파를 던지며 보았다.

장생이 말하기를
"소생이 옷을 갈아입겠다."
하고 앵앵을 우연히 마주쳤으면, 했더니

그가 기회를 놓치지 않고 풀어진 마음 벌써 간파하고

290) hūntahan holboburengge : 만한합벽(滿漢合璧)의 한어(漢語)에서는 사라(絲蘿)로 대응시키고 있는데 '혼인, 결혼'이라는 뜻으로 '菟丝子'(새삼)와 '松萝'(소나무 겨우살이)가 모두 다른 나무에 기생하여 사는 데서 유래한 말이다.

291) jobai : joobai의 오류(誤謬)이다.

怎動那

死膳無同互措

只見那荊棘刺

雁兒落

這相思令[illegible]害也

俺娘變了卦也

紅娘云呀

生云呀

這般好息不好也

夫人云

小姐近前来拜了哥哥者

鶯鶯云呀

張

謊得我倒躲倒躲

bahanaha be we gūniha. bi golohoi sosorome jailambi. sosorome
알아차린 것 을 누가 생각했느냐. 나 놀라서 물러나며 몸을 피한다. 물러나며

jailambi.
몸을 피한다.

fu žin hendume siyoo jiyei julesi ibefi ahūn de dorolo. jang
夫人 말하되 小 姐 앞 나와서 오라버니 에게 예하라. 張

šeng ara sefi ere jilgan mudan faijima oho sehe. ing ing ara
生 아! 하고 이 목소리 괴이하게 됐다 했다. 鶯 鶯 아!

sefi mini aja kūbulika kai sehe. hong niyang
하고 나의 어머니 변했구나 했다. 紅 娘

ara sefi suwe kidure nimeku ereci deribumbikai sehe.
아! 하고 너희 상사 병 이로부터 시작하니라 했다.

【yan el lo】 terebe tuwaci saihūwa bula de nukabuha gese
【鴈 兒 落】 그를 보면 가시나무 에 찔린 것 같이.

aššame gurime muterakū. bucehe gese menerefi absi casi waka
움직일 수 없다. 죽은 것 같이 멍해지고 안절부절 못하게

—— ◦ —— ◦ —— ◦ ——

알아차린 것을 누가 생각했겠느냐?
나 놀라서 물러나며 몸을 피한다.

부인이 말하기를
"소저야, 앞으로 나와 오라버니께 예를 해라."
장생이 '아!'하고 이 소리 이상하다 했다.
앵앵이 '아!'하고 나의 어머니 변했구나 했다.
홍랑이 '아!'하고 너희 상사병이 이로부터 시작하겠구나 했다.

【안아락(鴈兒落)】
그를 보면 가시나무에 찔린 것 같이 움직일 수 없다.
죽은 것 같이 멍해지고 안절부절 못하게

撲刺々把比目魚分破

點着祆廟火 碧澄々清波

白茫々溢起藍橋水 撲騰々

老婆々 甚妹々拜 哥々 真是積世

蹲坐 【得勝令】

支理不對答 軟兀刺難

ohobi. umesi bekterefi umai karu jaburakū. liyor seme lalanji
되었다. 매우 당황하여 전혀 답변 응답하지 않는다. 푹 하고 몸이 풀려서

ofi teci ilici ojorakū ohobi. 【de šeng ling】 yala silkabuha
앉지도 서지도 하지 못 하였다. 【得 勝 令】 정말 경험을 쌓은

sakda mama mujangga. aibi i non be ahūn de domno sembi.
老 婆婆 확실하다. 어찌 누이동생 을 오라버니 에게 절하라 하느냐?

šahūn deserepi lan kiyoo i muke debefi dekdehe. hūr seme
하얀 양양한 藍 橋[292] 의 물 넘쳐 올랐다. 확 하고

tayafi ibagan i miyoo de tuwa dabuhabi. genggiyekesaka
갑자기 불나서 祆廟[293] 에 불 붙였다. 맑고

bolgo weren hūwar seme gūbadabume kalfini nimaha be hūwa
깨끗한 물결 철썩 하고 날뛰게 하여 비목어[294] 를 갈갈이

—— ◦ —— ◦ —— ◦ ——

되었다.
매우 당황하여 전혀 답변 하지 않는다.
푹 하고 몸이 풀려서 앉지도 서지도 하지 못 하였다.

【득승령(得勝令)】
정말 경험 많은 노인네구나.
어찌 누이동생을 오라버니에게 절하라 하느냐.
하얗고 양양한 남교의 물이 넘쳐 오르고,
확하고 갑자기 불타올라서 현묘(현祆廟)에 불 붙였다.
맑고 깨끗한 물결이
철썩하고 날뛰어 비목어를 갈갈이

---

292) 미생(尾生)이 남교(藍橋) 아래에서 연인을 만나기로 하고 먼저 가서 기다렸는데 도중에 갑자기 물이 불어났지만 약속을 지키기 위해 피하지 않다가 결국 익사하고 말았다는 이야기를 원용한 것으로 사랑을 이루지 못한 것을 의미한다.

293) ibagan i miyoo는 현묘(祆廟)로 배화교의 사당을 말한다. 촉(蜀)나라 공주와 유모의 아들 진생(陳生)이 서로 사랑하여 어느 날 현묘(祆廟)에서 만나기로 했으나 공주가 조금 늦게 도착해서 보니 진생이 깊이 잠들어 있었다. 그러자 공주가 그를 깨우지 않고 돌아가 버려 잠에서 깨어난 진생이 이를 알고 자신을 원망하였는데 그 원기가 불이 되어 사원과 자신을 태웠다고 한다. 사랑을 이루지 못하고 죽게 되었다는 의미이다.

294) 비목어(比目魚)는 암수가 한쪽에 눈이 있어 반드시 배를 맞대고 헤엄친다는 전설의 물고기로 금슬이 좋은 부부나 연인을 가리킨다.

席面真乃烏合

檀口嗟咨攧窨不過　這

見話偏多　星眼朦朧

鬏全墮　芳心無那　還有甚相

納合

甜水令

粉頸低垂　烟

急攘攘因何　扢搭地把雙眉鎖

faksalaha. fathašame facihiyašarangge ainuni. hir seme juru faitan
흐트러뜨렸다. 초조하고 불안한 것 어째서인가? 잔뜩 雙 蛾

fita hitereke. 【tiyan šui ling】 šeyen meifen keo seme gidafi yacin
단단히 찌푸렸다. 【甜 水 令】 새하얀 목덜미 푹 숙이고 鴉靑

funiyehe[295] yooni facaha. saikan mujilen farfabuci jai ainahai
머리카락 전부 흩어졌다. 좋은 마음 혼미하게 하면 다시 어떻게

ishunde acafi emdubei narašame gisurembini. gelerjere yasa
서로 만나고 오로지 그리워하며 말하는가? 글썽이는 눈

debserefi hiyan i angga[296] nasame sejileme cibsime wajirakū. ere
감고 붉은 입술 한탄하며 한숨쉬며 탄식하며 끝없다. 이

sarin yala gaha acaha adali.
술잔치 정말 까마귀 모인 것 같다.[297]

—— ◦ —— ◦ —— ◦ ——

흐트러뜨렸다.
초조하고 불안한 것은 어째서인가?
잔뜩 고운 눈썹을 단단히 찌푸렸다.

【첨수령(甛水令)】
새하얀 목덜미 푹 숙이고
아청색의 머리카락 전부 흩어졌다.
좋은 마음 혼미하게 하면
다시 어떻게 서로 만나고 오로지 그리워하며 말하는가?
글썽이는 눈 감고
붉은 입술 한탄하며
한숨 쉬며 탄식하며 끝없다.
이 술잔치 정말 까마귀 모인 것 같다.

---

295) yacin funiyehe : 연환(烟鬟)으로 여자의 머리카락이 많고 아름다운 것을 형용하고 있다.
296) hiyan i angga : 단구(檀口)로 새빨간 입술을 상징하며 여성의 아름다운 입술을 형용하고 있다.
297) gaha acaha : 오합(烏合)으로 오합지졸(烏合之卒) 즉, 흩어지기는 쉬워도 합치기는 어렵다는 뜻이다.

他鄏子裡揾濕衫羅 淚眼偷淹

夌做夢裡南柯

他誰道月底西廂

他其實嚥不下玉液金波

折桂令

紅娘接了臺盞去者

小生量窄 鶯々云

鶯々把盞科

夫人云 張生云

紅娘看熱酒來、小姐可與哥々把盞者

fu žin hendume hūng niyang halhūn nure benju. siyoo jiyei ahūn de
夫人 말하되 紅 娘 뜨거운 술 가져와라. 小 姐 오빠 에게

hūntahan jafakini. ing ing hūntahan darara de jang šeng hendume
술잔 쥐게 하자. 鶯 鶯 술잔 권함 에 張 生 말하되

buya bithei niyalma omime muterakū. ing ing
小 書 生 마실 수 없다. 鶯 鶯

hendume hūng niyang hūntahan taili be gama sehe.
말하되 紅 娘 잔 대 를 가져가라 했다.

【je gui ling】 tere yargiyan i gu i šugi aisin i obonggi be nunggeme
【折 桂 令】 그 정말로 玉 의 액체 금 의 거품 [298] 을 삼킬 수

muterakū ohobi. tere ainahai biyai fejergi wargi ashan.
없게 되었다. 그 어떻게 달의 아래 西 廂

tolgin i dorgi julergi gargan kūbulika sembini. gelerjere yasai
꿈 의 속 南 柯[299] 변했다 하느냐? 글썽이는 눈

muke enggici tuhebume tere soktoho gese fuhei, gahari ulhi
물 몰래 흘리며 그 취한 것 처럼 닦아서 홑옷 소매

—— ∘ —— ∘ —— ∘ ——

부인이 말하기를
“홍랑아, 뜨거운 술을 가져와라. 소저야, 오라버니에게 술잔 쥐어주어라.”
앵앵이 술잔을 권하니 장생이 말하기를
“소생은 마실 수 없다.”
앵앵이 말하기를
“홍랑아, 잔대(盞臺)를 가져가라.” 했다.

【절계령(折桂令)】
그는 진정 옥액금파(玉液金波)를 삼킬 수 없게 되었다.
어떻게 달 아래 서상(西廂)이
꿈속의 남가(南柯)로 변했다 하느냐.
글썽이는 눈물 몰래 흘리며
그가 취한 척하며 닦으니 홑옷의 소매가

---

298) gu i šugi aisin i obonggi : 옥액금파(玉液金波)로 미주(美酒)를 비유한 것이다.
299) 남가지몽(南柯之夢)은 남쪽 가지 밑에서 꾼 한 꿈이라는 뜻으로 일생(一生)과 부귀영화(富貴榮華)가 한낱 꿈에 지나 지 않는다는 뜻이다.

生你接過臺盞者 張

鶯〻云 張生云 說過小生量窄

鶯〻把 科

夫人云 小姐你是必把哥〻一盞者

母親你送了人呵 還使甚嘍囉

病染沉疴 他斷難又活

他手難擡 稱不起肩窩

他眼倦開 軟癱做一垜

滿漢西廂記 三六

gemu usihihe. tere yasa neire be bame biyoor seme emu buktan
전부 젖었다. 그 눈 뜨기 를 지치며 늘어져서 한 덩어리

ofi terei gala tukiyeci mangga oho da wesihun eterakū
되고 그의 손 들기도 어려워 겨드랑이 위로 이겨내지 못하게

ohobi. tušaha nimeku jaci ujen, tere ainahai ebsi ojoro ni.
되었다. 감염된 병 매우 심하다. 그 어떻게 이리 되는가?

aja si niyalma be fidehe kai. jai aibi cooha be takūrambi.
어머니 너 사람 을 보냈느니라. 다시 어디 졸개[300] 를 부리겠느냐?

fu žin hendume siyoo jiyei si urunakū ahūn de emu hūntaha dara.
夫人 말하되 小 姐 너 반드시 오빠 에게 한 잔 권하라.

ing ing hūntahan darara de jang šeng hendume buya bithei niyalma
鶯 鶯 잔 권함 에 張 生 말하되 小 書 生

omire eberi be alaha bihe. ing ing hendume jang
마시지 못함 을 말했다. 鶯 鶯 말하되 張

šeng si ere hūntahan taili be alime gaisu.
生 너 이 잔 대 를 받아 가져라.

—— ◦ —— ◦ —— ◦ ——

전부 젖었다.
그가 눈뜨기도 지쳐
늘어져서 한 덩어리 되고
그가 손을 들기도 어려워
겨드랑이 위로도 올릴 수 없다.
감염된 병이 매우 심하다.
그가 어떻게 이리 되었는가?
어머니, 사람을 동원했습니까?
다시 어찌 군사를 보냅니까?

부인이 말하기를
"소저야, 너 반드시 오빠에게 한 잔 권하여라."
앵앵이 잔을 권하니 장생이 말하기를
"소생은 마시지 못한다고 말했다."
앵앵 말하기를
"장생, 이 잔대(盞臺)를 받아 가지십시오."

300) cooha : 만한합벽(滿漢合璧)의 한어(漢語)에서는 누라(嘍囉)로 대응시키고 있는데 '강도 두목의 부하'로 (악당의) 수하, 앞잡이, 졸개를 뜻한다.

你久後思量怎奈何

你而今煩惱猶閒可

後

酒上心来較可

你從依我

不堪醉顏酡

你嫌玻瓈盞大

你低首無言

只自摧挫

你

月上海棠

一杯悶酒尊前過

【yuwei šang hai tang】 emu hūntahan ališara nure be malu ci
【月 上 海 棠】 한 잔 홧술 을 술병 에서

tebuci si uju gidafi umaiserakū. baibi sosorombi. si
채우니 너 고개 숙이고 말없다. 단지 움츠러든다. 너

asuru soktofi duksekekū bi. si bo li hūntahan be amba
대단히 취해도 붉어지지 않았다. 너 유리 잔 을 크다

sembi aise. si aika mimbe dahareo. si nure de bahabuci
하느냐. 너 행여 나를 따르시오. 너 술 에 취하면

mujilen majige yebe dere. 【mudan i amargi】 si ne faihacara
마음 조금 좋아지느니라. 【 曲 의 後 】 너 지금 번민하고

ališara de hono hamimbi. si amaga inenggi kidure be ainaci
괴로워함 에 또 견딜 수 있다. 너 後 日 사모함 을 어찌하느냐

—— ◦ —— ◦ —— ◦ ——

【월상해당(月上海棠)】
한 잔의 홧술을 술병에서 채우니
너 고개 숙이고 말없이 단지 움츠러든다.
너 많이 취하여 붉어지지 않았는데,
너 유리잔을 크다고 하느냐?
제 말대로 하십시오.
너 술에 취하면 마음이 조금 풀릴 것이니라.

【후편(後編)】
너 지금 고민하고 괴로워하는 것은
오히려 견딜 수 있지만
너 후일 사모하는 것을 어찌하느냐?

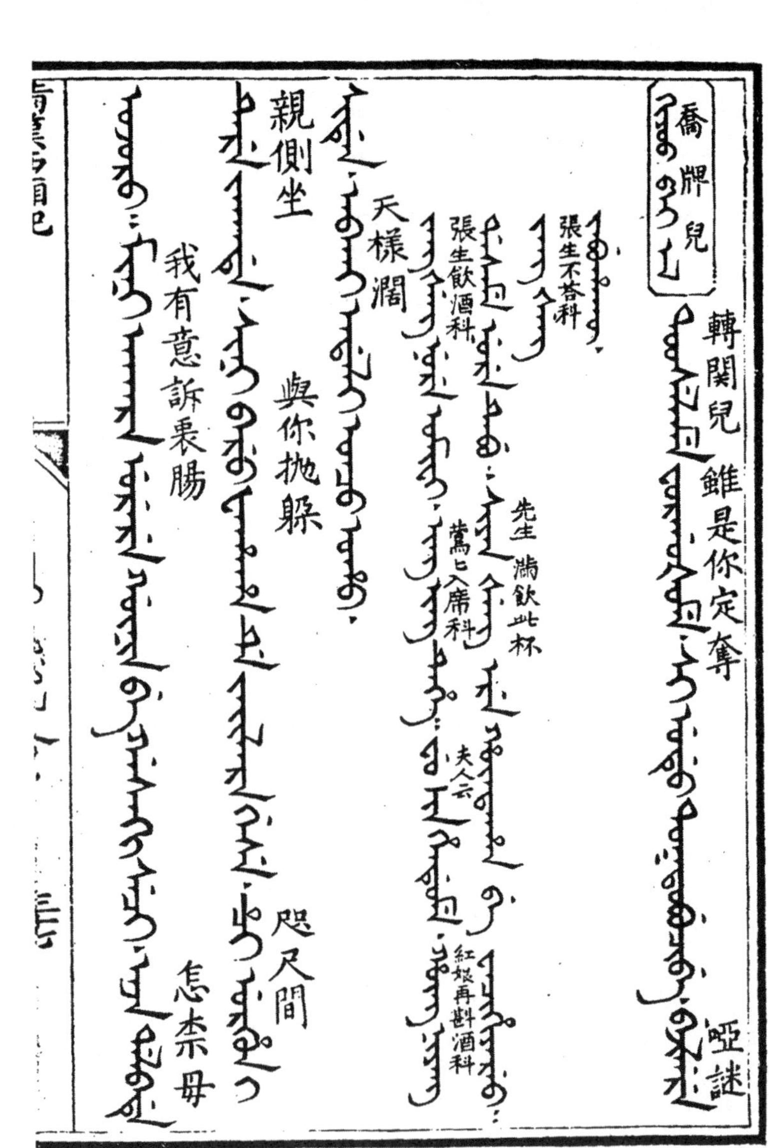
喬牌兒

轉関兒 雖是你定奪 啞謎

張生不荅科

張生飲酒科 先生滿飲此杯

鶯鶯入席科 夫人云 紅奴再斟酒科

天様濶

親側坐 與你挽躲 咫尺間

我有意訴衷腸 怎奈母

[2:37b]

ojoro. mini akara urere gūnin be gasaki seci aja dalbade
나의 상심하는 마음 을 한탄하자 해도 어머니 곁에

tere jakade sini baru fahaha de jailara gese, chi urhun i
있을 적에 너의 쪽 책임을 미루는 것 에 피하는 것 같다. 咫尺 의

siden abkai adali onco oho.
사이 하늘의 처럼 넓게 되었다.

jang šeng nure omifi ing ing tehe. fu žin hendume hūng niyang
張 生 술 마시고 鶯 鶯 앉았다. 夫人 말하되 紅 娘

dasame nure tebu. siyan šeng ere hūntahan be wacihiyareo.
다시 술 채워라. 先 生 이 잔 을 끝내소서!

jang šeng
張 生

jabuhakū.
답하지 않았다.

【kiyoo pai el】 tooselame forgošome si udu toktobucibe bejilere
【喬 牌 兒】 수단을 부려 너 비록 결정하게 하지만 에둘러 하는

—— ◦ —— ◦ —— ◦ ——

나의 상심하는 마음을 한탄하려 해도
어머니가 곁에 있기에 너에게 미루며 피하는 것처럼
지척의 사이가 하늘처럼 넓게 되었다.

장생이 술을 마시고 앵앵이 앉았다.
부인이 말하기를
"홍랑아, 다시 술을 채워라. 선생, 이 잔을 끝내소서!"
장생이 답하지 않았다.

【교패아(喬牌兒)】
수단을 부려서 네가 비록 결정하게 하지만
에둘러 한

錢貨

張生冷笑科

不知他那答兒発付我

悶殺没頭鵞

撒下賠

女佳人自然多命薄

秀才又從来懦

越教人不快活

清江引

兒早已怎猜破

還要把甜話兒將人和

gisun be niyalma aifini tulbime bahanaha. kemuni nilukan gisun i
말 을 사람 벌써 헤아리며 이해했다. 항상 부드러운 말 로

niyalma be hūbišaci nememe niyalma be córtabumbi. 【cing giyang in】
사람 을 홀려서 더욱 사람 을 괴롭힌다. 【淸 江 引】

hehesi baibi hesebun kesi akūngge labdu. šusaisa geli daci
여자들 단지 명 짧은 이 많다. 秀才들 또 원래

budun. uju akū niongniyaha ginggahai bucembidere. jiha fayara
나약하다. 머리 없는 거위[301] 답답해서 죽느니라. 돈 허비하는

jaka be untuhuri waliyaha. si maka minbe ya bade šukifi unggimbini.
물건 을 헛되이 버렸다. 너 설마 나를 어느 곳에 곤경에 빠뜨려서 보내느냐?

jang šeng šahūrun
張 生 차게

injehe.
웃었다.

—— ∘ —— ∘ —— ∘ ——

말을 벌써 헤아리며 이해했다.
항상 부드러운 말로 사람을 홀려서
더욱 사람을 괴롭힌다.

【청강인(淸江引)】
여자들은 명 짧은 이가 많고
수재들은 원래 나약하다.
우두머리가 없는 거위는 답답해서 죽느니라.
돈 허비하는 물건을 헛되이 버렸다.
너 설마 나를 어느 곳에 보내어 곤경에 빠뜨리려 하는가?

장생이 차게 웃었다.

---

301) uju akū niongniyaha : 몰두아(沒頭鵝)로 거위의 무리가 이끄는 우두머리를 잃은 것을 가리키는데 황란무주(慌亂無主)한, 즉 갈피를 잡을 수 없는 모습을 형용할 때 쓰는 말이다.

成也是你母親 敗也你蕭何

難捉摸 你說謊天來大

他不想結姻緣想甚麼

俺一家兒怎得個存活

腸閣落淚珠多 若不是一封書把賊兵破

你道他笑呵呵 這是肚

殿前催

【diyan ciyan tsui】[302] si terebe kaka seme injembi sembio. ere hefeli
【殿 前 催】 너 그를 呵呵 하며 웃는다 하느냐? 이 배

duhai dolo yasai muke canggi kai. aikabade emu fempi
창자의 속 눈 물 뿐 이라. 만약 한 봉투

bithei hūlhai cooha be efulehekū bici muse boo i gubci
글로 도적의 군사 를 물리치지 않았으면 우리 집 전체

aide ergen taksimbihe. tere salgabun holbon be gūnirakū aibe
어찌 목숨 보존했겠는가? 그 혼인 을 생각하지 않고 무엇을

gūnimbi. amcara jafara mangga.[303] si holtošohongge abkai gese
생각하는가? 좇아 잡기 어렵다. 너 속이는 것 하늘의 같이

amba. mutebuci ineku aja si, efuleci inu si kai siyoo ho.
크다. 할 수 있으면 여전히 어머니 너니라, 물리치면 또 너 니라 蕭 何[304]!

—— ◦ —— ◦ —— ◦ ——

【전전최(殿前催)】
당신 그가 '하하'하며 웃는다 하느냐?
뱃속에는 눈물뿐이니라.
만약 한 통의 편지로 도적의 군사를 물리치지 않았으면
우리 일가가 어찌 목숨을 보존했겠는가?
혼인을 생각하지 않고 무엇을 생각하는가?
헤아리기 어렵다.
당신이 속이는 것은 하늘과 같이 크다.
성사시키는 것도 어머니 당신이고,
거절하는 것도 또 당신이다. 소하(蕭何)여!

---

302) diyan ciyan tsui : 초본에서는 diyan kiyan tsui로 쓰였다.

303) 만한합벽(滿漢合璧)의 한어(漢語)에서는 착모(捉摸)로 대응시키고 있는데 '추측하다, 짐작하다, 헤아리다'의 뜻이다.

304) 성야소하 패야소하(成也蕭何 敗也蕭何)는 송(宋)나라 때 홍매(洪邁)가 지은 《용재속필(容齋續筆)》에 실려 있는데, "한신이 대장군이 된 것은 소하(蕭何)가 천거했기 때문이요, 이제 그가 죽음을 맞이한 것도 소하(蕭何)의 꾀에 의한 것이었다. 그래서 항간에 '성공하는 것도 소하에게 달려 있고, 실패하는 것도 소하에게 달려 있다'라는 말이 떠돌게 되었다"라고 하였다. 여기서 유래하여 '成也蕭何 敗也蕭何'는 일의 성패가 한 사람의 손에 달려 있는 것을 비유하는 고사성어로 사용된다.

前日將他太行山般仰望

東洋海般

碧悠々青天來濶

海來深

白茫々陸地來厚

顆

如何時可

昏鄧々黑

我也玉容寂寞梨花朶

淺淡櫻桃

離亭宴帶歇拍煞

從今後

【li ting yan de hiyei pe siyang[305] mudan suwaliyahanjahabi.】 ereci amasi
【離 亭 宴 에 歇 拍 煞 곡 섞었다.】[306] 이로부터 뒤에

mini gu i cira inu šulhe ilhai gese šalibumbi. ingturi gese
나의 玉 의 얼굴 도 배 꽃의 같이 창백해진다. 櫻桃 같은

fulgiyan femen gelfiken biyarambi. ainaci sain ni. luk seme
붉은 입술 엷게 창백해진다. 어떻게 하면 좋은가? 짙은

farhūkan sahaliyan mederi gese šumin. šahūn deserefi olhon
어두운 검은 바다 같이 깊다. 하얗게 넓고 마른

nai adali jiramin. niohon hūwai seme niowanggiyan abka ci onco.
땅의 처럼 두껍다. 푸르고 끝없이 넓어 푸른 하늘 보다 넓다.

cananggi weribe tai hang alin i gese wesihun hargašaha. dergi mederi
전날 타인을 太 行 山[307] 의 같이 위로 우러러봤다. 東 海

—— ◦ —— ◦ —— ◦ ——

【이정연(離亭宴)에 헐박살(歇拍煞) 곡 섞었다.】
이후로 나의 옥 같은 얼굴도 배꽃처럼 창백해졌다.
앵두 같은 붉은 입술 엷게 창백해진다.
어떻게 하면 좋은가?
짙고 어두운 검은 바다 같이 깊다.
끝없이 하얀 마른 땅처럼 두껍다.
푸르고 끝없이 넓어 푸른 하늘 보다 넓다.
전날 그를 태행산(太行山)과 같이 위로 우러러보고,
동해(東海)

---

305) siyang : 초본에는 ša로 쓰였다.

306) 이정연(離亭宴)과 헐박살(歇拍煞) 두 곡을 접속한 것으로 이러한 곡을 대과곡(帶過曲)이라 한다. 대과곡(帶過曲)은 서로 비슷한 두 세 곡의 노래를 연결시켜서 보다 길어진 한 곡의 노래로 만들며 음률상의 조화를 고려하여 궁조(宮調)가 같은 범위 안에서 항상 두 개의 곡패(曲牌)를 연이어 사용한다.

307) 태행산(太行山)은 중국 하북(河北)과 산동(山東) 경계에 있는 산으로 우공이산(愚公移山)의 고사에 나오는 산 이름이다.

程已蹬脫 一邊把甜句兒落空了他

誰料青春有擔閣 将錦片前

只道白首難負荷

心縷帶割 長挽連理瓊枝挫

嫩巍巍双頭花蕋搓 香馥馥同

饑渴 如今毒害得恁麼 把

[2-39b]

gese kengkeme gūniha. te oci ere durun i nungneme ondoho. nemeyen
같이 간절하게 생각했다. 지금 은 이 모양 으로 조롱하며 희롱했다. 부드럽게

dukdureke juru ilaka ilha i bongko be monjiha. sur sere hiyan i
솟아오른 쌍 핀 꽃 의 봉오리 를 문질렀다. 향긋한 향 의

wa i niyaman acaha uše[308] be faitaha. golmin sunggeljere acame
내 의 마음 맞은 띠 를 끊었다. 길게 흔들리고 맞추어

banjiha gu i gargan be bilaha. uju šaratale urgederakū sehe
살던 玉 의 가지[309] 를 꺾었다. 머리 하얗게 되도록 저버리지 않겠다 했던

dabala. se asihan de sartabure be we gūniha. gecuheri niyecen i
뿐이다. 나이 젊음 에 그르치게 되는 것 을 누가 생각했는가? 비단 조각 의

gese julergi on fikatala maktabuha. emu ergi de jancuhūn
같은 앞 길 구불구불 멀어졌다. 한 쪽 에 단

—— ∘ —— ∘ —— ∘ ——

같이 간절하게 생각했다.
지금은 이렇게 조롱하며 희롱했구나.
부드럽게 솟아오른 쌍두화(雙頭花) 꽃봉오리를 문지르고,
향긋한 향내의 동심결(同心結)을 끊고,
길게 뒤엉켜 함께 살던 경지(琼枝)를 꺾었다.
머리 하얗게 될 때까지 저버리지 않겠다 했지만
젊은 나이에 그르치게 되는 것을 누가 생각했는가?
비단 조각 같은 앞길이 구불구불 멀어졌다.
한 편으로는 달콤한

308) 동심결(同心結)로서 납폐(納幣)에 쓰는 실이나 염습(殮襲)의 띠를 매는 매듭처럼, 두 골을 내어 맞죄어서 매는 매듭을 말한다. 결혼식(結婚式)인 초례식이나 폐백(幣帛)·환갑(還甲)에는 청실·홍실을 이용(利用)한다.

309) 연리지(連理枝)를 가리키는 것으로 두 나무의 가지가 뒤엉켜 함께 자라는 것으로 금슬 좋은 부부를 비유한다. 또한 경지(琼枝)는 전설 중의 옥수(玉樹)로 좋은 나무와 아름다운 꽃에 비유한다.

夫人云 先生实有活命之恩 當此之時是誰挺身而出

有此語否 夫人云 有之 張生云

能退賊者 以鶯鶯妻之 是曾

狂賊思逞 淒在倉卒 夫人 言

欲一言盡意 未知可否 前者

張生云 小生醉也告退 夫人跟前

鶯鶯辭張生下

夫人云 紅娘送小姐卧房裏去者

一邊將虛名兒悞賺了我

gisun i weribe holtome jaldaha. emu ergi de untuhun gebu de
말 로 사람을 속이며 거짓말했다. 한 쪽 에 虛 名 에

mimbe geodebume dosimbuha.
나를 속여 들게 했다.

fu žin hendume hūng niyang siyoo jiyei be tehe boode bene.
夫人 말하되 紅 娘 小 姐 를 머문 방에 보내라.

ing ing jang šeng de fakcara doro arafi mariha.
鶯 鶯 張 生 에게 헤어질 예 하고 돌아갔다.

jang šeng hendume buya bithei niyalma soktoho. geneki. fu žin de emu
張 生 말하되 小 書 生 취했다. 가마. 夫人 에게 한

gisun alafi gūnin be wacihiyaki sembi. acanambiheo akū. cananggi
말씀 아뢰고 마음 을 다하고자 한다. 맞느냐? 아니다. 지난번

balama hūlha necinjifi bengneli kūbulin tucike fonde fu žin i gisun
미친 도적 침범해오고 홀연히 소동 일어난 때에 夫人 의 말

hūlha be bederebume muteci ing ing be sargan bumbi sehe. ere gisun
도적 을 퇴각시키게 할 수 있으면 鶯 鶯 을 부인 준다 했다. 이 말

akū biheo. fu žin hendume inu. jang šeng hendume tere fonde we
없었느냐? 夫 人 말하되 옳다. 張 生 말하되 그 때에 누가

fafuršame tucike. fu žin hendume siyan šeng ergen be aitubuha baili
분발하여 나섰는가. 夫 人 말하되 先 生 생명 을 구해주었던 은혜

—— ◦ —— ◦ —— ◦ ——

말로 사람을 속이며 거짓말했다.
한 편으로는 헛된 말로 나를 속였다.

부인이 말하기를
"홍랑아, 소저를 침방으로 보내라."
앵앵이 장생에게 헤어질 예를 하고 내려갔다.
장생이 말하기를
"소생도 취했으니 이만 가보겠습니다. 마음을 다해서 부인께 한 말씀 아뢰고자 합니다. 말해도 되겠습니까? 지난번 도적이 침범해오고 홀연히 소동이 일어났을 때 부인께서 말씀하시기를 도적을 퇴각시킬 수 있으면 앵앵을 부인으로 준다고 하셨습니다. 이렇게 말씀하시지 않았습니까?"
부인이 말하기를
"그렇다."
장생이 말하기를
"그 때 누가 분발하며 나섰습니까."
부인이 말하기를
"선생이 생명을 구해주었던 은혜가

奈先相国在日

張生云 夫人却請住者 当時小生疾忙作書

請杜将軍来 徒

為今日鋪啜也乎 今早紅娘傳命相呼

將請永踐金諾 快成倚玉

不知夫人何見 忽以兄妹二字豈頭一盞

請問小姐何用小生為兄

兼小生真不用小姐為妹 常言 箏

錯 非遲 還請夫人三思

夫人云 這個小女 先相国在日 實已

許下老身姪兒鄭恒 前日發書曾去喚他

bisirengge yargiyan. damu neneme siyang guwe bisire fonde sehe bici,
있는 것 진실. 다만 전에 相 国 있을 때에 했다 하니

jang šeng hendume fu žin takasu. tere fonde buya bithei niyalma
張 生 말하되 夫人 기다려라. 그 때에 小 書 生

ekšeme saksime bithe arafi du jiyanggiyūn be solinahangge enenggi
서둘러 글 써서 杜 장군 을 초대했던 것 오늘

jeki omiki sehe jaliyūn. hūng niyang ere cimari erde wesihun i gisun
먹고 마시자 했기 때문이냐. 紅 娘 이 아침 일찍 위 의 말

seme hūlanjire jakade ainci je sehe de acabume uthai gu de nikebumbi
하며 부르러 올 적에 분명 네 했기 에 만나게 하여 곧 玉 에 의존하게 한다[310]

sehe bihe. fu žin i absi gūniha be sarkū. holkonde ahūn non sere
했었다. 夫人 의 어찌 생각한 것 을 모르겠다. 홀연히 오빠 누이 하는

juwe hergen i uju be baime emgeri ungkehe.[311] fonjiki siyoo jiyei buya
두 字 의 머리 를 찾아서 한번에 덮어 씌었다.[312] 묻자 小 姐 小

bithei niyalma be ahūn obufi ainambi. buya bithei niyalma yargiyan i
書 生 을 오빠 삼아서 무엇 하느냐? 小 書 生 진실 로

siyoo jiyei be inu non obure baitakū. kemuni henduhengge bodome
小 姐 를 또 누이 삼을 필요 없다. 항상 말한 것 생각하며

ufarabuhangge sitaha sere ba akū.[313] bairengge fu žin dahime seolereo.
그르친 것 지체했다 할 바 없다. 원컨대 夫 人 다시 생각하시오.

fu žin hendume ere sargan jui nenehe siyang guwe bisirede yargiyan i
夫人 말하되 이 딸 전에 相 国 있음에 진실 로

mini ahūn i jui jeng heng de angga aljaha. cananggi bithe jasifi
나의 오빠 의 아이 鄭 恒 에게 약혼했다. 전날 글 부쳐서

—— ◦ —— ◦ —— ◦ ——

있는 것은 사실이다. 다만 전에 상국께서 살아계실 적에…" 하니

장생 말하기를

"부인, 멈추십시오. 그 때 소생이 서둘러 편지를 써서 두 장군을 초대했던 것은 오늘 먹고 마시고자 했기 때문입니까? 홍랑이 아침 일찍 부인의 말씀으로 부르러 왔을 때 분명 '예' 했기에 만나게 하여 곧 혼인시키리라 생각했었다. 부인께서 어찌 생각 하시는지를 모르겠습니다. 부인께서 무슨 이유로 남매로 삼으려 하시는지 묻겠습니다. 소저가 소생을 오빠 삼아서 무엇 하겠습니까? 소생은 진실로 소저를 누이 삼을 필요 없습니다. 항상 말씀하신 것을 생각하시고 잘못 헤아려 지체하지 마십시오. 원컨대 부인은 다시 생각하십시오."

부인이 말하기를

"이 딸아이는 전에 상국 있을 적에 사실 나의 조카 정항(鄭恒)과 약혼했다. 전날 편지를 부쳐서

310) gu de nikebumbi : 의옥(倚玉)으로 고반혹친부현자(高攀或亲附贤者), 즉 자기보다 신분이 높은 사람과 교제하거나 인척 관계를 맺고 어진 사람을 따르는 것을 가리킨다.

311) 가토본과 동양문고본에서는 emgeri ungkehe로 쓰이고 있으나 초본에서는 emgeri가 쓰이지 않고 ungkehe만 쓰이고 있다.

312) ahūn non sere juwe hergen i uju be baime emgeri ungkehe : '부인이 무슨 이유로 남매로 삼으려 하시는지'의 의미이다.

313) bodome ufarabuhangge sitaha sere ba akū : 산착비지(算錯非遲)로 '잘못 헤아려 지체하지 마라'는 의미로 쓰였다.

学若至將如之何
加今情願多以金帛奉酬

願先生別揀豪門貴宅之女

各諧秦晉
似

為兩便
張生云原來夫人如此
呆知杜將軍若是不來

孫飛虎公然無礼
此夫人又有何說

小生何用金帛

今日便索告別
夫人云
先生住者
你

今日有酒了也
紅娘扶哥ヒ去書房中歇息

到明日嗒別有話說

夫人下

紅娘扶張生云
張先生少吃一杯却不是好

張生云
哎呀紅娘姐

滿漢西廂記 四二

terebe ganabuhabi. ere jui jihede ainambi. te cihangga menggun suje
그를 데려오게 했다. 이 아이 옴에 어찌하느냐? 지금 원하는 은 비단

labdu bume baili jafaki. siyan šeng de bairengge encu bayan fujuri
많이 주어 은혜 갚자. 先 生 에게 원하는 것 다른 부유한 출신

wesihun booi sargan jui be sonjofi cin jin i adali holboci juwe de
귀한 집의 딸 을 택해서 秦 晉 의 처럼 결혼하면 둘 에게

tusa gese. jang šeng hendume dule fu žin uttu ni. aikabade du jiyanggiyūn
이익 같다. 張 生 말하되 진정 夫 人 이러하냐? 만약 杜 將軍

jihekū. sun fei hū cihai dorakūlaha bici tere erinde fu žin geli
오지 않았다. 孫 飛 虎 멋대로 무례히 굴었으면 그 때에 夫 人 또

ai babe gisurembihe ni. menggun suje buya bithei niyalma de ai baita?
무슨 바를 말했겠는가? 은 비단 小 書 生 에게 무슨 소용 있느냐?

enenggi uthai alafi juraki. fu žin hendume siyan šeng takasu. si enenggi
오늘 곧 말하고 떠나자. 夫 人 말하되 先 生 잠깐 기다려라. 너 오늘

bahabuhabi sefi hūng niyang age be wahiyame bithe boode benefi
술에 취했다 하고 紅 娘 형 을 부축하여 서재에 보내서

ergembu. cimaha inenggi muse jai
쉬게 해라. 내일 우리 다시

gisureki seci fu žin mariha.
말하자 하며 夫 人 돌아갔다.

hūng niyang jang šeng be wahiyame hendume jang siyan šeng komsokon emu
紅 娘 張 生 을 부축하며 말하되 張 先 生 조금 한

udu hūntahan omici sain akūna. jang šeng hendume ara hūng niyang
몇 잔 마시면 좋지 않느냐? 張 生 말하되 아! 紅 娘

그를 데려오게 했다. 그 아이가 오면 어찌하느냐? 지금 원하는 은과 비단을 많이 주어 은혜를 갚으마. 선생에게 바라건대 다른 부유한 출신, 귀한 집의 딸을 택해서 진진(秦晉)처럼 결혼하면 모두에게 이익이 될 것이다."

장생이 말하기를

"진정 부인께서 이러실 것입니까? 만약 두장군이 오지 않고 손비호가 제멋대로 횡포한 짓을 했으면 그 때 부인은 또 무엇이라 하셨겠습니까? 은과 비단은 소생에게 아무 소용이 없습니다. 오늘 인사드리고 떠나겠습니다."

부인이 말하기를

"선생, 잠깐 기다려라. 오늘 술에 취했구나."

하고

"홍랑아, 오라버니를 부축하여 서원에 보내서 쉬게 하여라. 내일 우리 다시 말하자."

하며 부인이 내려갔다.

홍랑이 장생을 부축하며 말하기를

"장 선생님, 술을 조금만 마시면 좋지 않습니까."

장생이 말하기를

"아, 홍랑

更無出路 此事幾時是了 只就

變卦 使小生心盡計窮 不料如今忽然

莫不共聞

乃至上有佛天 下有護法

兩廊下無數僧俗

許以婚姻之約 紅娘姐這不是你我二人獨聽見的

金口 玉言

本何足道 只是夫人堂上一品太君

須不敢瞞你 前日之事 不可告訴他人 小生這一封書

直到如今受無限苦楚 忘餐廢寢

小姐

你也糊突 我吃甚麼酒來 小生自從見

gege si inu hūlhi oho. bi ai nure omiha. buya bithei niyalma
아가씨 너 도 어리석었다. 나 무슨 술 마셨는가. 小 書 生

siyoo jiyei be gaitai sabuha ci jetere be waliyafi amgara ba onggofi
小 姐 를 갑자기 봄 에서 먹는 것 을 버리고 잘 바 잊고

ere erinde isinjiha. tutala akaha joboho be gūwa de alaci ojorakū dere.
이 때에 이르렀다. 그렇게 한탄함 괴로움 을 타인 에게 말하면 안 되느니라.

sinde adarame daldaci ombi. cananggi baita de buya bithei niyalma i
너에게 어떻게 숨길 수 있는가? 지난 일 에 小 書 生 의

emu jasigan i bithe be aisehe. damu fu žin serengge emu fujurungga yangsangga
한 편지 의 글 을 뭐라 했느냐? 다만 夫 人 은 한 우아하고 아름다운

uju jergi tai giyūn. angga juwaci aisin i adali gisureci gu i gese.
一 品 太 君이다[314] 입 열면 금 과 같고 말하면 玉 과 같다.[315]

sargan bure seme angga aljaha be hūng niyang gege si bi muse juwe
딸 주겠다 하며 약속한 것 을 紅 娘 아가씨 너 나 우리 두

nofi teile donjihangge waka. juwe ergi nanggin i fejile bihe tutala
명 만 들은 것 아니다. 양 쪽 欄干 의 아래 있던 그리 많은

hūwašan an i niyalma, dergi de oci fucihi abka bi, fejergi de
和尙 俗 人 위 에 는 佛天 있고 아래 에

oci hū fa enduri bi. uhei donjihakūngge akū. enenggi gaitai
는 護 法 神 있다. 모두 듣지 않았던 이 없다. 오늘 갑자기

kūbulire be we gūniha. buya bithei niyalma be mujilen wajitala arga
변할 것 을 누가 생각했느냐? 小 書 生 을 마음 끝나도록 방법

mohotolo ele jugūn akū obuha. ere baita atanggi wajimbi. inemene
다하도록 전부 길 없게 됐다. 이 일 언제 끝나는가? 차라리

아가씨, 너도 어리석구나. 내가 무슨 술을 마셨냐? 소생이 소저를 우연히 본 뒤로 먹는 것을 팽개치고 자는 것도 잊고 이때에 이르렀다. 그렇게 한탄하고 괴로워하는 것을 타인에게는 말할 수 없지만 너에게 어떻게 숨길 수 있겠느냐? 지난번에 소생이 쓴 한 통의 편지에 뭐라 했는가? 부인은 우아하고 아름다운 일품 태군이다. 입을 열면 금과 같고 말하면 옥과 같다. 딸을 주겠다고 약속한 것을 홍랑 아가씨 너와 나 우리 두 사람만 들은 것이 아니다. 양쪽 난간 아래에 있던 그 많은 화상(和尙)들, 속인(俗人)들, 위에는 부처가 있고 아래에는 호법신(護法神)이 있다. 모두 듣지 않았던 이가 없다. 그런데 오늘 갑자기 변하리라 누가 생각했겠느냐? 소생이 마음 다하고 방법을 다하도록 전혀 길이 없게 됐다. 이 일이 언제 끝나느냐? 차라리

---

314) 일품태군(一品太君)은 자당(慈堂) 또는 관리 모친의 봉호(封号)를 가리킨다.
315) angga juwaci aisin i adali gisureci gu i gese : 김구옥언(金口玉言)으로 한번 말하면 바꿀 수 없는 말을 뜻한다.

姐酷好琴音 今夕妾与小姐 俺小
見 先生有琴一張 必善於此 妾
只是計將安出 紅娘云 小生 生 死不忘
張生云 如此
況是以德報德 妾当盡心 謀之
雖怪妾 得罪 至於今日夫人実有成言
突如其來 其在 前日 真為素昧平生
妾已 覗之 深矣
紅娘云 先生休謊 先生之於小姐
解帶科
真作離鄉背井魂
小娘子 跟前只索解下腰帶尋個自盡 可憐閑户縣梁容

gege sini juleri umiyesun sufi beye be araki. jilakan uce dasifi
아가씨 너의 앞 허리띠 풀고 자살하자. 애처로이 문 닫고

mulu de fasire antaha, yala gašan ci aljaha susu ci jailaha[316)]
들보 에 목매어 죽을 손님 정말 마을 에서 떠난 고향 에서 피한

fayangga ombi sefi
혼 된다 하고

umiyesun sure arame
허리끈 푸는 척하되

hūng niyang hendume siyan šeng ume ekšere. siyan šeng siyoo jiyei i baita be
紅 娘 말하되 先 生 서두르지 말라. 先 生 小 姐 의 일 을

fusihūn bi aifini šumin sahabi. cananggi oci yargiyan i daci takahakū
미천한 나 벌써 깊이 알았다. 지난 번 은 정말 로 원래 알지 못했고

bime holkonde jihe be dahame fusihūn bi esi wakašaci te seci fu žin i
홀연히 왔으므로 미천한 나 응당 꾸짖으면 이제 라면 夫 人 의

gisun iletu bi. geli erdemu de erdemu i karularangge fusihūn bi mujilen be
말 명백하다. 또 덕 에 덕 으로 보답하는 것 미천한 나 마음 을

akūmbume kiceki. jang šeng hendume uttu oci buya bithei niyalma bucetei
다하며 노력하자. 張 生 말하되 이러 하면 小 書 生 죽도록

onggorakū oki. damu arga aibici tucimbi. hūng niyang hendume bi tuwaci
잊지 않으마. 다만 방법 어디에서 나오느냐? 紅 娘 말하되 나 보면

siyan šeng de emu dobtoloho kin bihe. urunakū ede mangga dere. meni siyoo
先 生 에게 한 匣에 넣은 거문고 있었다. 반드시 이에 능숙하니라. 나의 小

jiyei kin i mudan de dembei amuran. ere yamji fusihūn beye siyoo jiyei
姐 琴 의 소리 에 대단히 좋아한다. 이 밤 미천한 몸 小 姐

—— ◦ —— ◦ —— ◦ ——

네 앞에서 허리띠를 풀고 자결하겠다. 애처로이 문 닫고 들보에 목매어 죽은 사람은 마을에서 버림받고 고향에서도 피하는 혼이 될 것이다."

하고 허리끈 푸는 척하니 홍랑이 말하기를

"선생은 서두르지 마십시오. 선생과 소저의 일을 미천한 저도 벌써 깊이 알았습니다.

지난번에는 잘 알지 못한 채 갑자기 다가왔으므로 미천한 제가 응당 꾸짖었으나 이제는 부인의 말이 명백합니다. 또 덕에 덕으로 보답하는 것이니 미천한 제가 마음을 다하며 노력하겠습니다."

장생이 말하기를

"그러면 소생이 죽도록 잊지 않을 것이다. 다만 방법이 있겠느냐?"

홍랑이 말하기를

"제가 보니 선생님께 한 갑(匣)의 거문고가 있었습니다. 반드시 거문고에 능숙하실 것입니다. 저희 소저는 거문고의 소리를 굉장히 좋아합니다. 오늘 밤, 미천한 제가 소저와

316) gašan ci aljaha susu ci jailaha : 배정리향(背井離鄕)으로 고향을 떠나고 먹던 우물물을 등진다는 뜻으로 고향을 져버리고 멀리 타향으로 가는 것을 가리킨다.

下

旧夜来蕭寺寡 何曾今夕洞房春

晩怕夫人呼喚 我只索回去 下 張生云 依

着看話說 明早来回報 這 早

說甚言語 便将先生衷曲稟知

先生聽見 便可以弾 看小姐

少不得花園焼香 妾以咳嗽為号

emgi eicibe ilha yafan de hiyan dabunjimbi. fusihūn beye fucihiyara be
함께 꼭 花 園 에 香 피우러 온다. 미천한 몸 헛기침하는 것 을

temgetu obure. siyan šeng donjihade uthai emgeri fithe. siyoo jiyei i
신호 삼겠다. 先 生 들음에 곧 한번 켜라. 小 姐 의

aisere be tuwafi jai siyan šeng ni dorgi gūnin i mudan be tucibume
무어라 하는지 를 보고 다시 先 生 의 속 마음 의 곡 을 꺼내어

ulhibuki. aika gisun bihede cimari erde mejige alanjire. ere erinde
깨닫게 하자. 혹 말 있음에 아침 일찍 소식 알리러 오겠다. 이 때에

fu žin hūlambi ayoo. bi amasi geneki sefi mariha. jang šeng hendume dobori
夫人 부르리라. 나 뒤로 가자 하고 돌아갔다. 張 生 말하되 밤

an i simacuka miyoo de g'ogin dabala. ere yamji ainaha ice holbon i niyengniyeri
평소대로 쓸쓸한 廟 에 홀아비 뿐이다. 이 밤 어떤 새 짝 의 봄

biheni sefi
있었는가 하고

mariha.
돌아갔다.

—— ◦ —— ◦ —— ◦ ——

함께 꼭 화원에 향을 피우러 가겠습니다. 제가 헛기침하는 것을 신호로 삼겠습니다. 선생님께서 들으면 곧 거문고를 켜십시오. 소저가 어찌 하는지를 보고 다시 선생님의 속마음의 곡을 꺼내어 깨닫게 하십시오. 혹 말이 있으면 아침 일찍 소식을 알리러 오겠습니다. 이제 부인께서 부르실 것입니다. 저는 돌아가겠습니다."
하고 내려갔다.
장생이 말하기를
"오늘 저녁 평소대로 쓸쓸한 묘(廟)에 홀아비뿐이더니 오늘 밤에 어찌 새로운 짝을 만나 봄이 되겠느냐."
하고 내려갔다.

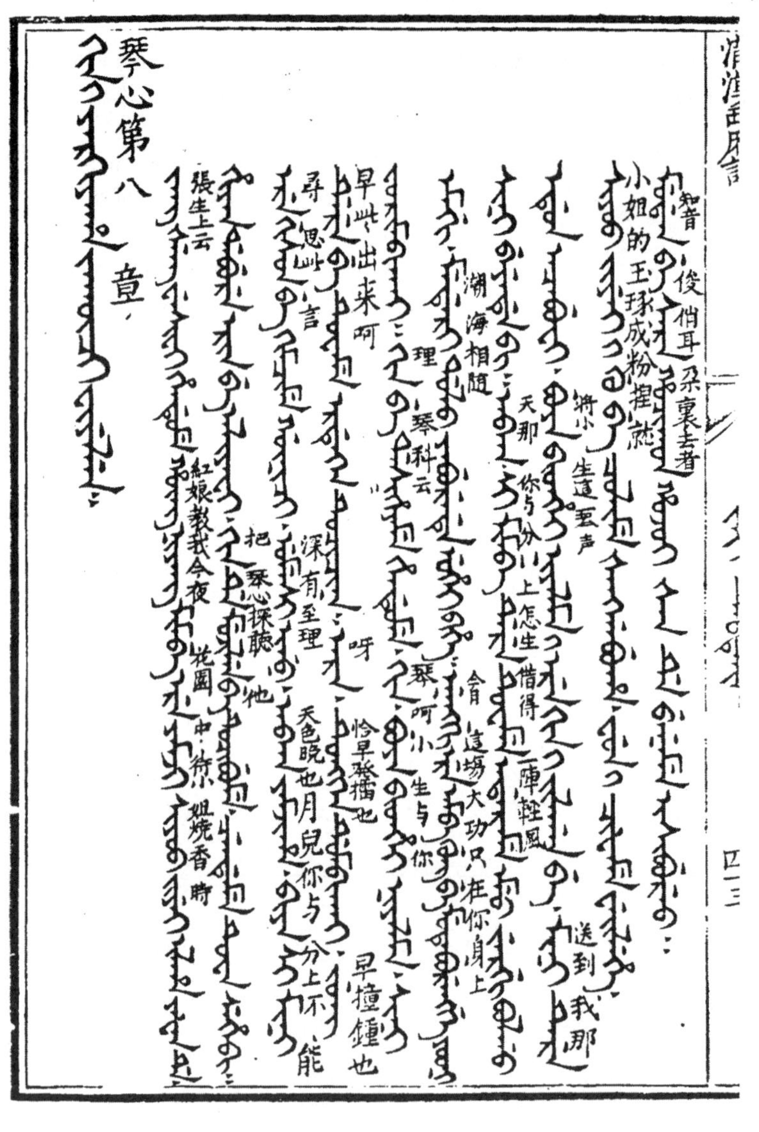

〔2:43a〕

kin i yarkiyaha jakūci fiyelen
거문고 로 유혹한 여덟째 장

jang šeng wesifi hendume hūng niyang mimbe ere yamji siyoo jiyei ilha yafan de
張 生 올라와서 말하되 紅 娘 나를 이 저녁 小 姐 꽃 동산 에서

hiyan dabure erin be aliyafi kin de mujilen be tucibume cendeme tuwa sehebi.
香 피울 때 를 기다려 거문고 에 마음 을 드러내어 시험하여 보라 하였다.

ere gisun be kimcime gūnici umesi inu. abka yamjiha. biya. si mini
이 말 을 살펴서 생각하면 가장 옳다. 하늘 저물었다. 달! 너 나의

dere be tuwame erdeken tucicina. ara, tungken dumbikai. jung
쪽 을 보고 빨리 나오려무나. 아! 북 쳐라. 鐘

forimbikai. kin be dasihiyame hendume kin. buya bithei niyalma sini
쳐라. 琴 을 먼지 털며 말하되 琴아! 小 書 生 너의

emgi mederi dolo yaburede uhei bihe. enenggi ere amba gung be muteburengge yooni
함께 海 內 다님에 같이 있었다. 오늘 이 큰 功 을 이루는 것 모두

sini beyede bi. abka si mimbe dere tuwame adarame emu jergi bolgo
너의 자신에게 있다. 하늘 너 나를 얼굴 보아 어찌하여 한 번 맑은

edun acabufi buya bithei niyalma i ere kin i jilgan be mini tere
바람 맞추어 小 書 生 의 이 琴 의 소리 를 나의 그

siyoo jiyei i gu be colime šanggabuha fun i cifame weilehe
小 姐 의 玉 을 조각하여 완성한 粉 으로 발라서 만든

mudan be sara hocikon hojoi šan de beneme isibureo.
곡 을 아는 아름다운 미인의 귀 에 보내어 이르게 하시오.

—— ◦ —— ◦ —— ◦ ——

거문고로 유혹한 여덟 번째 장

장생 올라와서 말하기를
"홍랑이 나에게 오늘 저녁 소저가 화원에 향 피우러 갈 때를 기다려 거문고에 마음을 드러내어 시험해 보라 하였다. 이 말을 살펴 생각하니 매우 옳다. 하늘이 저물었다. 달아! 너 나에게 빨리 오려무나. 아! 북 쳐라. 종 쳐라."
거문고 먼지를 털고 말하기를
"거문고야! 소생이 너와 함께 해내(海內)를 다닐 때 같이 있었다. 오늘 이 큰 공(功)을 이루는 것은 모두 네 자신에게 달려있다. 하늘아, 나의 얼굴을 보아 맑은 바람에 어찌 한 번 맞추어 소생의 이 거문고 소리가 나의 소저의 옥을 조각하고 분(粉)을 발라서 만든, 곡을 알아듣는 아름다운 미인의 귀에 보내어 이르게 하소서."

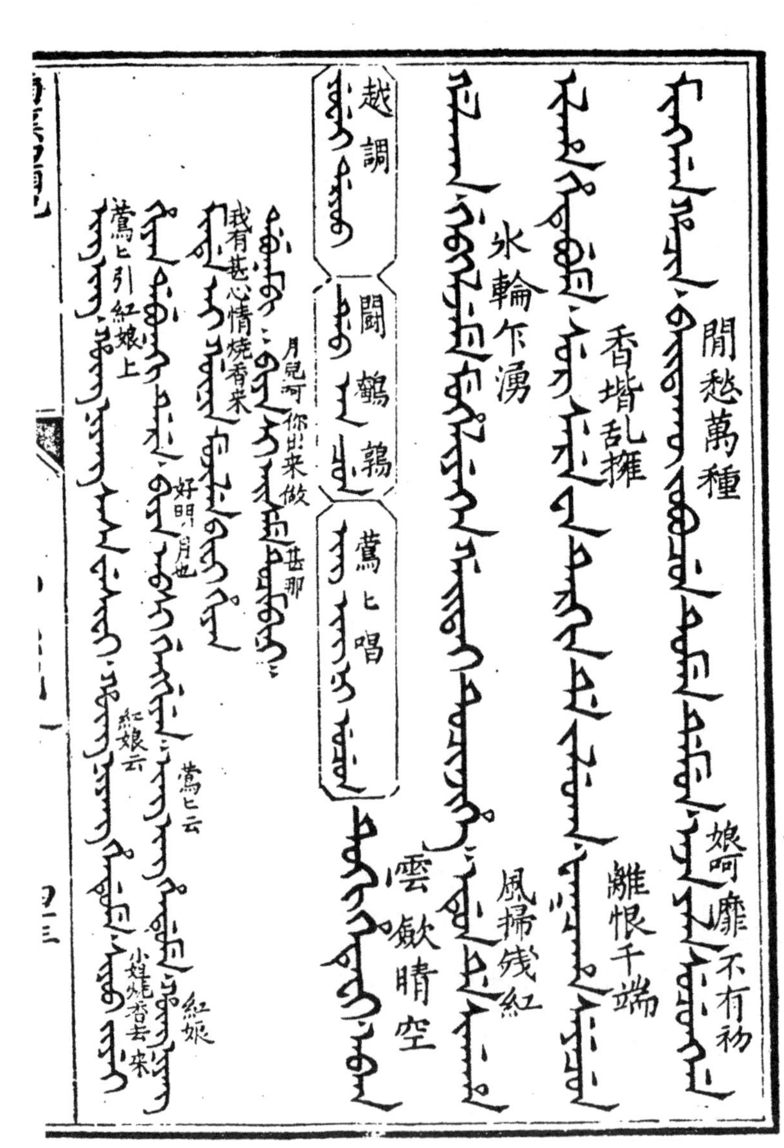
閒愁萬種 嬌呵 靡不有初

香堦乱擁 離恨千端

氷輪乍湧 風掃残紅

越調 鬪鵪鶉 鶯〻唱 雲斂晴空

我有甚心情焼香来

月兒呵你出来做甚那

好明〻月也

鶯〻云

紅娘云

紅娘 小姐焼香去来

鶯〻引紅娘上

四三

ing ing hūng niyang sasa wesifi hūng niyang hendume siyoo jiyei
鶯 鶯 紅 娘 함께 올라와서 紅 娘 말하되 小 姐

hiyan dabunaki dere. biya absi genggiyen. ing ing hendume hūng niyang
香 피우러 가자 꾸나. 달 얼마나 밝은가? 鶯 鶯 말하되 紅 娘

minde ai gūnin mujilen bifi hiyan
나에게 무슨 생각 마음 있어서 香

dabunambi. biya si aiseme tucimbini.
피우러 가느냐? 달 너 어째서 나왔느냐?

[yuwei diyoo]【deo an cun】〔ing ing ni ucun〕tugi hetefi abka
[越 調] 【鬪 鵪 鶉】 〔鶯 鶯 의 노래〕구름 걷히고 하늘

galaka. gebkeljeme muheliyeken gaitai tucinjihe. edun de sigaha
개었다. 빛나며 둥근 것이 갑자기 나왔다. 바람 에 진

ilha hetebume sur sere wa terkin de jaluka. fakcaha seyecun
꽃 걷어올려 향기로운 향 섬돌 에 가득했다. 헤어진 원망

minggan hacin. baitakū jobocun tumen demun. aja yala sucungga
千 종류 쓸데없는 근심 萬 기괴하다. 어머니 진정 처음

—— ◦ —— ◦ —— ◦ ——

앵앵이 홍랑과 함께 올라가서 홍랑 말하기를
"소저, 향을 피우러 갑시다. 달이 얼마나 밝습니까."
앵앵 말하기를
"홍랑아, 나에게 무슨 마음이 있어서 향을 피우러 가겠느냐. 달아! 너 어째서 나왔느냐."

[월조(越調)]【투암순(鬪鵪鶉)】〔앵앵창(鶯鶯唱)〕
구름 걷히고 하늘 개었다.
빛나며 둥근 것이 갑자기 나왔다.
바람에 진 꽃 걷어 올려
향기로운 향 섬돌에 가득했다.
헤어진 한은 천 종류,
쓸데없는 근심은 만 가지다.
어머니, 정말로 처음이

朦朧却教我翠袖殷勤捧玉鍾

只道恁生般炮鳳烹龍

相逢

昨日個大開東閤

我

止許心兒空想

口兒閒題

夢兒

我做了會畫中愛寵

紫花兒序

他做了會景兒裡情郎

鮮有終

〔2:44a〕

akūngge akū duben bisirengge komso. tere helmen i gese haji agu
없는 것 없고 끝 있는 것 드물다. 그 그림자 의 같이 사랑하는 오빠

oho seci bi nirugan i adali hojo doshon oho. 【dzy hūwa el
되었다 하면 나 그림 과 같이 사랑하는 연인 되었다. 【紫 花 兒

sioi】 te damu mujilen mekele kidume angga baitakū jonome tolgin de
序】 이제 다만 마음 속절없이 그리워하며 입 쓸데없이 이야기하며 꿈 에

ishunde acara dabala. sikse dergi leose be mila neihede bi
서로 만날 뿐이다. 어제 동쪽 樓舍 를 활짝 엶에 나

ainci aimaka gerudei be bolame muduri be colambi sehe
어쩌면 혹시 鳳凰 을 굽고 용 을 볶는다[317] 하였다.

bihe. buksuri mimbene. gecuheri ulhi hetebufi gu i hūntahan darabume
몽롱한 나를 지금 비단 소매 걷고 玉 의 술잔 권하게 하여

—— ◦ —— ◦ —— ◦ ——

없는 것은 없고
끝이 있는 것 적구나.
그가 그림자처럼 정랑(情郞)이 되었다면
나는 그림처럼 아름다운 연인 되었다."

【자화아서(紫花兒序)】
이제 다만 마음은 속절없이 그리워하며
입은 쓸데없이 이야기하며
꿈에서 서로 만날 뿐이다.
어제 동쪽 누사(樓舍)을 활짝 여니
어쩌면 혹시 봉황(鳳凰)을 굽고 용을 볶는구나 하였었다. 몽롱하였다.
나에게 지금 비단 소매 걷고 옥의 술잔 잡게 하여

317) gerudei be bolame muduri be colambi : 포봉팽룡(炮鳳烹龍)으로 요리가 매우 풍성하고 진기한 것을 형용하고 있다.

是怕人搬弄 想姮娥西没

人間玉容深鎖綉幃中

小桃紅

敢有風也 鶯鶯云 呀 果然一個月闌

紅云 小姐你看月闌 明日

着他魚水難同

要算主人情重将我雁字排連

boihoji i ujen baili jafaha jergi okini seme mimbe ahūn non i
주인 의 정중한 은혜 갚은 것 되게 하자 하고 나를 오빠 여동생 의

doroi acabufi terebe muke nimaha acahakū gese obuha.
예로 맞게 하고 그를 물 물고기 만나지 못한 것 같이 되게 했다.

hūng niyang hendume siyoo jiyei si tuwa. biya de erguwehebi. cimaha
紅 娘 말하되 小 姐 너 보아라. 달무리졌다. 내일

inenggi ainci edun bi aise. ing ing hendume ara yala emu
아마 바람 있으리라. 鶯 鶯 말하되 아! 정말로 한

jergi
번

erguwehebi.
달무리졌다.

【siyoo too hūng】 niyalma i jalan gu i fiyan be šeolehe mengsei dolo
【小 桃 紅】 사람 의 세상 玉 의 容[318] 을 수놓은 휘장의 안쪽

šumin somirengge niyalma balai nungnerahū serengge, gūnici can o
깊이 감추는 것 사람 함부로 희롱할까 하는 것이다. 생각하면 嫦 娥[319]

—— ◦ —— ◦ —— ◦ ——

주인의 정중한 은혜를 갚게 하자 하고
나를 남매의 예로 맞게 하여
그를 물고기가 물을 만나지 못한 것처럼 되게 했다.

홍랑 말하기를
"소저, 보십시오. 달무리가 졌습니다. 내일은 아마 바람이 불겠네요."
앵앵 말하기를
"아! 정말로 달무리 졌구나."

【소도홍(小桃紅)】
세상이 옥용(玉容)을 수놓은 휘장의 안쪽 깊이 감추는 것은
사람들이 함부로 희롱할까 두려운 것이다.
생각하면 항아(嫦娥)가

318) 옥용(玉容)은 옥같이 고운 용모라는 뜻으로 미인의 얼굴을 키리킨다.
319) 항아(嫦娥)는 달 속에 있다는 선녀(仙女)의 이름을 가리킨다.

紅娘云 小姐你猜咱

鶯鶯云 紅娘這是甚麽響

紅娘輕咳嗽科 小姐來了也 張生云 彈琴科 是紅娘姐咳嗽

圍住廣寒宮

勞你羅幃數重 愁他心動

裴航不作遊仙夢

東生有誰共 怨天公

wargi de tuheme dergici tucire be dahame we uhei bimbi. abka de
서쪽 에 지고 동쪽에서 나옴 을 따라서 누가 함께 있느냐? 하늘 에

gasarangge ainu pei hang ni gese enduri ome tolgiburakū ni?
원망하는 것 어찌 裵 航[320] 의 같이 신 되어 꿈꾸게 하지 않느냐?

si joboho. lo i jampan be jibsime cahangge terebe mujilen aššarahū
너 수고했다. 羅 의 휘장 을 겹쳐서 친 것 그를 마음 움직일까

seme jobošome guwang han gung be kahangge dere.
하여 걱정하여 廣 寒 宮[321] 을 둘러싼 것 이니라.

hūng niyang bilha dasaha. jang šeng hendume hūng niyang
紅 娘 목청 다듬었다. 張 生 말하되 紅 娘

bilha dasarangge siyoo jiyei jihe kai. kin fithehe.
목청 다듬은 것 小 姐의 온 것 이라. 琴 탔다.

ing ing hendume hūng niyang ere ai uran ni.
鶯 鶯 말하되 紅 娘 이 무슨 울림이냐.

hūng niyang hendume siyoo jiyei si buhiyeme tuwa.
紅 娘 말하되 小 姐 너 추측해 보아라.

—— ◦ —— ◦ —— ◦ ——

서쪽에서 지고 동쪽에서 나올 때
누가 함께 하겠느냐?
하늘에 원망하는 것은
어째서 배항(裵航)과 같이 신이 되어 꿈꾸게 하지 않느냐?
너 근심하였다.
비단의 휘장을 겹쳐서 친 것은
그가 마음 흔들릴까 걱정하여
광한궁(廣寒宮)을 둘러싼 것이다.

홍랑이 목청을 다듬었다, 장생 말하기를
"홍랑이 목청을 다듬는 것을 보니 소저가 왔나보다."
거문고를 탔다.
앵앵 말하기를
"홍랑아, 이게 무슨 소리냐?"
홍랑 말하기를
"아가씨, 추측해 보십시오."

---

320) 배항(裵航)은 만당(晩唐) 시기 소설가 배형(裵鉶)의 소설집인 전기 중의 한 편으로 전문이 1350 여자(餘字)에 불과한 짧은 내용의 작품이다. 내용은 낙제한 서생 배항(裵航)이 우연히 남교(藍橋)에서 선녀 운영(雲英)을 만나 여러 곡절 끝에 그와 결혼을 하고 신선이 되었다는 내용이다.

321) 광한궁(廣寒宮)은 달 속에 있다는 항아(姮娥)가 사는 가상(假想)의 궁전이다.

是牙尺剪刀声相送

是梵王宮夜撞鐘

是疎竹瀟瀟曲檻中

吉玎璫敲響簾櫳

馬兒簷前驟風

是金鈎双動

調笑令

是裾拖得環珮玎玲

是鉄

天净紗

是步摇得寶髻玲瓏

【tiyan jing ša】 oksoro de boobai sifikū[322] i suihe lasihibuhao.
【天 淨 沙】 걸음 에 보배의 비녀 의 술 흔들렸느냐.

hūsihan ušarade ashaha gu kalar kilir sere jilgon.[323] aihai
치마 끌음에 珮 玉 댕그랑 댕그랑 하는 소리냐? 유리의

kanggiri[324] sihin i edun de hūrgibuhao. aisin i gohon sasari
방울 처마 의 바람 에 휘감게 하였느냐? 금 의 떠고리 일제히

acinggiyabufi kalang kiling seme hida foribuhao. 【tiyoo siyoo ling】[325]
움직여서 쟁강 쟁강 하며 주렴 두드리게 하였느냐? 【調 笑 令】

eici miyoo i dolo dobori jung forimbio. eici gargiyan cuse
혹 廟 의 안 밤 鐘 치는가? 혹 성긴 대나무

moo mudangga jerguwen i dolo šalarserenggeo. eici weihei cy
굽은 난간 의 안 살랑살랑하는 것이냐? 혹 牙 尺[326]

—— ◦ —— ◦ —— ◦ ——

【천정사(天淨沙)】
걸으니 보요(步搖)의 술이 흔들렸느냐?
치마를 끄니 패옥(珮玉)이 뎅그랑 거리느냐?
풍경(風磬)이 처마의 바람에 휘감겼느냐?
금의 갈고리 일제히 흔들려
쟁강쟁강하며 주렴 두드리게 하였느냐?

【조소령(調笑令)】
혹은 절 안에서 밤에 종 치느냐?
혹은 성긴 대나무가 회랑 안에서 사락사락하느냐?
혹은 아척(牙尺)과

---

322) boobai ifikū : 보요(步搖), 즉 떨잠이다. 머리꾸미개의 하나로 큰머리나 어여머리의 앞 중심과 양옆에 한 개씩 꽂는다. 떨새를 붙인 과판 같은 것이다.

323) jilgon : 만주어 어법에 어긋난다. jilgan과 의문첨사 o가 결합한 것으로 판단된다.

324) aihai kanggiri : 만한합벽(滿漢合璧)의 한어(漢語)에서는 철마아(鐵馬兒)로 대응시키고 있는데 풍령(風鈴), 풍경(風磬)을 뜻한다. 그런데 aihai kanggiri는 '유리 방울'로서 풍령, 풍경과는 대응이 되지 않는다. 한청문감(11:31b)에서는 kanggiri를 '장비목장식'으로 풀이하고 있다. 만주어에서 풍경(風磬)은 cinggilakū 또는 sihin i kanggiri이다.

325) tiyoo siyoo ling : 초본에는 diyoo hiyoo ling으로 쓰였다.

326) 중국에서 증거가 남아있는 가장 오래된 자는 은허(殷墟) 유적에서 발굴된 골척(骨尺, 台灣故宮博物院藏)과 아척(牙尺, 中國歷史博物館藏)인데 길이는 각각 16.93cm 및 15.78cm이다.

其聲高似風清朗鶴唳空

其聲幽似落花流水溶溶

厮兒

其聲壯似鉄騎刀鎗冗冗

原来近西廂理結絲桐

我潛身再聽 在墻角東

撓

是漏聲長滴響壺銅

hasaha huwesi[327] kas sere jilgon? eici teišun i tampin ci emdubei
가위 칼 쓱 하는 소리냐? 혹 황동 의 병 에서 잇따라

sabdara sihan i asukio. bi jendu genefi geli donjici fu i dergi
새는 대롱 의 소리인가? 나 몰래 가서 또 들으니 담 의 동쪽

hošo de bi. dule wargi ashan i boode kin fithembiheni. 【tu
모퉁이 에 있다. 원래 西 廂 의 집에서 琴 탔느냐? 【禿

sy el】 terei lurgin mudan uksilehe coohai loho gida šak
厮 兒】 그의 굵직한 곡조 갑옷 입은 군사의 칼 창 짤랑

sik sere adali. terei narhūn mudan sihaha ilha, eyere
짤랑 하는 것 같다. 그의 가는 곡조 진 꽃 흐르는

muke de lumbur lumburjara gese, terei den jilgan bolgo edun
물 에 천천히 흐르는 것 같다. 그의 높은 목소리 맑은 바람

—— ◦ —— ◦ —— ◦ ——

가위가 쓱 하는 소리이냐?
혹은 황동의 병에서 잇따라 흘러나오는 대롱의 소리인가?
내가 몰래 가서 들으니 담의 동쪽 모퉁이에서 들린다.
원래 서상(西廂)에서 거문고를 탔느냐?

【독시아(禿厮兒)】
그의 굵직한 곡조는
갑옷을 입은 군사의 칼과 창이 짤랑짤랑하는 것 같다.
그의 가는 곡조는
진 꽃이 흐르는 물에 천천히 흐르는 것 같다.
그의 높은 목소리는
맑은 바람과

327) hasaha와 huwesi : 가위와 칼을 의미하는데 이는 전도(剪刀)를 만주어로 직역한 것으로 가위를 가리킨다.

分明伯勞飛燕各西東

他曲未通我意已通

是為嬌鸞雛鳳失雌雄

他思已窮恨不窮

聖藥王

似兒女語小窓中喁喁

其聲低

〔2:46b〕

gehun biya de bulehen untuhun de guwendere adali. terei fangkala
밝은 달 에 학 허공 에 우는 것 같다. 그의 작은

jilgan ajige juse fa i dolo juju jaja gisurere adali.
목소리 어린 아이들 창 의 안 소곤 소곤 말하는 것 같다.

【šeng yo wang】 terei gūnin mohocibe korsocun mohon akū
【聖 藥 王】[328] 그의 마음 다하였지만 원한 끝 없으니

uthai šoron luwan gasha, deberen gerudei amila emile fambuha
곧 새끼 鸞 새 새끼 鳳凰의[329] 수컷 암컷 길을 잃은 것

gese. terei ucun hafunjire onggolo mini dolo aifini saha.
같다. 그의 노래 통과해오기 전에 나의 마음 벌써 알았다.

iletu be loo gasha debderšere cibin meni meni dergi wargi de
분명 伯 勞 새 나는 제비[330] 각각 동 서 에

—— ◦ —— ◦ —— ◦ ——

밝은 달에 학이 허공에서 우는 것 같다.
그의 낮은 목소리는
어린 아이들이 창 안에서 소곤소곤 말하는 것 같다.

【성약왕(聖藥王)】
그의 마음 다하였으나 원한이 끝이 없으니
새끼 난새와 새끼 봉황, 암수가 길을 잃은 것 같다.
그의 노래 지나기 전에
나의 마음 벌써 알았다.
분명 백로와 나는 제비가
각각 동서에

328) šeng yo wang : 3장의 (1:29a)에서는 šeng yoo wang으로 표기되어 있다.
329) šoron luwan gasha, deberen gerudei : 교란추봉(嬌鸞雛鳳)으로 어린 난새와 봉황, 즉 젊은 연인을 비유한다.
330) be loo gasha debderšere cibin : 백로비연(伯勞飛燕)으로 이별한 가족이나 친구를 가리킨다.

感懷者斷腸悲痛

已情衷

知音者芳心自同

不是我他人耳聰

知你自

麻郎兒

我瞧夫人便來

紅云 小姐你住這里聽者

盡在不言中

[2:47a]

oho. yooni umaiserakū de baktakabi.
되었다. 전부 말 없는 것 에 함축되어 있다.

hūng niyang hendume siyoo jiyei si ubade donjime
紅 娘 말하되 小 姐 너 여기에 들으며

bisu. bi fu žin be tuwafi uthai jimbi.
있어라. 나 夫人 을 보고 곧 온다.

【ma lang el】 mini gese weri niyalma šan galbi ofi sini beyei
【痲 郞 兒】 나의 같은 다른 사람 귀 밝게 되서 너의 자신의

gūnin i dorgi be sarangge waka. mudan sarangge saikan mujilen
마음 의 속 을 아는 것 아니다. 곡 아는 이 좋은 마음

ini cisui adali. dolo efujerengge duha lakcame akame
자연히 같다. 속 무너지는 이 창자 끊으며 슬퍼하며

gosiholombi.
괴로워한다.

—— ◦ —— ◦ —— ◦ ——

떨어져 있다.
말하지 않아도 뜻은 다 담겨져 있구나.

홍랑이 말하기를
"소저, 여기에서 듣고 있으십시오. 저는 부인을 뵙고 오겠습니다."

【마랑아(痲郞兒)】
나처럼 다른 사람이 귀가 예민해서
네 자신의 마음속을 아는 것이 아니다.
지음(知音)하는 사람은 방정(芳情)이 자연히 같다.
감회(感懷)하는 사람은 단장(斷腸)하며 비통하다.

日不見兮 思之如狂 鳳飛翱翔兮

琴曰 有美人兮 是不忘

依譜彈之

教文君 將甚來比 得你

我今便將此曲

只是小姐呵

曾有一曲 名曰文鳳求凰 小生豈敢自稱為相如

琴 咱昔日司馬相如 求卓文君

張生嘆云

我試彈一曲 鶯鶯云我近這窗邊者

張生云 窗外微有聲息 一定是小姐

jang šeng hendume fa i tule jilgan asuki bi. urunakū siyoo jiyei
張 生 말하되 창 의 밖 소리 있다. 반드시 小 姐

dere bi emu ucun be cendeme fitheki. ing ing hendume bi fa i
이니라. 나 한 노래 를 시험하여 연주하자. 鶯 鶯 말하되 나 창 으로

hanci
가까이

ibeki.
다가가자.

jang šeng sejilefi hendume kin seibeni sy ma siyang zu jo wen giyūn be
張 生 탄식하고 말하되 琴 전에 司 馬 相 如 卓 文 君 을

bairede emu ucun i kin bihe. gebu fung kio hūwng, buya bithei niyalma ai
구함에 한 노래 의 琴 있었다. 이름 鳳 求 凰 小 書 生 어찌

gelhun akū beyebe tukiyeceme siyang zu sembi. damu siyoo jiyei ohode
감히 자신을 칭찬하며 相 如 하는가? 다만 小 姐 됨에

jo wen giyūn ai be jafafi sinde duibuleci ombi. bi te ere ucun be
卓 文 君 무엇 을 가지고 너에게 비교하느냐? 나 지금 이 노래 를

ini mudan i
그의 곡조 의

songkoi fitheki.
대로 연주하자.

kin i ucun emu saikan niyalma bici sabufi onggome muterakū. emu
琴 의 노래 한 아름다운 사람 있는데 보고 잊을 수 없다. 한

inenggi giyalaci kidurengge fudasihūlaha adali. fung gasha debsiteme
날 갈라놓으면 사모하는 것 미친 것 같다. 鳳 새 날갯짓하며

장생이 말하기를
"창 밖에 소리가 나는구나. 반드시 소저일 것이다. 곡 하나를 시험 삼아 연주하자."
앵앵이 말하기를
"창으로 가까이 다가가자."
장생이 탄식하고 말하기를
"거문고야! 옛날 사마상여(司馬相如)가 탁문군(卓文君)을 구(求)할 때 거문고 곡이 있다. 이름은 '봉구황(鳳求凰)'이다. 소생이 어찌 감히 자신을 칭찬하며 상여라 하겠는가? 다만 소저라면 탁문군(卓文君)이 무엇을 가지고 너와 비교하겠는가? 나 지금 그 노래를 그 곡조에 따라서 연주하자."
거문고의 노래
「아름다운 사람이 있으니,
보고 잊을 수가 없다.
하루라도 헤어지면
그리워 미칠 것 같다.
봉새가 날갯짓 하는 것은

清渓西廂記 四八

清夜聞鐘 這 不是黃鶴醉翁

本宮始終不同 這不是

後

其節苦 使妾聞之 不覺淚下

鶯鶯云 是彈得好也呵 其音哀

使我淪亡

配德兮 攜手相將 不得于飛兮

何時見許兮 慰我徬徨 願言

不在東牆 張琴代語兮 欲訴衷腸

四海求凰 無奈佳人兮

deyerengge duin mederi de hūwang gasha be baimbi. saikan niyalma be ainaci
나는 것 四 海 에 凰 새 를 구한다. 아름다운 사람 을 어찌하면

ojoro ni. dergi fu de akū. kin be funde gisurebume akaha urehe be
되는가? 동쪽 담 에 없다. 琴 을 대신에 말하게 하며 괴롭고 상처받음 을

tucibumbi. atanggi gisun dahafi mini usacuka be nacihiyambiheni. buyeme
드러낸다. 언제 말 따라서 나의 아픔 을 위로하겠는가? 원하며

erdemu de holboki seci gala jafafi sasa aššaki. emgi yorakū oci.
덕 에 관계하자 하면 손 잡고 함께 움직이자. 함께 가지 않으면

mimbe gingkabume
나를 괴롭게 하며

buceburengge sehebi.
죽게 할 것 하였다.

ing ing hendume fitherengge yala mujangga sain, terei mudan akacuka
鶯 鶯 말하되 연주하는 것 정말 진정 좋다, 그의 곡조 슬프고

terei meyen gosihon. fusihūn beye donjime hercun akū yasai muke tuhebumbi.
그의 가락 안타깝다. 미천한 몸 들으며 무심코 눈 물 흘리게 된다.

【mudan i amargi】 da mudan i deribun duben adali akū. ere umai
【 曲 의 後 】 원래 곡조 의 시작 끝 같지 않다. 이 결코

bolgo dobori jung be donjihangge waka. ere umai hūwang hoo
맑은 밤 鍾 을 들은 것[331] 아니다. 이 전혀 黃 鶴

—— ◦ —— ◦ —— ◦ ——

사해에서 황새를 구하는 것이다.
아름다운 사람을 어찌하면 되는가?
(그녀가) 동쪽 담장에 없어
거문고로 대신하여 말하고
괴롭고 상처받은 마음을 드러낸다.
언제 받아들여
나의 아픔을 위로하겠는가?
원컨대 덕으로 짝을 짓고자하면
손잡고 함께 움직이자.
함께 가지 않으면
나를 괴롭혀서 죽게 될 것이다.」
하였다.
앵앵이 말하기를
"연주가 정말로 좋다, 곡조가 슬프고 가락이 안타깝구나. 미천한 내가 들으니 무심코 눈물 흐르는구나."

【후편(後編)】
원래 곡의 시작과 끝이 같지 않다.
이는 결코 청야문종(清夜聞鐘)을 들은 것이 아니고,
이는 결코

331) bolgo dobori jung be donjihangge : 청야문종(清夜聞鐘)으로 거문고의 곡조(曲調)의 이름이다.

只是小姐你却不宜謊謊呵 紅娘搶上科

張生推琴云 夫人忘恩負義

變做這一弄 越教人知重

別恨離愁

一聲聲衣寬帶鬆

一字字是長漏永

絡絲娘

這不是泣麟悲鳳

leosei soktoho mafa waka. ere umai kilin de songgoho
樓의 취한 노인[332] 아니다. 이 전혀 麒麟 에 운

funghūwang be nasahagge waka. 【lo sy niyang】 hergen tome ging be
鳳凰 을 한탄한 것[333] 아니다. 【絡 絲 娘 】 글자 마다 更 을

golmin, sabdan be goidambi[334] sere adali. mudan tome etuku onco
길고, 漏 를 오래다 하는 것 같다. 곡조 마다 의복 넓고

umiyesun sula oho sere gese. fakcaha korsocun delhehe jobocun be
허리띠 느슨히 됐다[335] 하는 것 같다. 헤어진 원한 이별한 고통 을

ere emgeri fithere jakade ele niyalma de ujelebumbi.
이 한 번 연주할 적에 더욱 사람 에게 고통스러워진다.

jang šeng kin be anafi hendume fu žin baili be onggofi jurgan be
張 生 琴 을 밀고 말하되 夫 人 은혜 를 잊고 도리 를

urgedekini. siyoo jiyei si aiseme inu holtombi. hūng niyang
저버리고자 한다. 小 姐 너 왜 또 속이는가? 紅 娘

—— ◦ —— ◦ —— ◦ ——

황학취옹(黃鶴醉翁)도 아니고
결코 읍린비봉(泣麟悲鳳)도 아니다.

【낙사랑(絡絲娘)】
글자마다 시간은 가지 않고 밤이 길다.
곡마다 의복 헐거워지고 허리띠 느슨해졌다 하는 것 같다.
헤어진 원한과 이별한 고통을
한 번 연주하니
더욱 사람을 고통스럽게 하는구나.

장생이 거문고를 밀고 말하기를
"부인이 은혜를 잊고 도리를 저버리려고 하는구나. 소저야, 너 왜 또 속이는가?"

---

332) hūwang hoo leosei soktoho mafa : 황학취옹(黃鶴醉翁)으로 거문고의 곡조(曲調)의 이름이다. 여동빈(呂洞賓) 전설에 의하면 신분을 감춘 중국의 8대 신선 중 한명인 여동빈(呂洞賓)이 신분을 감춘 자신에게 1년씩이나 공짜 술을 베푼 술장수 신 씨를 위해 학 벽화를 그려 주면서 박수를 치면 이 학이 밖으로 나와 춤을 출 것이라고 말한다. 덕분에 많은 돈을 번 신 씨는 다시 돌아온 여동빈이 그 학을 타고 떠나자 그를 기리기 위해 이곳에 황학루를 세웠다는 이야기가 전해진다.

333) kilin de songgoho funghūwang be nasahagge : 읍린비봉(泣麟悲鳳)으로 거문고의 곡조(曲調)의 이름이다.

334) ging be golmin, sabdan be goidambi : 경장누영(更長漏永)으로 경(更)은 야간의 시간 단위이며 누(漏)는 물시계로서 更長漏永은 길고 긴 밤을 형용하고 있다. 한편 ging은 更의 음차인데 가토본에서는 누락되어 있는 '更'을 후에 필사로 수정, 보완하고 있으며, 동양문고본에서는 '更'이 원본에 누락된 상태로 있으며, 초본(抄本)에서는 '更'이 누락되지 않았다.

335) etuku onco umiyesun sula : 의관대송(衣寬帶松)으로 사람이 여위고 수척해진 것을 형용하고 있다.

【綿搭絮】

外邊疎簾風細

無有些兒空

他那管人把妾咒誦

他無夜無明併女工

他由得俺乞求効鸞鳳

那是俺娘機變

如何妾身脫空

【東原樂】

你錯怨了也

鶯鶯云

daldame wesike. ing ing hendume
몰래 올라갔다. 鶯 鶯 말하되

si tašarame gasaha kai.
너 그릇 원망하였느니라.

【dung yuwan lo】[336] tere ajai arga jali dabala. fusihūn beye ai
【東 原 樂】 그 어머니의 간계 뿐이다. 미천한 몸 무슨

turgunde holtombi. tere aika mimbe cihai sindafi luwan gasha
이유에 속이는가? 그 어떻게 나를 멋대로 놓고 鸞 새

funghūwang be alhūdabumbio. tere dobori inenggi akū hehei
鳳凰 을 흉내 내게 하는가? 그 밤 낮 없이 여자의

weile be hacihiyame heni majige šolo burakū. tere niyalma i mimbe
일 을 재촉하여 정말 조금 틈 주지 않는다. 그 사람 의 나를

firura toore be dara isikao. 【miyan da sioi】 tulergi seri
저주하고 욕하는 것 을 관여함에 이르렀느냐. 【綿 搭 絮】 밖 성긴

—— ◦ —— ◦ —— ◦ ——

홍랑이 몰래 올라갔다. 앵앵이 말하기를
"네가 잘못 원망하고 있구나."

【동원락(東原樂)】
그것은 어머니의 간계일 뿐이다.
미천한 몸이 무슨 이유로 속이겠는가?
어머니가 어찌 나를 멋대로 난(鸞)새, 봉황을 흉내 내게 하는가?
어머니가 밤낮없이 규방의 일을 재촉하여
정말 조금도 틈을 주지 않는다.
그 사람이 나를 저주하고 욕하기에 이르렀느냐?

【면탑서(綿搭絮)】
밖의 성긴

---

336) dung yuwan lo : 초본에는 dung yuwan yo로 쓰였다.

那夫人知道了

紅娘突出云

甚麼夢中

也有高唐入夢中

来信息通

便道十二巫峯

不是雲山幾萬重

怎得個人

中間一層紅紗

幾眼踈櫺

裏邊幽室灯清

〔2:49b〕

hida deri edun ser sembi. dorgi bolgo booi dengjan eldekebi.
발 에서 바람 산들거린다. 안 깨끗한 집의 燈盞 빛났다.

sidende emu ursu fulahūn hoošan, udu sidehun seriken duthe
중간에 한 겹 붉은 종이 몇 가로살 약간 성긴 세살창

dabala, ududu tumen dabkūri tugi alin waka. adarame emu
뿐 수 만 겹겹의 구름 산 아니다. 어떻게 한

niyalma bahafi mejige hafumbure bihe. uthai juwan juwe u fung
사람 얻어서 소식 전달하였겠는가? 곧 十 二 巫 峰[337]

hada okini. inu g'ao tang ni tolgin bitubuhabi.
봉우리 되게 하자. 또 高 唐 의 꿈 꾸었다.

hūng niyang godori tucifi hendume ai tolgin
紅 娘 갑자기 나와서 말하되 무슨 꿈

biheni . fu žin sahade ainaci ojoro.
이었는가? 夫 人 앎에 어찌하면 되느냐?

—— ◦ —— ◦ —— ◦ ——

발에 바람이 산들거린다.
안의 깨끗한 방의 등잔이 빛났다.
사이에 한 겹 붉은 종이와
몇 개의 가로살 성긴 세살창뿐이고,
겹겹이 쌓여있는 운산(雲山)이 아니다.
어떻게 사람을 얻어서 소식을 전달하겠는가?
곧 십이무봉(十二巫峰) 되게 하자.
또 고당(高唐)의 꿈을 꾸었다.

홍랑이 갑자기 나와서 말하기를
"무슨 꿈을 꾸었습니까? 부인께서 아시면 어떻게 하려고 합니까?"

---

337) 십이무봉(十二巫峰)은 무산(巫山) 12 봉을 일컫는다. 전국시대에 초(楚)나라 송옥(宋玉)이 지은 고당부(高唐賦)에 초회왕(楚怀王)이 꿈 속에서 고당(高唐)의 대(台)에서 노닐다가 꿈에 무산(巫山)의 선녀(神女)와 즐거이 만났다는 내용이 있는데 무산(巫山)은 남녀가 밀회하는 곳이라는 전고(典故)가 있다.

鶯々云 紅娘你便与他說 再住兩三日兒

紅云 適纔聞得張生要去也 小姐却是怎麼

把人虀送

緊摩弄將他攔縱

怕他去夫人行

女孩兒家恁響喉龍 我待

諕得人来怕恐 我不曾轉動

走將来氣冲々 不管人恨怨々

拙魯速

[2:50a]

【jo lu su】 sujume jihe he fa seme niyalmai fak fak fancara be herserakū.
【拙魯速】 달려 온 것 씩씩 하며 사람의 팍 팍 화내는 것 을 거들떠보지 않는

niyalma be gūwacihiyalame mujakū golobuha. bi geli umai aššaha
사람 을 깜짝 놀라며 매우 놀라게 했다. 나 또 전혀 움직인

ba akū. sargan jui niyalma bilha ai uttu car sembi. bi aika
바 없다. 여자 아이 사람 목 왜 이렇게 숨넘어가느냐. 나 만약

monjiršame terebe musembuki seci geli terebe fu žin i jakade
거듭 보채며 그를 낙담시키자 하면 또 그를 夫人 의 곁에

genefi niyalma be belerehū sembi.
가서 사람 을 비난할까 한다.

hūng niyang hendume jakan donjici jang šeng geneki sembi. siyoo jiyei
紅 娘 말하되 방금 들으니 張 生 가고자 한다. 小 姐

aisembi. ing ing hendume hūng niyang si tede hendu. jai udu
뭐라 하는가? 鶯 鶯 말하되 紅 娘 너 그에게 말하라. 다시 몇

—— ◦ —— ◦ —— ◦ ——

【졸노속(拙魯速)】
씩씩거리며 달려와서
사람이 팍팍 화내는 것을 거들떠보지 않는다.
깜짝 놀라며 사람을 매우 놀라게 했다.
나는 전혀 움직이지 않았다.
여자 아이가 왜 이리 숨넘어가느냐?
내가 만약 거듭 보채며
그녀를 실망시키면
또 그녀가 어머니께 가서 사람을 비난할까 두렵구나.

홍랑이 말하기를
"방금 들으니 장생이 떠난다 합니다. 소저, 뭐라고 할까요?"
앵앵이 말하기를

你便遲不得一步兒 今夜便回覆小生波

張生云 小姐去了也 紅娘呵

明日我看他去 鶯云 紅娘 下

紅云 小姐不必分付 我知道了也

你定要別離了這志誠種

不脫空 我那口不應的狠毒娘

尾声

只說道夫人時下有些唧噥 好和歹你

inenggi
날

bisu se.
있으라 하라.

【uncehen i mudan】 damu fu žin be te mujakū jondombi se. absi ocibe
【 尾 의 聲 】 다만 夫 人 을 지금 매우 자주 언급한다 하라. 어찌 되었든

si mekele ojoro aibi. mini tere angga de acaburakū mujilen
너 헛되이 되기 어찌하느냐? 나의 그 입 에 맞지 않은 마음

mangga aja. si jiduji ere hing sere agu ci fakcakini sembio.
잔인한 어머니이다. 너 결국 이 진실로 당신 에게서 헤어지게 하고자 하느냐?

hūng niyang hendume siyoo jiyei taciburebe joo. bi sahabi.
紅 娘 말하되 小 姐 깨닫게 함을 그만두어라. 나 알았다.

cimaha terebe tuwanaki sefi ing ing hūng niyang mariha.
내일 그를 보러가자 하고 鶯 鶯 紅 娘 돌아갔다.

jang šeng hendume siyoo jiyei genekini. hūng niyang gege si emu okson
張 生 말하되 小 姐 가려무나. 紅 娘 아가씨 너 한 걸음

sitaci ojorakū semeo. te uthai buya bithei niyalma de emu mejige
지체하면 안 된다 하는가? 지금 곧 小 書 生 에게 한 소식

—— ◦ —— ◦ —— ◦ ——

"홍랑아, 그에게 며칠 더 있으라고 전하라."

【尾의 曲】
다만 부인께서 지금 매우 자주 말씀하신다고 하여라.
어쨌든 헛되이 되면 어찌하느냐?
나의, 약속 지키지 않는 마음이 독한 어머니!
당신 결국 이렇게 진정으로 장생과 헤어지게 하고자 하느냐?

홍랑이 말하기를
"아가씨, 저에게 깨우치지 마십시오. 알고 있습니다.
내일 그를 보러 갑시다."
하고 앵앵과 홍랑이 내려갔다.
장생이 말하기를
"소저! 가십시오.
홍랑 아가씨, 너는 한 걸음 늦추면 안 되겠느냐?"
지금 바로 소생에게 소식을

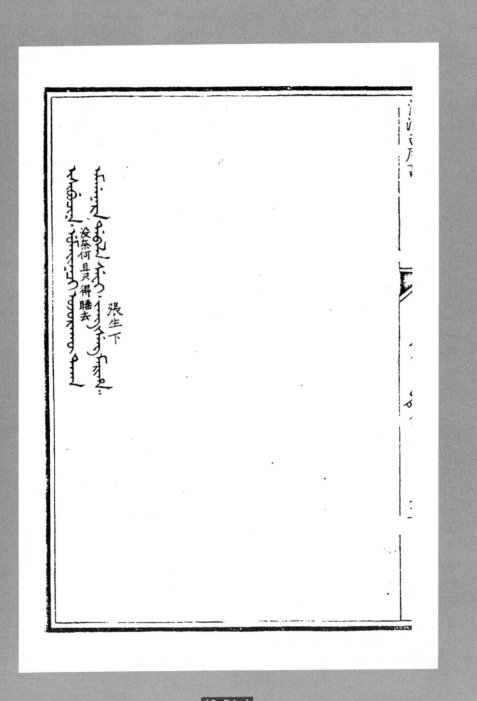

張生下
没奈何且只得睡去

isibucina. umainaci ojorakū taka
전하려무나. 어찌 할 수 없이 잠깐

amganara dabala sefi jang šeng mariha.
잠자러 갈 뿐 하고 張 生 돌아갔다.

—— ◦ —— ◦ —— ◦ ——

전해주려무나.
어찌할 수 없다. 잠깐 잠이나 자러 갈 뿐이다."
하고 장생이 내려갔다.

역주자 약력

최동권 Choi DongGuen 상지대학교 국어국문학과
김유범 Kim YuPum 고려대학교 국어교육학과
최혜빈 Choi HyeBin 고려대학교 국어교육학과
고경재 Ko KyeoungJae 고려대학교 국어교육학과

고려대학교 민족문화연구원 만주학 총서 ❼

만한합벽 서상기 〈상권〉

초판인쇄 2018년 07월 20일
초판발행 2018년 07월 30일

역 주 자 최동권, 김유범, 최혜빈, 고경재
발 행 처 박문사
발 행 인 윤석현
등 록 제2009-11호

우편주소 서울시 도봉구 우이천로 353 성주빌딩 3층
대표전화 (02)992-3253
전 송 (02)991-1285
전자우편 bakmunsa@hanmail.net
홈페이지 http://jnc.jncbms.co.kr
책임편집 최인노

ISBN 979-11-87425-07-6 93680 정가 36,000원

* 이 논문 또는 저서는 2014년 정부(교육부)의 재원으로 한국연구재단의 지원을 받아 수행된 연구임(NRF-2014S1A5B4036566)